EUSTACE MULLINS

LOS SECRETOS DE LA
RESERVA FEDERAL
LA CONEXIÓN LONDRES

La tapa reproduce el águila del escudo rojo, el escudo de armas de la ciudad de Frankfurt, Alemania, adaptado por Mayer Amschel Bauer (1744-1812) quién cambió su nombre de Bauer a Rothschild ("Escudo Rojo"). Rothschild agregó cinco flechas doradas sostenidas por garras de águila y simboliza a sus cinco hijos que operaron las cinco casas bancarias de la Casa Rothschild: Frankfurt, Londres, París, Viena, y Nápoles.

ØMNIA VERITAS

EUSTACE CLARENCE MULLINS
(1923-2010)

LOS SECRETOS DE LA RESERVA FEDERAL
LA CONEXIÓN LONDRES

1991

Publicado por
OMNIA VERITAS LTD

OMNIA VERITAS

www.omnia-veritas.com

Dedicado a los dos mejores estudiosos finos del vigésimo siglo: GEORGE STIMPSON y EZRA POUND; quienes generosamente dieron de su inmenso conocimiento a un joven escritor para guiarlo en un campo en que él no se podría manejar solo.

Reconocimientos

Yo deseo agradecer a mis ex socios miembros del personal de la Biblioteca del Congreso cuyas ayudas muy amables, cooperación y sugerencias hicieron posible las versiones tempranas de este libro. Yo también deseo agradecer al personal de las Bibliotecas de Newberry, Chicago, la Biblioteca Pública de la Ciudad de New York, Alderman Library de la Universidad de Virginia, y la Biblioteca McCormick de Washington y Lee University, Lexington, Virginia, por su ayuda inestimable en la realización de treinta años de extensa investigación para este trabajo definitivo sobre el Sistema de la Reserva Federal.

SOBRE EL AUTOR

Eustace Mullins es un veterano de la fuerza aérea de Estados Unidos, con treinta y ocho meses de servicio activo durante la Segunda Guerra Mundial. Virginiano nativo, fue educado en Washington y Lee University, Universidad de New York, Universidad de Ohio, Universidad de Dakota del Norte, la Escuelas des Bellas Artes, San Miguel de Allende, México, y el Instituto de Artes Contemporáneas, Washington, D.C.,

El libro original, publicado bajo el título Mullins On The Federal Reserve, fue comisionado por el poeta Ezra Pound en 1948. Ezra Pound fue prisionero político durante trece años y medio en el Hospital St. Elizabeth, Washington, D.C. (institución Federal para dementes). Su descargo fue grandemente cumplido para los esfuerzos de Mr. Mullins.

La investigación en la Biblioteca de Congreso fue dirigida y revisada a diario por George Stimpson, fundador del National Press Club en Washington, a quien The New York Times el 28 de septiembre de 1952 llamó: *"Una fuente de referencia favorablemente considerada en el Capitolio. Los funcionarios del gobierno, Diputados y reporteros fueron a él por información sobre cualquier asunto"*.

Publicado en 1952 por Kasper y Horton, New York, el libro original fue la primera revelación que circuló nacionalmente, de las reuniones secretas de los banqueros internacionales en la Isla Jekyll, Georgia, 1907-1910, lugar en que el proyecto del Acto de la Reserva Federal de 1913 fue escrito.

En años intermedios, el autor continuó recogiendo nueva y más sorprendente información sobre los antecedentes de la gente que dirigen la política de la Reserva Federal. Nueva información recogida durante años de los centenares de periódicos, revistas, y libros dan corroborando la visión sobre las conexiones de las casas bancarias internacionales.[1]

Mientras investigaba este material, Eustace Mullins estaba en el personal de la Biblioteca de Congreso. Mullins fue después consultor en finanzas de carreteras para American Petroleum Institute, consultor sobre desarrollo de hoteles para Institutions Magazine y director editorial para cuatro publicaciones del Chicago Motor Club's.

---

[1] London Acceptance Council son diecisiete casas bancarias internacionales autorizadas por el Banco de Inglaterra para manejar intercambio extranjero.

PRÓLOGO

En 1949, mientras estaba visitando a Ezra Pound, que era prisionero político en el Hospital St. Elizabeth, Washington, DC (institución Federal para dementes), el Dr. Pound me preguntó si yo había oído hablar alguna vez del Sistema de la Reserva Federal. Yo contesté que no, a la edad de 25. Él me mostró entonces un billete de diez dólares marcado *"Nota de la Reserva Federal"* y me preguntó si yo podía hacer alguna investigación en la Biblioteca de Congreso sobre el Sistema de la Reserva Federal que había emitido este proyecto.

Pound no podía ir a la Biblioteca, cuando él estaba detenido sin juicio como prisionero político por el gobierno de Estados Unidos. Después que le negaron tiempo transmitiendo en EEUU, el Dr. Pound transmitió desde Italia en un esfuerzo para persuadir al pueblo de Estados Unidos de no entrar en la Segunda Guerra Mundial. Franklin D. Roosevelt había pedido la acusación de Pound, estimulada por las demandas de sus tres ayudantes personales, Harry Dexter White, Lauchlin Currie, y Alger Hiss, personalmente a todos a quienes se identificó seguidamente como conectados con el espionaje comunista.

Yo no tenía interés en dinero o banca como materia, porque estaba trabajando en una novela. Pound ofreció complementar mi ingreso con diez dólares por semana durante unas semanas. Mi investigación inicial reveló evidencia de un grupo bancario internacional que había planeado el escrito del Acto de la Reserva Federal y Congreso la promulgó el plan secreto en ley. Estos hallazgos confirmaron lo qué Pound había sospechado mucho tiempo. Él dijo: *"Usted debe trabajar en él como una historia de detectives"*.

Yo era afortunado teniendo mi investigación en la Biblioteca de Congreso dirigido por un estudioso prominente, George Stimpson, fundador del National Press Club que fue descrito por

The New York Times el 28 de septiembre de 1952: *"Querido por los periodistas de Washington como 'nuestra Biblioteca ambulante del Congreso', Mr. Stimpson era una fuente de la referencia favorablemente considerada en el Capitolio. Funcionarios del gobierno, Diputados y reporteros fueron a él por información sobre cualquier asunto"*.

Yo investigué cuatro horas por día en la Biblioteca de Congreso e iba al Hospital St. Elizabeth por la tarde. Pound y yo revisábamos las notas del día anterior. Yo cenaba luego con George Stimpson en la Cafetería Scholl mientras él revisaba mi material, y regresaba luego a mi cuarto para teclear las notas corregidas. Stimpson y Pound hicieron muchas sugerencias guiándome en un campo en el que yo no tenía experiencia anterior.

Cuando los recursos de Pound bajaron, fui a Fundación Guggenheim, Fundación Huntington Hartford y otras fundaciones para completar mi investigación sobre la Reserva Federal. Aunque mis aplicaciones de la fundación estaban patrocinadas por los tres poetas principales de América, Ezra Pound, E.E. Cummings, y Elizabeth Bishop, todas las fundaciones se negaron a patrocinar esta investigación.

Yo escribí entonces sobre mis hallazgos a la fecha, y en 1950 empezaron los esfuerzos para comercializar este manuscrito en New York. Dieciocho editores lo rechazaron sin comentario, pero el decimonoveno, Devin Garrity, presidente de Devin Adair Publishing Company, me dio algún consejo amistoso en su oficina. *"Me gusta su libro, pero no podemos imprimirlo"*, me dijo. *"Ni pueden los demás en New York. Por qué no hace usted un prospecto como novela, y pienso que nosotros darle un adelanto. Usted también puede olvidarse de tener publicado el libro de la Reserva Federal. Yo dudo si podría imprimirse alguna vez"*.

Estas eran noticias devastadoras, viniendo tras dos años de trabajo intenso. Yo informé a Pound e intentamos encontrar un editor en otras partes del país. Después de dos años de sumisiones infructuosas, el libro se publicó en una pequeña edición en 1952 por dos discípulos de Pound, John Kasper y David Horton, usando sus fondos privados, bajo el título "Mullins sobre la Reserva Federal". En 1954, una segunda edición, con alteraciones no autorizadas, se publicó en New Jersey, como "La Conspiración de la Reserva Federal".

En 1955, Guido Roeder sacó una edición alemana en Oberammergau, Alemania. El libro fue confiscado y toda la edición de 10,000 copias quemada por agentes del gobierno dirigidos por el Dr. Otto John. La quema del libro se realizó el 21 de abril de 1961 por el juez Israel Katz de la Corte Suprema bávara. El Gobierno americano se negó a intervenir, porque el Alto Comisionado americano en Alemania, James B. Conant (presidente de la Universidad de Harvard desde 1933 a 1953), había aprobado la orden inicial de quema del libro. Éste es el único libro que se ha quemado en Alemania desde la Segunda Guerra Mundial.

En 1968 una edición pirateada de este libro aparecía en California. El FBI e inspectores de U.S. Postal Service se negaron a actuar, a pesar de las numerosas quejas mías durante la próxima década. En 1980 aparecía una nueva edición alemana.

Porque el Gobierno americano aparentemente ya no dictaba los asuntos internos de Alemania, un libro idéntico al que se había quemado en 1955 ahora circula en Alemania sin interferencias.

Yo había colaborado en varios libros con Mr. H.L. Hunt y él sugirió que yo debía continuar mi investigación de largo tiempo sobre la Reserva Federal y debía sacar una versión más definitiva de este libro. Yo había firmado justamente un contrato para escribir la biografía autorizada de Ezra Pound, y el libro de la Reserva Federal tuvo que ser pospuesto. Mr. Hunt falleció antes de que yo pudiera volver a mi investigación, y una vez más yo enfrenté el problema de financiación de investigación para el libro.

Mi libro original se había remontado y había nombrado las figuras oscuras de los Estados Unidos que planearon el Acto de la Reserva Federal. Yo descubrí ahora que los hombres a quienes yo expuse en 1952 como figuras oscuras detrás de la operación del Sistema de la Reserva Federal, eran una sombra, pantallas americanas para las figuras desconocidas que se conocieron como la *"Conexión Londres"*. Yo encontré que no obstante nuestros éxitos en las Guerras de Independencia y de 1812 contra Inglaterra, seguíamos siendo una colonia económica y financiera de Gran Bretaña. Por primera vez, localizamos a los accionistas originales de los Bancos de la Reserva Federal y rastreamos sus compañías madres a la Conexión Londres.

Esta investigación está sostenida por citas y documentación de centenares de periódicos, revistas y libros y mapas que muestran lazos de sangre, matrimonio y relaciones comerciales. Más de mil ediciones de The New York Times en microfilm no sólo se han verificado para la información original, sino como comprobación de declaraciones de otras fuentes.

Es una trivialidad de la profesión de escritor que un autor tiene sólo un libro dentro de él. Esto parece aplicable en mi caso, porque yo estoy ahora en la quinta década de escritura continua sobre un solo asunto, la historia interior del Sistema de la Reserva Federal. Este libro fue desde su principio comisionado y guiado por Ezra Pound. A cuatro de su protegidos se les ha otorgado previamente el Premio de Nobel de Literatura: William Butler Yeats por su poesía posterior, James Joyce por "Ulysses", Ernest Hemingway por "El Sol También Sube", y T.S. Elliot para "La Tierra Desechada". Pound jugó un papel mayor en la inspiración y corrección de estos trabajos - qué nos lleva creer que este trabajo presente, también inspirado por Pound, representa una tradición literaria continuada. Aunque se esperaba que este libro desde su principio fuera un trabajo tortuoso sobre técnicas económicas y monetarias, desarrolló pronto en una historia de tal llamado universal y dramático, que de entrada, Ezra Pound me instó a escribirlo como una historia de detectives, un género que fue inventado por mi compatriota virginiano: Edgar Allan Poe. Yo creo que la circulación continua de este libro durante los últimos cuarenta años no sólo ha exonerado a Ezra Pound por sus muy condenadas declaraciones políticas y monetarias, sino que también ha sido, y continuará siendo, la última arma contra los poderosos conspiradores que lo compelieron a estos trece años y media sin juicio, como prisionero político encerrado en un manicomio de la

KGB. Su venganza más temprana vino cuando los agentes del Gobierno que representaban a los conspiradores, se negaron a permitirle testificar en su propia defensa; la segunda vindicación vino 1958 cuando estos mismos agentes dejaron caer todos los cargos contra él, y él salió del Hospital de St. Elizabeth, como hombre libre una vez más. Su tercera y final vindicación es este trabajo que documenta cada aspecto de su exposición de los crueles financieros internacionales de quienes la Ezra Pound se volvió una más víctima, condenada a pasar años como el "Hombre de la Máscara de Hierro", porque él se había atrevido a alertar a sus compatriotas americanos de sus actos furtivos de traición contra todo el pueblo de los Estados Unidos.

En mis conferencias a lo largo de esta nación, y mis apariciones en muchas radios y programas de televisión, he sondeado el tema que el Sistema de la Reserva Federal no es Federal; no tiene ninguna reserva; y no es en absoluto un sistema, sino, un sindicato delictivo. Desde noviembre, 1910, cuando los conspiradores se encontraron en la Isla Jekyll, Georgia, al presente, se han callado en secreto las maquinaciones de los banqueros de la Reserva Federal. Hoy, ese secreto ha costado al pueblo americano unos tres billones de deuda en dólares, con pagos de interés anuales a estos banqueros que suman a unos trescientos mil millones dólares por año, suma que tambalean la imaginación y qué es finalmente impagable. Funcionarios del Sistema de la Reserva Federal rutinariamente emiten protestas al público, como las flautas de faquires hindúes en una melodía insistente a la cobra deslumbrada que oscila su cabeza ante él, no para resolver la situación sino para impedir a la cobra que los muerda.

Algo así era la carta de consuelo escrita por Donald J. Winn, Ayudante de la Mesa de Gobernadores en contestación a una pregunta por un Diputado, el Honorable Norman D. Shumway, el 10 de marzo de 1983. Mr. Winn dice que *El Sistema de la Reserva Federal fue establecido por un acto de Congreso en 1913 y no es una 'corporación privada'*. En la próxima página, Mr. Winn continúa: "*Las acciones de los Bancos de la Reserva Federal son poseídas completamente por bancos comerciales miembros del Sistema de la Reserva Federal*". Él no ofrece ninguna explicación acerca de por qué el gobierno nunca ha poseído una sola porción de acciones en cualquier Banco de la Reserva Federal, o por qué el Sistema de la Reserva Federal no es una "*corporación privada*" cuando todas sus acciones son poseídas por "*corporaciones privadas*".

La historia americana del vigésimo siglo ha grabado los logros asombrosos de los banqueros de la Reserva Federal.

- **Primero**: la erupción de la Primera Guerra Mundial que se hizo posible por los fondos disponibles del nuevo banco central de los Estados Unidos.
- **Segundo**, la Depresión Agrícola de 1920.
- **Tercero**, la Caída del Viernes Negro en Wall Street, de octubre 1929, y la Gran Depresión resultante.
- **Cuarto**, Segunda Guerra Mundial.
- **Quinto**, la conversión de recursos de los Estados Unidos y sus ciudadanos de propiedades real por recursos de papel desde 1945 al presente, transformando una América victoriosa y el poder mundial más adelantado en 1945 en la más grande nación deudora del mundo en 1990.

Hoy, esta nación yace en ruina económica, devastada y destituida, en mucho los mismos aprietos horribles en los que Alemania y Japón se encontraron en 1945.

¿Actuarán los americanos para reconstruir nuestra nación, como Alemania y Japón ha hecho cuándo enfrentaron las condiciones idénticas que enfrentamos ahora - o continuaremos siendo esclavizados por el sistema de dinero de deuda babilónico que fue establecido por el Acto de la Reserva Federal en 1913 para completar nuestra destrucción total? Ésta es la única pregunta que tenemos que contestar, y no tenemos mucho tiempo para dejar de contestarlo.

Debido a la profundidad e importancia de la información que yo había desarrollado en la Biblioteca de Congreso bajo la tutela de Ezra Pound, este trabajo se volvió una caza feliz conectada con la base para muchos otros que habrían sido historiadores pero eran incapaces de investigar este material por si mismos. En las últimas cuatro décadas, me he acostumbrado a ver este material aparecer en muchos otros libros, invariablemente atribuidos a otros escritores, con mi nombre nunca mencionado. Para agregar insulto a la lesión, no sólo mi material, sino incluso mi título se han destinado, en un masivo si obtuso, trabajo llamado "Secretos del Templo - la Reserva Federal". Este libro pesadamente anunciado recibió revisiones que van de incrédulo a alegre. Forbes Magazine aconsejó a sus lectores que leyeran su revisión y ahorraran su dinero y señaló que *"el lector no descubrirá ningún secreto"* y *"Éste es uno de esos libros cuyas fanfarrias exceden su mérito por lejos"*. Esto no fue accidental, cuando este encalado auto-bombo de los banqueros de la Reserva Federal fue publicado por el editor de no-libros más famoso del mundo.

Después de mi shock inicial al descubrir que se encarceló la personalidad literaria más influyente del vigésimo siglo, Ezra Pound, en "Agujero del Infierno" en Washington, yo escribí inmediatamente por ayuda a un financiero de Wall Street en cuya propiedad frecuentemente yo había estado invitado. Yo le recordaba que como un patrocinador de las artes, él no pudiera permitirse el lujo de permitir que Pound permanezca en tal cautividad inhumana. Su contestación me asustó más aun. Él contestó *"su amigo bien puede quedarse donde está"*.

Fue algunos años antes que pudiera entender que para este banquero de inversión y sus colegas, Ezra Pound sería siempre *"el enemigo"*.

Eustace Mullins
Jackson Hole, Wyoming
1991

Introducción

Aquí están los hechos simples de la gran traición. Wilson y House supieron que ellos estaban haciendo algo importante. Uno no puede sondear los motivos de hombres y este par quizás creyó en lo que de ellos dependía. En lo que ellos no creyeron era en un gobierno representativo. Ellos creyeron en el gobierno por una oligarquía desenfrenada cuyos actos se pondrían sólo claros mucho tiempo después de un intervalo en que el electorado sería por siempre incapaz de hacer algo eficaz para remediar las depredaciones.

EZRA POUND
(St. Elizabeth's Hospital,
Washington, D.C. 1950)

(NOTA De AUTOR: El Dr. Pound escribió esta introducción para la versión más temprana de este libro, publicada por Kasper y Horton, New York, 1952. Porque él estaba detenido sin juicio como prisionero político del Gobierno Federal, él no podría permitirse el lujo de permitir a su nombre aparecer en el libro debido a las represalias adicionales contra él. Ni él no podría permitirme dedicarle el libro, aunque él había comisionado su escrito. El autor se satisface en poder remediar estas omisiones necesarias, treinta y tres años después de los eventos).

LA OPINIÓN DE JEFFERSON
SOBRE LA CONSTITUCIONALIDAD DEL BANCO

15 de febrero de 1791 (Escritos de Thomas Jefferson, ed. por H. E. Bergh, Vol. III, pág. 145 y sgtes.)

La Ley para establecer un banco nacional, en 1791, emprende, entre otras cosas:

1. Para formar a los subscriptores en una corporación.

2. Habilitarlos, en sus capacidades corporativas, a recibir concesiones de tierras; y, hasta ahora, está contra las leyes de mano muerta.

3. Para hacer a los subscriptores extranjeros capaces de tener tierras; y hasta ahora contra las leyes de extranjería.

4. Transmitir estas tierras, a la muerte de un propietario, a cierta línea de sucesores; y hasta ahora, cambia el curso de los descendientes.

5. Poner las tierras fuera del alcance de confiscación, o escheat; y hasta ahora, está contra las leyes de confiscación y escheat.

6. Para transmitir enseres personales a los sucesores, en cierta línea; y hasta ahora, está contra las leyes de distribución.

7. Para darles el solo y exclusivo derecho de banca, bajo la autoridad nacional; y, hasta ahora, está contra las leyes de monopolio.

8. Para comunicarles un poder para hacer leyes, superior a las leyes de los estados; para así deben traducirse, para proteger la institución del control de las legislaturas estatales; y tan quizás ellos se traducirán.

Yo considero los cimientos de la Constitución como puestos sobre estas bases - que todos los poderes no delegados a los Estados Unidos, por la Constitución, ni prohibidos por a los estados se reservan a los estados o al pueblo (12va. enmienda). Dar así especialmente un solo paso más allá de los límites diseñados alrededor de los poderes de Congreso, es tomar posesión de un campo ilimitado de poder, no más susceptible de cualquier definición. La incorporación de un banco, y los poderes asumidos por esta ley, no han, en mi opinión, sido delegados a los Estados Unidos por la Constitución.

CAPÍTULO UNO

ISLA JEKYLL

"La cuestión de una tasa del descuento uniforme fue discutida y establecida en la Isla Jekyll". - Paul M. Warburg[2]

La noche del 22 de noviembre de 1910, un grupo de reporteros de periódicos estaba desconsolado en la estación de ferrocarril de Hoboken, New Jersey. Ellos habían visto a una delegación de financieros líderes de la nación dejando la estación en misión secreta. Pasarían años antes de que descubrieran lo que esa misión era, e incluso entonces no entenderían que la historia de los Estados Unidos sufriría un cambio drástico después de esa noche en Hoboken.

La comisión había salido en un vagón sellado de ferrocarril, con persianas blindadas, a un destino desconocido. Ellos fueron llevados por el Senador Nelson Aldrich, cabeza de la Comisión Monetaria Nacional. El Presidente Theodore Roosevelt había firmado en ley el proyecto que creaba la Comisión Monetaria Nacional en 1908, después que el trágico Pánico de 1907 había producido una demanda pública que el sistema monetario de la nación sea estabilizado. Aldrich había llevado a los miembros de la Comisión en una gira de dos años por Europa y había gastado unos trescientos mil dólares del dinero público. Él no había hecho

---

[2] Prof. Nathaniel Wright Stephenson, Paul Warburg's Memorandum, *Nelson Aldrich A Leader in American Politics*, Scribners, N.Y. 1930

aún un informe sobre los resultados de este viaje, ni había ofrecido ningún plan para la reforma bancaria.

Acompañando al Senador Aldrich en la estación Hoboken estaba su secretario privado, Shelton; A. Piatt Andrew, Secretario Auxiliar de la Tesorería, y Ayudante Especial de la Comisión Monetaria Nacional; Frank Vanderlip, presidente del National City Bank of New York, Henry P. Davison, socio senior de J.P. Morgan Company, y generalmente considerado como emisario personal de Morgan; y Charles D. Norton, presidente del First National Bank of New York dominado por Morgan. Uniéndose al grupo sólo antes que el tren salga de la estación estaba Benjamín Strong, también conocido como lugarteniente de J.P. Morgan; y Paul Warburg, un reciente inmigrante de Alemania que se había unido a la casa bancaria Kuhn, Loeb & Co., New York como un socio que ganaba quinientos mil dólares al año.[3]

Seis años después, un escritor financiero llamado Bertie Charles Forbes (que después fundó Forbes Magazine; el editor actual, Malcom Forbes, es su hijo), escribió: *"El cuadro de una partida de los más grandes banqueros de la nación saliendo furtivos de New York en un vagón privado de ferrocarril bajo la cubierta de la oscuridad, huyendo furtivamente a cientos de millas al Sur, embarcados en un misterioso lance y reptando furtivamente hacia una isla abandonada por todos menos los sirvientes, viviendo toda una semana allí bajo tal secreto rígido que no se mencionaron los nombres de ninguno de ellos ni una vez, así los sirvientes no supieran la identidad y descubran al mundo esta expedición más extraña, más secreta en la historia de las Finanzas americanas.*

Yo no soy ningún romántico; yo estoy dando al mundo, por primera vez, la historia real de cómo el famoso informe Aldrich de

---

[3] Prof. Nathaniel Wright Stephenson, Paul Warburg's Memorandum, *Nelson Aldrich A Leader in American Politics*, Scribners, N.Y. 1930.

dinero, la fundación de nuestro nuevo sistema del dinero, fue escrito... El secreto sumo unió a todos. El público no debe espigar una indirecta de que sería hecho. El Senador Aldrich notificó a cada uno para entrar calladamente en un vagón privado y que el ferrocarril había recibido órdenes para incorporar en una plataforma no frecuentada.

Fuera de la partida establecida. Los ubicuos reporteros de New York habían sido aislados con laminilla... Nelson (Aldrich) había confiado a Henry, Frank, Paul y Piatt que él estaba para tenerlos encerrados con llave en la Isla Jekyll, aislados del resto del mundo, hasta que hubieran evolucionado y compilado un sistema científico de dinero para los Estados Unidos, el real nacimiento del actual Sistema de la Reserva Federal, el plan hecho en la conferencia de en Isla Jekyll, con Paul, Frank y Henry... Warburg es el eslabón que liga y junta el sistema de Aldrich y el presente sistema. Él más que cualquier hombre ha hecho posible el sistema como una realidad de la operación".[4]

La biografía oficial del Senador Nelson Aldrich dice: "*En otoño de 1910, seis hombres salieron a cazar patos, Aldrich, su secretario Shelton, Andrews, Davison, Vanderlip y Warburg. Los reporteros estaban esperando en la estación Brunswick (Georgia). Mr. Davison salió y habló con ellos. Los reporteros se dispersaron y el secreto de la extraña jornada no fue divulgado. Mr. Aldrich le preguntó cómo lo había manejado y él no dio información*".[5]

Davison tenía una reputación excelente como persona que podría conciliar facciones belicosas, un papel que había realizado para J.P. Morgan durante el establecimiento del Pánico de Dinero

---

[4] "CURRENT OPINION", December, 1916, p. 382.

[5] Nathaniel Wright Stephenson, *Nelson W. Aldrich, A Leader in American Politics*, Scribners, N.Y. 1930, Chap. XXIV "Isla Jekyll".

de 1907. Otro socio de Morgan, T.W. Lamont, dice: *"Henry P. Davison sirvió como árbitro de la expedición Isla Jekyll"*.[6]

De estas referencias, es posible rehacer y reunir la historia. El vagón privado de Aldrich que había dejado le Estación Hoboken en la sombras, había llevado a los financieros a la Isla Jekyll, Georgia. Algunos años antes, un grupo muy exclusivo de millonarios, dirigido por J.P. Morgan, había comprado la isla como retiro de invierno. Ellos se llamaron el Jekyll Island Hunt Club, y, al principio, la isla sólo se usó para expediciones de caza, hasta que los millonarios comprendieron que su clima agradable ofrecía un retiro caluroso de los rigores de invierno en New York, y empezaron a construir mansiones espléndidas que llamaron "cabañas", para las vacaciones de invierno de sus familias. El edificio del club, estando realmente aislado, a veces era demandado para cacerías de ciervo y otras no relatadas partidas de caza. En tales ocasiones, se pedía a los miembros del club que no estaban invitados a estas excursiones específicas, que no aparecieran allí por cierto número de días. Antes que la partida de Nelson Aldrich hubiera salido de New York, los miembros del club habían sido notificados que el club estaría ocupado durante las próximas dos semanas.

El Isla Jekyll Club fue escogido como lugar para bosquejar el plan para el control del dinero y crédito del pueblo de los Estados Unidos, no sólo debido a su aislamiento, sino porque era la reserva de la gente que estaban bosquejando el plan. El New York Times después notó, el 3 de mayo de 1931, haciendo un comentario sobre la muerte de George F. Baker, uno de los socios más cercanos de J.P Morgan que *"el Isla Jekyll Club ha perdido uno de sus miembros más distinguidos. Un-sexto de la riqueza total del mundo estaba representado por los miembros del Isla Jekyll Club"*. La membresía sólo era solo por herencia.

---

[6] T.W. Lamont, Henry P. Davison, Harper's Weekly, 1933.

El grupo Aldrich no tenía interés en cazar. La Isla Jekyll fue escogida para sitio de preparación del banco central porque ofrecía retiro completo y no había un periodista en cincuenta millas. Tal era la necesidad por el secreto que los miembros de la partida estaban de acuerdo, antes de llegar a Isla Jekyll que ningún último nombre se usaría en ningún momento durante su estancia de dos semanas. El grupo se refirió después a ellos como el Club del Primer Nombre, cuando los últimos nombres de Warburg, Strong, Vanderlip y los otros se prohibieron durante su estancia. A los sirvientes de costumbre les habían sido dados dos semanas de veraneo del club, y los nuevos sirvientes traídos del continente para esta ocasión no sabían los nombres de ninguno de los presentes.

Aun cuando hubieran sido interrogados después de la partida de Aldrich a New York, no podrían dar los nombres. Este arreglo demostró ser tan satisfactorio que los miembros, limitados a los que realmente habían estado presentes en la Isla Jekyll, tuvieron después varias reuniones informales en New York.

¿Por qué todo este secreto? ¿Por qué este viaje de mil millas en un vagón de ferrocarril a un remoto club de caza? Ostensiblemente, era para llevar a cabo un programa de servicio público, para preparar la reforma bancaria que sería un don al pueblo de los Estados Unidos, los cuales habían sido ordenados por la Comisión Monetaria Nacional. Los participantes no eran extraños a los beneficios públicos.

Normalmente, sus nombres se inscribieron en placas de latón o en exteriores de edificios que ellos habían donado. Este no fue el procedimiento que siguieron en Isla Jekyll. Ninguna placa de latón fue jamás erigida para marcar las acciones generosas de aquéllos que se encontraron en su club de caza privado en 1910 para mejorar la porción de cada ciudadano de los Estados Unidos.

De hecho, ningún beneficio tuvo lugar en la Isla Jekyll. El grupo Aldrich viajó allí en privado para escribir la legislación de banca y dinero que a la Comisión Monetaria Nacional le había sido ordenado preparar en público. En la estaca estaba el control futuro del dinero y crédito de los Estados Unidos. Si cualquier reforma monetaria genuina hubiera sido preparada y presentada al Congreso, habría acabado el poder de los elitistas creadores mundiales de dinero.

La Isla Jekyll aseguró que se establecería un banco central en los Estados Unidos, que les daría a estos banqueros todo lo que siempre habían querido. Como el hábil técnico de los presentes, Paul Warburg se encargó de hacer la mayoría del bosquejo del plan. Su trabajo se discutiría luego y habría sido revisado por el resto del grupo. El Senador Nelson Aldrich estaba allí para ver que el plan completo saldría en forma que él podría hacer aprobar por el Congreso, y los otros banqueros estaban para incluir cualquier detalle allí que se necesitaría para ser cierto que consiguieron todo lo que quisieron en un proyecto terminado y compuesto durante una estancia de una sola sesión. Después que volvieran a New York, no podría haber ningún segundo encuentro juntos para re-trabajar su plan. Ellos no podrían esperar obtener tal secreto para su trabajo en una segunda jornada.

El Grupo de Isla Jekyll permaneció en el club durante nueve días y trabajó furiosamente para completar su tarea. A pesar de los intereses comunes de los presentes, el trabajo no procedió sin fricción. El Senador Aldrich, siempre una persona dominante, se consideró el líder escogido del grupo, y no podría ayudar ordenando a todos los demás sobre esto. Aldrich también se sentía algo fuera de lugar como el único miembro que no era un banquero profesional. Él había tenido sustanciales intereses bancarios a lo largo de su carrera, pero sólo como persona que ganó su propiedad en acciones de banco. Él sabía poco sobre aspectos técnicos de operaciones financieros. Su figura opuesta, Paul Warburg, creyó que cada pregunta levantada por el grupo exigía, no meramente una respuesta, sino una conferencia. Él raramente perdió una oportunidad de dar a los miembros un largo discurso diseñado para impresionarlos con la magnitud de su conocimiento bancario.

Esto fue notado por los otros, y a menudo dedujeron comentarios armados con las púas de Aldrich. La diplomacia natural de Henry P. Davison demostró ser el catalizador que hizo persistir en su trabajo. El espeso acento extranjero de Warburg los enrejaba, y constantemente les recordaba que tenían que aceptar su presencia si un plan del banco central fuera inventado y qué les garantizaría su futuro de ataques. Warburg hizo poco esfuerzo para aplanar sus prejuicios, y los disputó en cada posible ocasión sobre las preguntas bancarias técnicas que él consideraba su reserva privada.

"En todas las conspiraciones debe haber gran secreto"[7]

La "reforma monetaria", plan preparado en Isla Jekyll, sería presentada al Congreso como el trabajo completo de la Comisión Monetaria Nacional. Era indispensable que los autores reales de la proyecto permanecieran ocultos. Tan grande era el resentimiento popular contra los banqueros desde el Pánico de 1907, que ningún Diputado se atrevería a votar por un proyecto que llevaba la mancha de Wall Street, no importa quien hubiera contribuido a sus gastos de la campaña. El plan Isla Jekyll plan era un proyecto de banco central, y en este país había una larga tradición de lucha en contra de infligir un banco central sobre el pueblo americano.

Había empezado con la lucha de Thomas Jefferson contra el esquema de Alexander Hamilton por el First Bank of the United States, respaldado por James Rothschild. Había continuado con la guerra exitosa del Presidente Andrew Jackson contra el esquema

---

[7] Clarendon, Hist. Reb. 1647.

de Alejandro Hamilton para el Second Bank of the United States en que Nicholas Biddle estaba actuando como agente para James Rothschild de París.

El resultado de esa lucha fue la creación del Sub-Sistema Independiente del Tesoro que supuestamente había servido para dejar los fondos de los Estados Unidos fuera de las manos de los financieros. Un estudio de los pánicos de 1873, 1893, y 1907 indican que estos pánicos fueron resultado de las operaciones de banqueros internacionales de Londres.

El público estaba exigiendo en 1908 que el Congreso promulgue legislación para prevenir la repetición de pánicos de dinero inducidos artificialmente. Tal reforma monetaria parecía ahora inevitable. Fue para encabezar y controlar tal reforma que la Comisión Monetaria Nacional había sido establecida con Nelson Aldrich a la cabeza, desde que él era líder de la mayoría del Senado.

El problema principal, como Paul Warburg informó a sus colegas, era evitar el nombre "Banco Central". Por esa razón, había elegido la designación de "Sistema de la Reserva Federal". Esto engañaría al pueblo al pensar que no era un banco central. Sin embargo, el Plan Isla Jekyll sería un banco central y cumpliría las funciones principales de banco central; sería poseído por individuos privados que ganarían la propiedad de las acciones. Como banco de emisión, controlaría el dinero y crédito de la nación.

En el capítulo sobre Isla Jekyll en su biografía de Aldrich, Stephenson escribe de la conferencia: *"¿Cómo iría a ser controlado el Banco de la Reserva? Debía ser controlado por el Congreso. El gobierno sería representado en la mesa de directores, era para tener conocimiento pleno de todos los asuntos del Banco, pero una mayoría de los directores serían elegidos, directa o indirectamente, por los bancos de la asociación"*.[8]

Así el propuesto Banco de la Reserva Federal era para ser *"controlado por el Congreso"* y responsable ante el gobierno, pero la mayoría de los directores sería elegida, *"directa o indirectamente"*, por los bancos de la asociación. En el refinamiento final del plan Warburg, la Mesa de Gobernadores de la Reserva Federal sería establecida por el Presidente de los Estados Unidos, pero el trabajo real de la Mesa sería controlado por un Concilio Asesor Federal y se reuniría con los Gobernadores. El Concilio sería escogido por los directores de los doce Bancos de la Reserva Federal, y permanecería desconocido al público.

La próxima consideración era ocultar el hecho que el propuesto "Sistema de la Reserva Federal" sería dominado por los amos del mercado de dinero de New York.

Los Diputados del Sur y el Oeste no podrían sobrevivir si votaban un plan de Wall Street. Los granjeros y pequeños hombres de negocios en esas áreas habían sufrido la mayoría de los pánicos de dinero. Había gran resentimiento popular contra los banqueros del Este que, durante el decimonono siglo, se volvieron un movimiento político conocidos como "populismo". Los papeles privados de Nicholas Biddle, no publicados hasta más de un siglo después de su muerte, muestran que bastante temprano los banqueros del Este estaban totalmente conscientes de la extensa oposición pública hacia ellos. Paul Warburg adelantó en Isla Jekyll la decepción primaria que les impediría a los ciudadanos reconocer que su plan preparó un banco central. Éste era el sistema de la reserva regional. Él propuso un sistema de cuatro (después doce) ramas de bancos de la reserva localizadas en

---

[8] Nathaniel Wright Stephenson, *Nelson W. Aldrich, A Leader in American Politics*, Scribners, N.Y. 1930, Chap. XXIV "Isla Jekyll" p. 379.

diferentes secciones del país. Pocas personas fuera del mundo bancario comprenderían que la concentración existente del dinero de la nación y la estructura del crédito en New York hacía un engaño a la propuesta de un sistema de la reserva regional.

Otra propuesta adelantada por Paul Warburg en Isla Jekyll era la manera de selección de administradores propuestos para el sistema de la reserva regional. El Senador Nelson Aldrich había insistido en que los funcionarios debían ser nombrados, no electos, y que el Congreso no debía tener ningún rol en su selección. Su experiencia en Capitol Hill le había enseñado que la opinión del congreso sería a menudo hostil a los intereses Wall Street, cuando los Diputados del Oeste y Sur podrían desear demostrar a sus electores que ellos estaban protegiéndolos contra los banqueros del Este.

Warburg respondió que los administradores de los bancos centrales propuestos debían estar sujetos a la aprobación ejecutiva por el Presidente. Esta patente remoción del sistema de control del congreso significaba que la propuesta de la Reserva federal era inconstitucional desde su principio, porque el Sistema de la Reserva Federal era para ser un banco de emisión.

El Artículo 1, Sec. 8, párrafo 5 de la Constitución expresamente encarga al Congreso con *"poder para acuñar dinero y regular el valor de ese"*. El plan Warburg privaría al Congreso de su soberanía, y los sistemas de control y equilibrio de poder puestos por Thomas Jefferson en la Constitución ahora se destruirían. Los administradores del sistema propuesto controlarían el dinero y crédito de la nación, y habrían sido aprobados por la sección ejecutiva del gobierno. La sección judicial (la Corte Suprema, etc.) ya era controlada virtualmente por la sección ejecutiva para el nombramiento presidencial al tribunal.

Paul Warburg escribió después una exposición masiva de su plan: El Sistema de la Reserva Federal, Su Origen y crecimiento[9] de unas 1750 páginas, pero el nombre de "Isla Jekyll" no aparece en ninguna parte en este texto. Él dice (Vol. 1, pág. 58)[10]: *"Pero luego la conferencia se cerró, después de una semana de seria deliberación, un proyecto áspero que después se volvió el Proyecto Aldrich se había acordado, y un plan había sido perfilado qué con tal de una 'Asociación de Reserva Nacional, que significaba una organización de reserva central con una emisión elástica de notas basadas en oro y papeles comerciales".*

En página 60, Warburg escribe: *"Los resultados de la conferencia eran completamente secretos. Incluso el hecho que había habido una reunión que no fue permitida hacerse pública".* Él agrega en una nota a pie de página: *"Aunque dieciocho [sic] años han pasado subsecuentemente, yo no me siento libre para dar una descripción de esta conferencia más interesante, involucrando que el Senador Aldrich empeñó a todos los participantes al secreto".*

La revelación de B.C. Forbes[11] de la expedición secreta a Isla Jekyll, había tenido un impacto sorprendentemente pequeño. No apareció impresa hasta dos años después que el Acto de la Reserva Federal había sido aprobado por el Congreso, nunca se leyó durante el periodo cuando pudiera tener un efecto que era, durante el debate del Congreso sobre el proyecto. La historia de Forbes también fue desechada, por aquéllos *"en el conocimiento"*, como pre-posterior, y una invención no más. Stephenson

---

[9] Paul Warburg, *The Federal Reserve System, Its Origin and Growth*, Volume I, p. 58, Macmillan, New York, 1930.

[10] Nathaniel Wright Stephenson, *Nelson W. Aldrich, A Leader in American Politics*, Scribners, N.Y. 1930, Chap. XXIV "Isla Jekyll" p. 379.

[11] CURRENT OPINION, December, 1916, p. 382.

menciona esto en página 484 de su libro sobre Aldrich.[12] *"Este curioso episodio de Isla Jekyll generalmente se ha considerado como un mito. B.C. Forbes consiguió un poco de información de uno de los reporteros. Contó en un contorno vago la historia de Isla Jekyll, pero no dejó impresión y generalmente se consideró no más como un estambre".*

El encubrimiento de la conferencia Isla Jekyll procedió a lo largo de dos líneas, ambas tuvieron éxito. La primera, como menciona Stephenson, era dejar toda la historia como una invención romántica que realmente nunca tuvo lugar. Aunque había referencias breves a la Isla Jekyll en libros posteriores acerca del Sistema de la Reserva Federal, éstos también llamaron la atención pública. Como hemos notado, el trabajo masivo y supuestamente definido de Warburg sobre el Sistema de la Reserva Federal, no menciona a Isla Jekyll en absoluto, aunque admite que una conferencia tuvo lugar. En ninguno de sus voluminosos discursos o escritos aparecen las palabras "Isla Jekyll", con una sola excepción notable. Él aceptó la demanda del Profesor Stephenson que preparó una declaración breve para la biografía de Aldrich. Esto aparece en página 485 como parte de "El Memorándum de Warburg". En esta cita, Warburg escribe: *"La materia de una tasa del descuento uniforme fue discutida y se estableció en la Isla Jekyll".*

Otro miembro del "Club del Primer Nombre" fue menos reservado. Frank Vanderlip publicó unas referencias breves después de la conferencia. En el Saturday Evening Post, el 9 de febrero de 1935, pág. 25, Vanderlip escribió: *"A pesar de mis puntos de vista sobre el valor para la sociedad de una publicidad mayor para los asuntos de corporaciones, hubo una ocasión cerca del fin de 1910, cuando yo fui como secreto, de hecho, como furtivo, como cualquier conspirador... Puesto que habría sido fatal al plan del*

---

[12] Nathaniel Wright Stephenson, *Nelson W. Aldrich, A Leader in American Politics*, Scribners, N.Y. 1930, Chap. XXIV "Isla Jekyll" p. 379.

*Senador Aldrich, haberse sabido que él estaba llamando a alguien de Wall Street para ayudarle a preparar su proyecto, se tomaron precauciones que habrían encantado el corazón de James Stillman (*un colorido y secreto banquero que era Presidente del National City Bank durante la Guerra Hispanoamericana, y de quién se pensaba que había estado envuelto al entrarnos en esa guerra*)... Yo no siento que es una exageración hablar de nuestra secreta expedición a la Isla Jekyll como la ocasión de la concepción real de lo que en el futuro se volvió el Sistema de la Reserva Federal"*.

En un rasgo de Viaje en The Washington Post, el 27 de marzo de 1983, *"Siga a los ricos a Isla Jekyll"*, Roy Hoopes escribe: *"En 1910, cuando Aldrich y cuatro expertos financieros quisieron un lugar para encontrarse en secreto, para reformar el sistema bancario del país, ellos falsificaron un viaje de caza a Jekyll y durante 10 días estuvieron 'en un pozo' en la Casa Club, donde hicieron planes para lo que en el futuro se volvería el Banco de la Reserva Federal"*.

Vanderlip escribió después en su autobiografía, From Farmboy a Financier[13] *"Nuestra expedición secreta a Isla Jekyll fue la ocasión de la concepción real de lo que en el futuro se volvió Sistema de la Reserva Federal. Los puntos esenciales del Plan Aldrich estaban todos contenidos en el Acto de la Reserva Federal cuando fue pasado"*.

El Profesor E.R.A. Seligman, un miembro de la familia bancaria internacional de J & W Seligman, cabeza del Departamento de Economía en la Universidad de Columbia, escribió un ensayo publicado por la Academia de Ciencias Políticas, Procedimientos, v. 4, No. 4, p. 387-90: *"Se conoce muy poco cuan grande es la deuda de los Estados Unidos hacia Mr. Warburg. Puede decirse sin temor de contradicción que en sus rasgos fundamentales el acta de la Reserva Federal es el trabajo de Mr. Warburg más que cualquier otro hombre en el país. La existencia de*

---

[13] Frank Vanderlip, *From Farmboy to Financier*.

una Mesa de la Reserva federal crea, en todo sino en nombre, realmente un banco central. En los dos principios de control de reservas y de política de descuentos, el Acto de la Reserva Federal ha aceptado francamente el principio del Proyecto Aldrich, y estos principios, como se ha declarado, eran la creación de Mr. Warburg y solo de Mr. Warburg. De él no debe olvidarse que Mr. Warburg tenía un objeto práctico en vista. Formulando sus planes y avanzando sobre ellos variando ligeramente las sugerencias de vez en cuando, era incumbente sobre él recordar que la educación del país debe ser gradual y que una gran grande de la tarea era romper prejuicios y remover sospechas. Sus planes tuvieron por consiguiente todas las clases de sugerencias detalladas diseñadas para cuidar al público contra los peligros preferidos y persuadir al país que el esquema general era en todo factible. Era la esperanza de Mr. Warburg que con un lapso de tiempo podría ser posible eliminar por ley unas cláusulas que se insertaron mucho a su sugerencia para propósitos educativos".

Ahora que la deuda pública de los Estados Unidos ha pasado de un billón dólares, podemos admitir de hecho *"cuan grande es la deuda de los Estados Unidos con Mr. Warburg"*. En el momento en que él escribió al Acto de la Reserva Federal, la deuda pública era casi inexistente. El Profesor Seligman señala que la notable presencia de Warburg para la tarea real de los miembros de la conferencia Isla Jekyll, era preparar un plan bancario que habría gradualmente *"educado al país"* y *"(para) romper prejuicios y remover sospechas"*.

La campaña para promulgar el plan en ley tuvo éxito haciendo solo eso.

CAPÍTULO DOS

EL PLAN ALDRICH

"La finanzas y el arancel son reservados por Nelson Aldrich como cayendo dentro de su sola esfera y jurisdicción. Mr. Aldrich está esforzándose para inventar, por la Comisión Monetaria Nacional, una ley de banca y dinero. Muchos centenares de miles de personas son firmemente de la opinión que Mr. Aldrich resume en su personalidad la más grande y siniestra amenaza al bienestar popular de los Estados Unidos. Ernest Newman dijo recientemente: que los puntos de vista del Sur sobre los negros en forma política, Aldrich sacaría a los limpiadores de barro del Norte, si él pudiera inventar una caja fuerte y la manera práctica de lograrlo". - Harper's Weekly's Weekly, el 7 de mayo de 1910."

Los participantes en la Conferencia de Isla Jekyll volvieron a New York para dirigir una campaña de propaganda nacional a favor del "Plan Aldrich". Tres de las universidades principales, Princeton, Harvard y Universidad de Chicago, se usaron como puntos de reunión para esta propaganda, y los bancos nacionales tenían que contribuir a un fondo de cinco millones de dólares para persuadir al público americano que este plan de banco central debía promulgarse en ley por el Congreso.

Woodrow Wilson, gobernador de New Jersey y ex presidente de la Universidad de Princeton, se alistó como un portavoz para el Plan Aldrich. Durante el Pánico de 1907, Wilson había declarado: *"Todo este problema podría superarse si nosotros nombrásemos un*

*comité de seis o siete hombres de espíritu público como J.P. Morgan
para manejar los asuntos de nuestro país".*

En su biografía de Nelson Aldrich en 1930, Stephenson dice:
*"Un folleto se emitió el 16 de enero de 1911, Plan Sugerido para
Legislación Monetaria, por el Hon. Nelson Aldrich, se basaba en
conclusiones de Isla Jekyll".*

Stephenson dice en página 388: *"Una organización para el
progreso financiero se formó. Mr. Warburg introdujo una resolución
que autoriza el establecimiento de una Liga de Ciudadanos, después
Liga Nacional de Ciudadanos... Al Profesor Laughlin de la
Universidad de Chicago se le encargó la propaganda de la Liga".*[14]

Es notable que Stephenson caracterice el trabajo de la Liga
Nacional de Ciudadanos como "propaganda", en línea con la
exposición de Seligman (10) del trabajo de Warburg como
"educación del país" y *"romper prejuicios"*. Mucho de los cinco
millones de dólares del fondo de nieve fangosa de los banqueros
fue gastado bajo los auspicios de la Liga Nacional de Ciudadanos,
que se compuso de profesores de universidad. Los dos mayores
propagandistas incansables para el Plan Aldrich eran el Profesor
O.M. Sprague de Harvard, y J. Laurence Laughlin de la
Universidad de Chicago. El Diputado Mr. Charles A. Lindbergh,
nota: *"J. Laurence Laughlin, Presidente del Comité Ejecutivo de su
organización Liga Nacional de Ciudadanos subsecuentemente, ha
vuelto a su puesto como profesor de economía política en la
Universidad de Chicago. En junio de 1911, al Profesor Laughlin se le
dio licencia de un año de la universidad, así él podía dar todo su
tiempo a la campaña de educación emprendida por la Liga... Él ha
trabajado infatigablemente, y es principalmente debido a sus esfuerzos
y persistencia que la campaña entra en la fase final con perspectivas*

---

[14] Nathaniel Wright Stephenson, *Nelson W. Aldrich, A Leader in American
Politics*, Scribners, N.Y. 1930.

halagadoras de resultado exitoso... El lector sabe que la Universidad de Chicago es una institución dotada por John D. Rockefeller, con casi cincuenta millones de dólares".[15]

En su biografía de Nelson Aldrich, Stephenson revela que la Liga de Ciudadanos también era un producto de la Isla Jekyll. En capítulo 24 encontramos que: El Plan Aldrich se presentó al Congreso como resultado de tres años de trabajo, estudio y viajes por los miembros de la Comisión Monetaria Nacional, con gastos de más de trescientos mil dólares.[16]

Testificando ante el Comité sobre Reglas, 15 de diciembre de 1911, después que el Plan Aldrich se había introducido en el Congreso, el Diputado Lindbergh declaró: *"Nuestro sistema financiero es falso y una gran carga sobre el pueblo... Yo he alegado que hay un Money Trust. El Plan Aldrich simplemente es un esquema en interés del Trust... ¿Por qué presiona ahora tan duro el Money Trust por el Plan Aldrich, antes que el pueblo sepa lo que el Money Trust ha estado haciendo?"*

Lindbergh continuó su discurso: *"El Plan Aldrich es el Plan Wall Street. Es un desafío amplio al Gobierno por el campeón del Money Trust. Significa otro pánico, si necesario, para intimidar al pueblo. Aldrich, pagado por el Gobierno para representar al pueblo, propone en cambio un plan para los Trust. Fue por un movimiento muy diestro que la Comisión Monetaria Nacional fue creada. En 1907 la naturaleza respondió bellamente y dio la cosecha más dadivosa que había tenido alguna vez este país. Otras industrias también estaban ocupadas, y del punto de vista natural todas las condiciones estaban bien para un más próspero año.*

---

[15] Charles A. Lindbergh, Mr., *Banking, Currency and the Money Trust*, 1913, p. 131.

[16] En 1911, el Plan Aldrich se volvió parte de la plataforma oficial del Partido Republicano.

En cambio, un pánico trajo consigo pérdidas enormes sobre nosotros. Wall Street supo que el pueblo americano estaba exigiendo remedio contra la repetición de tal condición ridículamente antinatural. La mayoría de los Representantes y Senadores cayó en la trampa de Wall Street y aprobó el Proyecto Vreeland Aldrich de Emergencia de Dinero. Pero el propósito real era lograr una comisión monetaria que pensaría una proposición para las enmiendas a nuestro dinero y las leyes bancarias que satisfarían al Money Trust. Los intereses están ahora ocupados educando por todas partes al pueblo a favor del Plan Aldrich.

Se informa que una suma grande de dinero se ha reunido para este propósito. Que la especulación Wall Street logró el Pánico de 1907. A los fondos depositantes se prestaron a los jugadores y alguien que el Money Trust quiso a favor. Entonces cuando los depositantes quisieron su dinero, los bancos no lo tenían. Eso hizo el pánico".

Edward Vreeland, coautor del proyecto, escribió el 25 de agosto de 1910 en el Independent (propiedad de Aldrich): *"Bajo el plan monetario propuesto por el Senador Aldrich, los monopolios desaparecerán, porque no podrán hacer más de 4% de interés y los monopolios no pueden seguir a tal tasa baja. También, esto marcará la desaparición del Gobierno del negocio bancario"*

Las demandas fantásticas de Vreeland eran típicas del diluvio de propaganda que se liberó para aprobar el Plan Aldrich. Los monopolios desaparecerían, el Gobierno desaparecería del negocio bancario. Pastel en el cielo.

Nation Magazine, 19 de enero de 1911, nota: *"El nombre de Banco Central se evita cuidadosamente, pero la Asociación de la Reserva Federal, nombre dado a la organización central propuesta, está dotada de los poderes y responsabilidades usuales de un Banco Central europeo"*

Después que la Comisión Monetaria Nacional hubo vuelto de Europa, no celebró ninguna reunión oficial durante casi dos años. No presentaron jamás ningún archivo o minutas mostrando que era la autora del Plan Aldrich. Puesto que no celebraron ninguna reunión oficial, los miembros de la comisión apenas podrían exigir al Plan como propio. El único resultado tangible del gasto de trescientos mil dólares de la Comisión era una biblioteca de treinta volúmenes masivos sobre banca europea.

Típico de estos trabajos son mil página de historia del Reichsbank, el banco central que controlaba el dinero y crédito en Alemania, y de quien los accionistas principales, eran los Rothschild y la casa bancaria de la familia de Paul Warburg la M.M. Warburg Company. Los archivos de la Comisión muestran que nunca funcionó como un cuerpo deliberativo. De hecho, su único "encuentro" fue la conferencia secreta sostenida en la Isla Jekyll, y esta conferencia no se menciona en ninguna publicación de la Comisión. El Senador Cummins pasó una resolución en el Congreso pidiendo a la Comisión que informe el 8 de enero de 1912, y mostrar el trabajo de algunos resultados constructivos de sus tres años. Ante este desafío, la Comisión Monetaria Nacional dejó de existir. Con sus cinco millones de dólares como pectoral de guerra, el Plan Aldrich que los propagandistas emprendieron para no tener guerra de obstrucción su oposición. Andrew Frame testificó ante el Comité de la Cámara en Banca y Dinero por American Bankers Association. Él representaba un grupo de banqueros del Oeste que se opusieron al Plan Aldrich:

PRESIDENTE CARTER GLASS: "*¿Por qué los banqueros Occidentales no se hicieron oír cuándo la American Bankers Association dio su inhábil y, nosotros seguros, aprobamos unánimes el esquema propuesto por la Comisión Monetaria Nacional?*"

ANDREW FRAME: "*Yo me alegro que usted llame mi atención en eso. Cuando ese proyecto monetario se dio al país, fue unos días previos a la reunión de American Bankers Association en Nuevo*

Orleáns en 1911. No había un banquero en cien que hubiera leído ese proyecto. Nosotros teníamos doce direcciones a favor de él. El General Hamby de Austin, Texas, le escribió una carta al Presidente Watts pidiendo una audiencia contra el proyecto. Él no consiguió una respuesta muy atenta. Yo me negué a votarla, y un muchos otros banqueros lo hicieron igualmente"

MR. BULKLEY: *"¿Quiere decir usted que ningún miembro de la Asociación pudo oírse en oposición a la proyecto?"*

ANDREW FRAME: *"Ellos ahogaron todo argumento"*

MR. KINDRED: *"Pero el informe que se repartió era prácticamente unánime"*

ANDREW FRAME: *"El proyecto ya había sido preparado por el Senador Aldrich y se había presentado al concilio ejecutivo de American Bankers Association en mayo, 1911. Como miembro de ese concilio, yo recibí una copia el día antes de que ellos actuaran sobre él. Cuando el proyecto entró en Nueva Orleans, los banqueros de los Estados Unidos no lo habían leído".*

MR. KINDRED: *"¿Aplicó el funcionario presidiendo simplemente la regla a los que quisieron discutirlo negativamente?"*

ANDREW FRAME: *"Ellos no permitirían a nadie en el programa que no estuviera a favor del proyecto".*

PRESIDENTE GLASS: *"¿Qué importancia tiene el hecho que a la próxima reunión anual de American Bankers Association sostenida en Detroit en 1912, la Asociación no reiteró su endoso del plan de la Comisión Monetaria Nacional, conocido como el Plan Aldrich?"*

ANDREW FRAME: *"No reiteró el endoso por el hecho simple que los apoyos del Plan Aldrich supieron que la Asociación no lo endosaría. Nosotros estábamos listos por ellos, pero ellos no lo planteraron".*

Andrew Frame expuso la colusión que en 1911 procuró un endoso del Plan Aldrich de la American Bankers Association, pero en 1912 no se atrevieron siquiera a repetir su endoso, por miedo a una discusión honrada y abierta de los méritos del plan. El Presidente Glass llamó entonces como testigo a uno de los diez más poderosos banqueros en los Estados Unidos, George Blumenthal, socio de la casa bancaria internacional de Lazard Freres y cuñado de Eugene Meyer Jr. Carter Glass Jr. Dio bienvenida efusiva a Blumenthal y declaró que *"el Senador O Gorman de New York era una clase lo bastante hacernos pensar en su nombre"*. Un año después, O'Gorman impidió a un Comité del Senado preguntarle a su amo, Paul Warburg, cualquier pregunta penosa antes de aprobar su nominación como primer Gobernador de la Mesa de la Reserva Federal.

George Blumenthal declaró: *"Desde 1893 mi empresa de Lazard Freres ha sido delantera en importaciones y exportaciones de oro y ha entrado por eso en contacto con todos los que teníamos algo que ver con él"*. El diputado Taylor preguntó: *"¿Tiene una declaración allí acerca de la parte que usted ha tenido en la importación de oro en los Estados Unidos?"* Taylor preguntó esto porque se conoce el Pánico de 1893 entre los economistas como un ejemplo clásico de un pánico de dinero causado por movimientos de oro.

"No", contestó George Blumenthal: *"yo no llevo encima sobre eso nada en absoluto, porque no está afectando a la pregunta"*. Un banquero de Filadelfia, Leslie Shaw, disintió con otro al dar testimonio de estas audiencias y muy criticado se jactó de la *"descentralización"* del Sistema. Él dijo: *"Bajo el Plan Aldrich los banqueros están para tener asociaciones locales y asociaciones de distrito, y cuando usted tiene una organización local, el control centrado está seguro. Supongamos que tenemos una asociación local en*

Indianápolis; ¿no puede nombrar usted a los tres hombres que dominarán esa asociación? Y luego usted no puede nombrar a uno en todas las otras partes. Cuando usted ha enganchado a los bancos juntos, ellos pueden tener la influencia más grande de todo en este país, con excepción de los periódicos".

Para promover el proyecto del dinero, el Demócrata Carter Glass hizo público el registro afligido de los esfuerzos Republicanos del Senador Aldrich de la Comisión Monetaria Nacional. Su Informe de la Cámara en 1913: *"El Senador MacVeagh arregla el costo de la Comisión Monetaria Nacional al 12 de mayo de 1911 en $207,130. Ellos han gastado otros cien mil dólares de dinero de los contribuyentes subsecuentemente. El trabajo hecho al tal costo no puede ignorarse, pero, habiendo examinado la extensa literatura publicada por la Comisión, el Comité de Banca y Dinero encuentra pocos usos en el estado presente del mercado de crédito de los Estados Unidos. Nosotros objetamos al proyecto Aldrich en los puntos siguientes:*

Su falta entera al poner un gobierno adecuado o control público del mecanismo bancario.

Su tendencia a dar control del voto a manos de bancos grandes del sistema.

El peligro extremo de inflación de dinero inherente al sistema. La falta de sinceridad del plan de bonos de fondos proporcionados para y por la medida, y hay una pretensión descarada que este sistema no va a costar nada al gobierno.

Los aspectos monopolizadores peligrosos del proyecto.

Nuestro Comité al comienzo de su trabajo fue reunido por un sentimiento bien-definido a favor de un banco central que era lo saliente del manifiesto de trabajo que había sido hecho por la Comisión Monetaria Nacional".

La denuncia de Glass del Proyecto Aldrich como un plan de banco central ignoró el hecho que su propio Acto de la Reserva Federal cumpliría todas las funciones de un banco central. Sus acciones serían poseídas por accionistas privados que podrían usar el crédito del Gobierno para su propia ganancia; tendría control del dinero de la nación y recursos del crédito; y sería un banco de emisión que financiaría al gobierno "movilizando" el crédito en tiempo de guerra.

En "La Razón de la Banca Central," Vera C. Smith (Comité para Investigación Monetaria y Educación, junio, 1981) escribe: *"La definición primaria de un banco central es un sistema bancario en que un solo banco, tiene un monopolio completo o residual de la emisión. Un banco central no es un producto natural del desarrollo bancario. Se impone desde afuera o entra en vigencia como resultado de favores del Gobierno"*

Así un banco central logra su posición de control desde que su gobierno le concedió el monopolio de emisión. Ésta es la llave a su poder. También, el acto de establecer un banco central tiene un impacto inflacionario directo debido al sistema de la reserva fraccionario que permite la creación de préstamos de entrada por libro y por eso, el dinero, varios veces el "dinero" real qué el banco tiene en sus depósitos o reservas. El Plan Aldrich fue a voto en el Congreso, porque los Republicanos perdieron el control de la Cámara en 1910, y seguidamente perdieron el Senado y la Presidencia en 1912.

CAPÍTULO TRES

EL ACTO DE LA RESERVA FEDERAL

"Nuestro sistema financiero es falso y una carga grande sobre el pueblo... Este Acto establece el Trust más gigantesco en la tierra'.
- Diputado Charles Augustus Lindbergh.

Los discursos del Senador LaFollette y el Diputado Lindbergh llegaron a reunir puntos de oposición al Plan Aldrich en 1912. Ellos también despertaron un sentimiento popular contra el Money Trust. El Diputado Lindbergh dijo, el 15 de diciembre de 1911: *"El gobierno persigue otros trusts, pero apoya el Money Trust. Yo he estado esperando pacientemente varios años por una oportunidad de exponer la norma falsa de dinero, y para mostrar que el más grande de todo el favoritismo es ese extendido por el gobierno al Money Trust".*

El Senador LaFollette acusó públicamente que un Money Trust de cincuenta hombres controlaba a Estados Unidos. George F. Baker, socio de J.P. Morgan, al ser preguntado por reporteros acerca de la verdad del cargo, contestó que era un error absolutamente. Él dijo que conocía de relación personal a no más de ocho hombres que dirigían este país. El Nation Magazine contestó editorialmente al Senador LaFollette que *"Si hay un Money Trust, ¿no será práctico establecer que ejerce su influencia para bien o para mal?".*

El Senador LaFollette comenta en sus memorias que su discurso contra el Money Trust le costó la Presidencia de Estados Unidos después, así como el apoyo temprano de Woodrow

Wilson al Plan Aldrich lo había puesto en consideración para esa oficina.

El congreso hizo finalmente un gesto para aplacar el sentimiento popular nombrando un comité para investigar el control de dinero y crédito en los Estados Unidos. Éste era el Comité Pujo, subcomité de la Cámara que el Comité de Banca y Dinero, que dirigió la famosa audiencia "Money Trust" en 1912 bajo dirección del Diputado Arsene Pujo de Louisiana, que fue considerado portavoz para los intereses del petróleo. Estas audiencias duraron deliberadamente cinco meses y produjeron seis-mil páginas de testimonio impreso en cuatro volúmenes. Mes tras mes, los banqueros hicieron el viaje en tren desde New York a Washington, testificaron ante el Comité y volvieron a New York. Las audiencias eran sumamente embotadas, y ninguna información sorprendente salió de estas sesiones. Los banqueros admitieron solemnemente que ellos eran de hecho banqueros, insistieron que siempre operaron en el interés público y exigieron que sólo estuvieran animados por los ideales más altos de servicio público como los Diputados ante quienes estaban testificando.

La naturaleza paradójica de las Audiencias Pujo del Trust del Dinero pueden entenderse mejor si examinamos al hombre que solo manipulaba a estas audiencias, Samuel Untermeyer. Él era uno de los contribuyentes principales al fondo de la campaña Presidencial de Woodrow Wilson, y era uno de los abogados de corporación más adinerados en New York. Él declara en su autobiografía en "Quién es Quién" de 1926 que recibió una cuota de $775,000 en una vez por una sola transacciones legal, la fusión exitosa del Utah Copper Company y el Boston Consolidated and Nevada Company, una empresa con un valor de mercado de cien millones de dólares.

Él se negó a testificar al Senador LaFollette o al Diputado Lindbergh, que en la investigación que ellos solos habían obligado al Congreso a convocar. Como Consejo Especial para el Comité

Pujo, Unteremyer dirigió las audiencias como una operación unipersonal. Los miembros del Congreso, incluyendo a su presidente, el Diputado Arsene Pujo, parecían haber sido golpeados y quedar mudos del comienzo de las audiencias hasta su conclusión. Uno de estos sirvientes públicos silenciosos era el Diputado James Byrnes, de Carolina del Sur, representando el distrito de la casa directriz de Bernard Baruch que después logró fama como "hombre de Baruch" y fue puesto por Baruch a cargo de la Oficina de Movilización de Guerra durante la Segunda Guerra Mundial.

Aunque era un especialista tales cosas, Untermeyer no preguntó a ninguno de los banqueros por el sistema de intercambiar consejos de administración para que ellos controlaran la industria. Él no entró en los movimientos internacionales de oro que eran conocidos como factor en pánicos de dinero o las relaciones internacionales entre los banqueros americanos y europeos. Las casas bancarias internacionales de Eugene Meyer, Lazard Freres, J. & W. Seligman, Ladenburg Thalmann, Séller Brothers, M. M. Warburg, y Rothschild Brothers no despertaron la curiosidad de Samuel Untermeyer, aunque era bien conocido en el mundo financiero de New York que todas estas casas bancarias familiares, o tenían sucursales o controlaban casas subsidiarias en Wall Street. Cuando Jacob Schiff aparecía ante el Comité Pujo, el diestro interrogatorio de Untermeyer le permitió a Mr. Schiff hablar por muchos minutos sin revelar cualquier información sobre las operaciones de la casa bancaria Kuhn Loeb Company de la que él era socio mayoritario, y qué el Senador Robert L. Owen había identificado como representante de los Rothschild europeos en los Estados Unidos.

El envejecido J.P. Morgan que tenía sólo unos meses más de vida, apareció ante el Comité para justificar sus décadas de tratos financieros internacionales. Él declaró para edificación de Untermeyer que "el Dinero es un artículo". Ésta era una táctica favorita de los creadores de dinero, cuando ellos deseaban hacer creer al público que creación de dinero era una ocurrencia natural semejante al crecimiento de un campo de maíz, aunque realmente era una liberalidad conferida a los banqueros por gobiernos de los que ellos habían ganado control. (17)

J.P. Morgan también dijo al Comité Pujo que, haciendo un préstamo, él consideraba un solo factor serio, el carácter de un hombre; incluso la habilidad del hombre para rembolsar el préstamo, o su garantía subsidiaria, era de poca importancia. Esta observación pasmosa sobresaltó incluso a los miembros de blasé del Comité.

La farsa del Comité de Pujo acabó sin que a un solo antagonista muy conocido de los creadores de dinero se le permita aparecer o testificar. Hasta donde Samuel Untermeyer estaba interesado, el Senador LaFollette y el Diputado Charles Augustus Lindbergh nunca habían existido. No obstante, estos Diputados se habían manejado para convencer al pueblo de Estados Unidos que los banqueros de New York tenían un monopolio sobre el dinero y crédito de la nación. Al cierre de las audiencias, los banqueros y sus periódicos subvencionados exigieron que la única manera de romper este monopolio era la de promulgar la legislación de banca y dinero que se proponía ahora al Congreso, un proyecto que pasaría un año después como el Acto de la Reserva Federal. La prensa dijo seriamente que el monopolio bancario de New York sido roto volviéndose sobre la administración del nuevo sistema bancario al banquero más conocedor de todos ellos: Paul Warburg.

Los registros de la campaña Presidencial de 1912 son de los más interesantes perturbadores políticos de la historia americana. El titular, William Howard Taft, era un presidente popular, y los republicanos, en un periodo de prosperidad general, estaban firmemente en control del gobierno por una mayoría republicana en ambas cámaras. El desafiante demócrata, Woodrow Wilson, Gobernador de New Jersey, no tenía ningún reconocimiento nacional, y era un cadáver, hombre austero que excitaba poco apoyo del público. Ambos partidos incluyeron un proyecto de reforma monetaria en sus plataformas: los republicanos se comprometieron al Plan Aldrich que se había denunciado como un plan Wall Street y los demócratas tenían el Acto de la Reserva Federal. Ningún partido se molestó en informar al público que los proyectos eran casi idénticos salvo los nombres. En mirada retrospectiva, parece obvio que los creadores de dinero decidieron descargar a Taft e ir con Wilson.

¿Cómo sabemos esto? Taft parecía seguro de su reelección, y Wilson volvería a la oscuridad. De repente, Theodore Roosevelt *"tiró su sombrero al ring"*. Él anunció que estaba corriendo como un tercer candidato de partido: el "Alce Macho". Su candidatura habría sido absurda si no hubiera sido por el hecho que él estaba excepcionalmente bien-financiado. Es más, a él se le dieron fondos de prensa ilimitados, más que Taft y Wilson combinados. Como ex-presidente republicano, era obvio que Roosevelt dividiría profundamente el voto para Taft.

Esto mostró el caso, y Wilson ganó la elección. Hasta el momento nadie puede decir lo que el programa de Theodore Roosevelt era o por qué sabotearía su propio partido. Desde que los banqueros estaban financiando a los tres candidatos, (18) ellos ganarían sin tener en cuenta el resultado. El testimonio del Congreso más tarde mostró que en la empresa Kuhn Loeb Company, Felix Warburg estaba apoyando a Taft, Paul Warburg y Jacob Schiff estaban apoyando a Wilson y Otto Kahn estaba apoyando a Roosevelt. El resultado fue que eligieron un Congreso Demócrata y un Presidente Demócrata en 1912 para conseguir pasar la legislación del banco central. Parece probable que la identificación del Plan Aldrich como una operación Wall Street predijo que tendría un pasaje difícil por el Congreso, cuando los demócratas se opondrían sólidamente, considerando que el exitoso candidato demócrata, apoyado por un Congreso demócrata, podría pasar el plan del banco central. Taft fue arrojado al mar porque los banqueros dudaron que pudiera entregar el Plan Aldrich, y Roosevelt fue instrumento de su fallecimiento.[17] El voto electoral final en 1912 fue Wilson - 409; Roosevelt - 167; y Taft - 15.

Para llevar la confusión al pueblo americano y deslumbrar al propósito real del propuesto Acto de la Reserva Federal, los arquitectos del Plan Aldrich, el poderoso Nelson Aldrich, aunque no más senador, y Frank Vanderlip, presidente del National City Bank, prepararon un tema y lloraron contra el proyecto. Ellos dieron entrevistas siempre que pudieran encontrar público denunciando el Acto de la Reserva Federal propuesto como hostil a la banca y al buen gobierno. El fantasma de la inflación se levantó debido a las provisiones del Acto por imprimir notas de la Reserva Federal.

The Nation, el 23 de octubre de 1913, señaló: *"el propio Mr. Aldrich levantó un tema y llora sobre la emisión por el gobierno de "dinero fiat", es decir, dinero emitido sin oro o barras detrás de él, aunque un proyecto para hacer eso precisamente se había pasado en 1908 con su propio nombre como autor, y él además supo, que el 'gobierno' no tenía nada que ver con él, que la Mesa de la Reserva Federal tendría el cargo pleno de emitir tales monedas"*.

Las demandas de Frank Vanderlip eran tan raras que Senador el Robert L. Owen, presidente del recientemente formado Comité del Senado sobre Banca y Dinero, que se había creado el 18 de marzo de 1913 lo acusó abiertamente de continuar una campaña de falsedad al proyecto. Los intereses del público, así Carter Glass dijo al Congreso en un discurso el 10 de septiembre de 1913, que sería protegido por un concilio asesor de banqueros. *"No puede haber nada siniestro en sus transacciones. Al reunirse al menos con él*

---

[17] En 1911, el Plan Aldrich se volvió parte de la plataforma oficial del Partido Republicano..

cuatro veces por año serán los banqueros un 'concilio asesor' que representa cada distrito de la reserva regional en el sistema. ¿Cómo podríamos ejercer cautela mayor salvaguardando los intereses públicos?"

Glass dijo que el Concilio Asesor Federal propuesto obligaría a la Mesa de Gobernadores de la Reserva Federal, a actuar en el interés mejor del pueblo. El Senador Root levantó el problema de la inflación diciendo que bajo el Acto de la Reserva Federal, la circulación de notas siempre se extendería indefinidamente y causaría gran inflación. Sin embargo, la historia más tarde del sistema de la Reserva Federal (19) mostró que no sólo causó inflación, sino que la emisión de notas también pudiera restringirse y podría causar deflación, como ocurrió de 1929 a 1939.

Uno de los críticos de los propusieron *"descentralizar"* el sistema era un abogado de Cleveland, Ohio, Alfred Crozier: Crozier fue llamado a testificar al Comité del Senado porque había escrito un libro provocativo en 1912: Dinero americano vs. Dinero de la Corporación.[18]

Él atacó el Acta Aldrich-Vreeland de 1908 como instrumento de Wall Street, y señaló que cuando nuestro gobierno tuviera que emitir dinero basado en seguridades privadamente poseídas, no seríamos más una nación libre. Crozier testificó ante el Comité del Senado que: *"debe prohibirse la concesión o llamado de préstamos con el propósito de influir en precios de cotización de seguridades y el contrato de préstamos o el interés creciente está de concierto por los bancos para influir en la opinión pública o la acciones de cualquier cuerpo legislativo"*.

---

[18] El libro de Crozier expuso que los financieros planean sustituir el "dinero de la corporación" por dinero legal de EE.UU. como garantizado por Artículo I, Sec. 8 Para. 5, de la Constitución.

Dentro de los recientes meses, William McAdoo, Secretario de la Tesorería de Estados Unidos fue informado en la prensa abierta como acusando específicamente que había una conspiración entre ciertos grandes intereses bancarios para poner una reducción al dinero y levantar tasas de interés por causa de hacer fuerza pública al Congreso, del paso de legislación de dinero deseado por esos intereses. El llamado proyecto de administración de dinero concede simplemente qué Wall Street y los grandes bancos por veinticinco años han estado esforzándose para, es decir, PRIVADO en lugar de CONTROL PÚBLICO DE DINERO. Hace esto tan completamente como el Proyecto Aldrich. Ambas medidas roban al gobierno y al pueblo de todo control eficaz sobre el dinero público e invisten exclusivamente en los bancos el poder peligroso para ganar dinero entre el pueblo, sea escaso o bastante.

El Proyecto Aldrich pone este poder en un banco central. El Proyecto de la Administración lo pone en doce bancos centrales regionales, todos poseídos exclusivamente por intereses privados idénticos que habría poseído y operado el Banco de Aldrich.

El Presidente Garfield poco antes de su asesinato declaró que quienquiera controla el suministro de dinero controlaría el negocio y actividades del pueblo.

Thomas Jefferson nos advirtió hace cien años que *"un banco central privado emitiendo el dinero público era una amenaza mayor a las libertades del pueblo que un ejército en pie"*. Es interesante notar cuántos asesinatos de Presidentes de Estados Unidos siguen a su preocupación con la emisión del dinero público; Lincoln con su Billete de banco, notas no productivas de interés, y Garfield, haciendo una declaración sobre emisión de dinero sólo antes de que fuera asesinado.

Empezamos a entender ahora por qué era necesaria tal larga campaña planeada de engaño, de la conferencia secreta en la Isla Jekyll a la "reforma" idéntica de planes propuestos por los

Partidos Demócratas y Republicanos bajo nombres diferentes. Los banqueros no podrían arrebatar el control de la emisión de dinero de los ciudadanos de los Estados Unidos a quienes se les había otorgado para su Congreso por la Constitución, hasta que el Congreso les concediera su monopolio para un banco central. Por consiguiente, mucha influencia ejercida para conseguir pasar el Acta de la Reserva Federal se hizo detrás de la escena, principalmente por dos personas oscuras, no-elegidas: El inmigrante alemán Paul Warburg y el Coronel Edward Mandell House de Texas.

Paul Warburg hizo una aparición ante el Comité de la Cámara de Banca y Dinero en 1913 en los que él declaraba sus antecedentes brevemente: *"Yo soy miembro de la casa bancaria Kuhn, Loeb Company. Yo vine a este país en 1902, habiendo nacido y educado en el negocio bancario en Hamburgo, Alemania, y estudiado banca en Londres y París, y he pasado por el mundo. En el Pánico de 1907, la primera sugerencia que yo hice era 'Déjenos conseguir una cámara de compensación nacional'. El Plan Aldrich contiene algunas cosas que son reglas absolutamente fundamentales de banca. Su objetivo en este plan (proyecto Owen-Glass) debe ser auto-centralizadas reservas, movilización del crédito comercial y conseguir una elástica emisión de notas"*.

La frase de Warburg, *"movilización de crédito"* era importante, porque la Primera Guerra Mundial debía empezar brevemente, y la primera tarea del Sistema de la Reserva Federal sería financiar la Guerra Mundial. Las naciones europeas estaban en quiebra porque habían mantenido grandes ejércitos en pie durante casi cincuenta años, una situación creada por sus propios bancos centrales, y por consiguiente ellos no podrían financiar una guerra. Un banco central siempre impone una tremenda carga sobre la nación para "re-arme" y "defensa" en orden de crear una deuda inextinguible, crea una dictadura militar simultáneamente y esclaviza al pueblo para pagar "interés" sobre la deuda que los banqueros han creado artificialmente.

En el debate del Senado sobre el Acta de la Reserva Federal, el Senador Stone dijo el 12 de diciembre de 1913: *"Los grandes bancos por años han buscado tener y controlar agentes en la Tesorería para servir a sus propósitos. Permítame citar este artículo del World: tan pronto como Mr. McAdoo vino a Washington, una mujer a quien el National City Bank había instalado en el Departamento del Tesoro, consiguió información avanzada sobre la condición de los bancos, y otras materias de interés para el Grupo Wall Street, fue removido. De Williams, fue criticado severamente por los agentes del grupo Wall Street".*

"Yo he sabido en más de una ocasión cuando los banqueros le negaron crédito a hombres que opusieron sus puntos de vista políticas y propósitos. Cuando el Senador Aldrich y otros estaban pasando el país aprovechando este esquema, los bancos grandes de New York y Chicago estaban comprometidos en (21) levantar un fondo manufíciente para sostener la propaganda de Aldrich. Me han dicho banqueros de mi propio estado que se les habían exigido contribuciones para este fondo de explotación y que habían contribuido porque tuvieron el miedo de ser puestos en la lista negra o boicoteados. Hay banqueros de este país que son enemigos del bienestar público.

En el pasado, unos grandes bancos han seguido políticas y proyectos que han paralizado la energía industrial del país perpetuando su tremendo poder sobre las finanzas e industrias de negocios de América".

Carter Glass declara en su autobiografía que él fue convocado por Woodrow Wilson a la Casa Blanca, y que Wilson le dijo pensaba hacer notas de obligaciones de la reserva de los Estados Unidos. Glass dice: *"yo quedé en un momento mudo. Yo respondí. No hay ninguna obligación gubernamental aquí, Sr. Presidente. Wilson dijo que él había tenido que componer en este punto para salvar el proyecto".*

El término "compromiso" en este punto vino directamente de Paul Warburg. El Coronel Elisha Ely Garrison, sobre Roosevelt,[19] Wilson y la Ley de la Reserva Federal escribió: *"En 1911, Lawrence Abbot, funcionario privado de Mr. Roosevelt me dio una copia de La Perspectiva, el llamado Plan Aldrich para la reforma del dinero. Yo dije, yo no podría creer que Mr. Warburg era el autor. Este plan no es nada más de la legislación de Aldrich-Vreeland que mantuvo la emisión de dinero contra seguridades. Warburg sabe que así lo hago. Yo voy a verlo a una vez y le pregunté por eso.*

- Bien, la verdad.

- Sí, yo lo escribí, él dijo.

- ¿Por qué? Yo pregunté.

- Era un compromiso, contestó Warburg".[20]

Garrison dice que Warburg le escribió el 8 de febrero de 1912. *"Yo no tengo ninguna duda que al final de una discusión completa, usted lo verá a mi manera y yo quiero ver el suyo - pero yo espero que usted verá el mío".*

Éste era el famoso Warburg que dice como cabildeó a Diputados en secreto para apoyar su interés, la amenaza velada que deben *"ver a su manera"*. Los que se opusieron no se encontraron financiados por sumas y contribuciones grandes contra sus antagonistas en las próximas elecciones, y normalmente cayeron derrotados.

---

[19] Theodore Roosevelt.

[20] Elisha Ely Garrison, Roosevelt, Wilson and the Federal Reserve Law, Christopher Publications, Boston, 1931.

El Coronel Garrison, agente de los banqueros Brown Brothers, Brown Brothers Harriman más tarde, tenía entrada por todas partes en la comunidad financiera. Él escribe del Coronel House: *"El Coronel House estaba de acuerdo completamente con el escrito anterior de Mr. Warburg"*. Página 337, él cita al Coronel House: *"Yo también estoy sugiriendo que la Mesa Central se aumente de cuatro a cinco miembros y sus términos alargados de ocho a diez años. Esto le daría estabilidad y se quite el poder del Presidente para cambiar el personal de la mesa durante un solo período presidencial"*. (22)

La frase de House: *"quitar el poder de un Presidente"* es significativa, porque más tarde los Presidentes se encontraron desvalidos para cambiar la dirección del gobierno porque no tenían el poder para cambiar la composición de la Mesa de la Reserva Federal y lograr una mayoría durante el término de su período de Presidente. Garrison también escribió en este libro: *"Paul Warburg es el hombre que consiguió el Acto de la Reserva Federal juntos después que el Plan Aldrich despertó tal resentimiento y oposición nacional. El cerebro de ambos planes era el Barón Alfred Rothschild de Londres"*.

El Coronel Edward Mandell House[21] fue llamado por el Rabino Stephen Wise en su autobiografía, "Challenging Years" ("Años de Desafío"), *"Secretario de Estado extraoficial"*. House notó que él y Wilson supieron que pasando el Acto de la Reserva Federal, habían creado un instrumento más poderoso que la Corte Suprema.

La Mesa de Gobernadores de la Reserva Federal era realmente una Corte Suprema de Finanzas, y no había apelación de cualquiera de sus decisiones. En 1911, prior a la toma de oficina del Presidente Wilson, House había vuelto a su casa en

---

[21] Vea nota sobre House en "Biografías".

Texas y había completado un libro llamado Philip Dru: Administrador.

Ostensiblemente una novela, realmente era un plan detallado para el gobierno futuro de los Estados Unidos: *"qué establecería un Socialismo como el soñado por Karl Marx"*, según House. Esta "novela" predijo la promulgación del impuesto gradual al ingreso, impuesto al exceso de ganancias, seguro de desempleo, seguro social y un sistema de dinero flexible. Para abreviar, el impreso que fue seguido después por las administraciones de Woodrow Wilson y Franklin D. Roosevelt. Fue publicado "anónimamente" por B. W. Huebsch de New York, y ampliamente circuló entre los funcionarios del Gobierno que quedaron sin ninguna duda acerca de su paternidad literaria.

George Sylvester Viereck,[22] quién conoció a House por años, luego escribió un relato de la relación Wilson-House, La Amistad más Extraña en la Historia.[23] En 1955, Westbrook Pegler, redactor de Hearst desde 1932 a 1956, oyó hablar del libro Philip Dru y llamó a Viereck para preguntar si él tenía una copia. Viereck le envió su copia a Pegler y este escribió una columna sobre eso declarando: *"Una de las instituciones perfiladas en Philip Dru es el Sistema de la Reserva Federal. Los Schiff, Warburg, Kahn, Rockefeller y Morgan pusieron su fe en House. Los intereses de Schiff, Warburg, Rockefeller y Morgan se representaron personalmente en la misteriosa conferencia en la Isla Jekyll. Frankfurter aterrizó en la Escuela de Derecho de Harvard, gracias a una contribución financiera a Harvard de Felix Warburg y Paul Warburg, y así*

---

[22] Vea nota de Viereck en "Biografías".

[23] George Sylvester Viereck, *The Strangest Friendship in History, Woodrow Wilson and Col. House*, Liveright, New York, 1932.

conseguimos a Alger y Donald Hiss, Lee Pressman, Harry Dexter White y muchos otros proteges de Little Weenie".[24]

Los puntos de vista abiertamente socialistas de House se expresaron francamente en Philip Dru, Administrador; en las páginas 57-58, House escribió: *"De manera directa y poderosa, señaló que nuestra civilización estaba equivocada fundamentalmente, considerando, entre otras cosas, cuando restringía la eficacia; que si la sociedad fuera propiamente organizada, no habría ninguno que no estaría vestido y alimentado suficientemente. El resultado es que las leyes, hábitos y entrenamientos éticos en boga, eran igualmente responsables por las desigualdades en oportunidades y las amplias diferencias consecuentes entre pocos y muchos; que los resultados de tales condiciones eran dar ineficiencia a una gran parte de la población, en porcentajes que difieren en cada país sobre la tasa de educación y esclarecimiento, y leyes altruistas que usaron la ignorancia, el fanatismo y las leyes egoístas".*[25]

En su libro, House (Dru) se ve llegando a ser dictador y forzando al pueblo en sus puntos de vista radicales, página 148: *"Ellos reconocieron el hecho que Dru dominaba la situación y que una mente maestra había subido por fin en la República."*

Él asume ahora el título de General: *"El general Dru anunció su propósito de asumir los poderes de dictador... ellos estaban seguros que él estaba libre de cualquier ambición personal... él se proclamó 'Administrador de la República'".*[26]

---

[24] Esta cita de Philip Dru, Administrador, escrito por Coronel House en 1912, es incluido aquí para mostrar su filosofía Marxista totalitaria.

[25] Col. Edward M. House, *Philip Dru, Administrador*, B. W. Heubsch, New York, 1912.

[26] El escritor estaba presente con Viereck en su retiro en el Hotel Belleclaire cuando Pegler llamó y pidió el libro. Viereck envió por él a su secretaria. Él sonrió abiertamente y dijo que Pegler parecía muy entusiasmado. *"Él ha de sacar*

Este soñador pensativo que se imaginó un dictador realmente se manejó para ponerse en la posición del consejero secreto al Presidente de los Estados Unidos, y entonces ¡tener muchos de sus deseos promulgados en ley! En página 227, él lista algunas de las leyes que desea promulgar como dictador. Entre ellos está una ley jubilatoria de vejez, compensación de seguro de los obreros, mercados cooperativos, sistema bancario de reserva federal, préstamos cooperativos, oficinas nacionales de empleos, y otra *"legislación social"*, algunas de los cuales se promulgaron durante la administración de Wilson y otras durante la administración de Franklin D. Roosevelt. El último realmente era una continuación de la Administración Wilson, House estuvo y fue durante 8 años con Wilson, el consejero más cercano del Presidente. Después continuó su influencia sobre la administración de Franklin D. Roosevelt. Desde su casa en Magnolia, Mass., House aconsejó a FDR a través de los viajes frecuentes de Felix Frankfurter a la Casa Blanca. Frankfurter fue nombrado después en la Corte Suprema por F.D.R. con mucho del mismo personal, y con House guiando la administración detrás de la escena.

Como la mayoría de los operadores detrás-de-la-escena en este libro, el Coronel Edward Mandell House tenía la obligatoria "conexión Londres". El era de familia originariamente holandesa, "Huis", y sus antepasados habían vivido en Inglaterra durante trescientos años, luego de los cuales su padre se estableció en Texas, donde hizo fortuna en rompiendo el asedio durante la Guerra Civil, enviando algodón y otros contrabandos a sus

---

una buena columna de eso", me dijo Viereck. De hecho Pegler sacó una columna buena de él. Desgraciadamente para él, él había ido demasiado lejos mencionando los Warburg. Tanto como él limitara sus ataques a La Gran Bouche (Eleanor Roosevelt), y su esposo, le habrían permitido continuar, pero ahora que él había expuesto la conexión de Warburg con el círculo de espías comunistas en Washington, su columna fue dejada caer inmediatamente por los grandes periódicos de la ciudad, y la larga carrera de Pegler había terminado.

conexiones británicas, incluso los Rothschild, y volviendo con suministros para los tejanos asediados. El mayor House, no confiando en la volátil situación de Texas, prudentemente depositó todas las ganancias de sus operación de burlar asedios, en oro, con la casa bancaria Baring en Londres.[27]

Al fin de la Guerra Civil, era uno de los hombres más adinerados en Texas. Él llamó a su hijo "Mandell" por uno de sus socios mercantiles. Según Arthur Howden Smith, cuando el padre de House murió en 1880, su propiedad fue distribuida entre sus hijos como sigue: Thomas William consiguió el negocio bancario; John, la plantación de azúcar; y Edward M. las plantaciones de algodón que le trajeron un ingreso de $20,000 al año.[28]

A los doce años, el joven Edward Mandell House tuvo fiebre cerebral y luego quedó rengo por una insolación. Él era semi-inválido, y sus dolencias le dieron una impar apariencia oriental. Él nunca ejerció ninguna profesión, pero usó el dinero de su padre para ser "hacedor de reyes" de la política de Texas y eligió a cinco gobernadores consecutivos desde 1893 a 1911. En 1911 empezó a apoyar Wilson para presidente, y le dio la crucial comisión de Texas qué aseguró su nominación. House encontró a Wilson por primera vez en el Hotel Gotham, 31 de mayo de 1912.

---

[27] Dope, Inc., identifica a Barings como sigue: *"Baring Brothers, el primer banco mercantil del comercio de opio desde 1783 al día presente, también tiene contacto cercano con las familias de Boston... El grupo líder banquero se volvió, al cierre del 19 siglo, la Casa Morgan - qué también tomó su parte en el tráfico de opio Oriental... Las operaciones en Lejano Oriente de Morgan eran el tráfico de opio británico dirigido oficialmente... El caso de Morgan merece escrutinio especial de la policía americana y las agencias regulador, por las asociaciones estrechas de Morgan Guaranty Trust con la dirección identificada de los bancos de droga británicos".*

[28] Arthur Howden Smith, *The Real Col. House*, Doran Company, New York, 1918.

En La Amistad más Extraña en la Historia, Woodrow Wilson
y el Coronel House, por George Sylvester Viereck, este escribe:
"¿Que", pregunté a House, *"consolidó su amistad?"*

*"La identidad de nuestros temperamentos y nuestras políticas
públicas"*, contestó House.

"¿Cual era su propósito y el de él?"

"Traducir en legislación ciertas ideas liberales y progresivas".[29]

House le dijo a Viereck que cuando fue a Wilson en la Casa
Blanca, él le dio $35,000. Esto sólo fue excedido por los $50,000
qué Bernard Baruch había dado a Wilson. La promulgación
exitosa de los programas de House no escapó al aviso de otros
socios de Wilson. En Vol. 1, página 157 de Los Papeles Íntimos
del Coronel House, House nota: *"los miembros ministeriales como
Mr. Lane y Mr. Bryan comentaron la influencia de Dru en el
Presidente. 'Todo lo que el libro ha dicho debe ser', escribió Lane,
'ocurre. El Presidente viene a 'Philip Dru' en el final"*.[30]

House registró algunos de sus esfuerzos en nombre del Acto
de la Reserva Federal Los Papeles Íntimos del Coronel House: *"19
de diciembre de 1912. Yo hablé con Paul Warburg por teléfono
acerca de la reforma del dinero. Le conté mi viaje a Washington y lo
que había hecho para llegar allí en orden de trabajo. Le dije que el
Senado y los Diputados parecían ansiosos por hacer lo que él deseaba,*

---

[29] George Sylvester Viereck, *The Strangest Friendship in History, Woodrow Wilson
and Col. House*, Liveright, New York, 1932.
[30] Col. Edward Mandell House, *The Intimate Papers of Col. House*, edited by
Charles Seymour, Houghton Mifflin Co., 1926-28, Vol. 1, p. 157.

y que el electo Presidente Wilson pensaba directamente acerca del problema".[31]

Así tenemos al agente de Warburg en Washington, el Coronel House, asegurando que el Senado y los Diputados harán lo que él desea, y lo que el Presidente-electo *"pensaba directamente acerca del problema"*. En este contexto, el gobierno representativo parece haber dejado de existir. House continúa en sus "Papeles":

"13 de marzo de 1913. Warburg y yo tuvimos una discusión privada acerca de la reforma del dinero.

27 de marzo de 1913. Mr. J.P. Morgan Jr. y Mr. Denny de su empresa vinieron rápidamente a las cinco. McAdoo vino casi diez minutos después. Morgan ya tenía impreso un plan del dinero. Yo le sugerí mecanografiarlo, así no parecería organizado de antemano, y se lo ha enviado a Wilson hoy.

23 de julio de 1913. Intenté mostrar al Mayor Quincy (de Boston) la tontería de los banqueros del Este tomando una actitud antagónica hacia el Proyecto de Dinero. Yo le expliqué a Mayor Henry Higginson[32] con qué cuidado se había ideado el proyecto. Justo antes de que él llegara, yo había terminado una revisión por el Profesor Sprague de Harvard de la crítica de Paul Warburg del Proyecto Glass-Owen, y lo transmitirá mañana a Washington. Cada banquero conocido de Warburg, quien prácticamente conoce el asunto, ha sido llamado sobre la fabricación del proyecto.

13 de octubre de 1913. Paul Warburg fue mi primera visita de hoy. Él vino a discutir la medida del dinero. Hay muchos rasgos del

---

[31] Ibid. Vol. 1, p. 163.
[32] El banquero más prominente en Boston.

Proyecto Owen-Glass que él no aprueba. Yo prometí ponerlo en contacto con McAdoo y el Senador Owen así él pueda discutirlo con ellos.

17 de noviembre de 1913. Paul Warburg telefoneó sobre su viaje a Washington. Después, él y Mr. Jacob Schiff vinieron por unos minutos. Warburg hizo la mayoría de la conversación. Él tenía una nueva sugerencia respecto a agrupar los bancos de la reserva regular para conseguir las unidades soldadas y unidas, en toque más fácil con la Mesa de la Reserva Federal".

George Sylvester Viereck en La Amistad más Extraña en la Historia, Woodrow Wilson y Coronel House, escribió: *"Los Schiff, Warburg, Kahn, Rockefeller y Morgan pusieron su fe en House. Cuando la legislación de la Reserva Federal por fin asume forma definida, House era el intermediario entre la Casa Blanca y los financieros".*[33] En página 45, Viereck nota: *"El Coronel House parece ver la reforma del sistema monetario como el logro de coronamiento interno de la Administración Wilson".*[34]

El Proyecto Glass (versión de House del Acto final de la Reserva Federal), había pasado la Cámara el 18 de septiembre de 1913 por 287 a 85. El 19 de diciembre de 1913, el Senado pasó su versión por un voto de 54-34. Más de cuarenta diferencias importantes entre las versiones de la Cámara y del Senado permanecían para ser establecidas, y los antagonistas del proyecto en ambas cámaras del Congreso fueron llevados a creer que pasarían todavía semanas antes que el proyecto de la Conferencia estuviera listo para su consideración. Los Diputados se prepararon para dejar Washington por el hueco anual de Navidad, seguros que el proyecto de Conferencia no se traería hasta el año siguiente.

---

[33] George Sylvester Viereck, *The Strangest Friendship In History, Woodrow Wilson and Col. House*, Liveright, New York, 1932.
[34] Ibid.

Ahora los creadores de dinero prepararon y ejecutaron el golpe más inteligente de su plan. En un solo día, ellos plancharon todos los cuarenta pasajes disputados en el proyecto y rápidamente lo trajeron a voto. El lunes, el 22 de diciembre de 1913, el proyecto fue pasado por la Cámara 282-60 y el Senado 43-23. El 21 de diciembre de 1913, The New York Times hizo un comentario editorial sobre el acto: "*New York estará sobre una base más firme de crecimiento financiero, y nosotros la veremos pronto el centro de dinero del mundo*".

El New York Times informó en primera página, lunes, 22 de diciembre de 1913 en titulares: PROYECTO DE DINERO PUEDE SER LEY HOY - CONFERENCIA HA AJUSTADO CASI TODAS DIFERENCIAS A 1:30 ESTA MAÑANA - NINGÚN DEPÓSITO GARANTIZADO - SENADO RINDE EN ESTE PUNTO PERO PONE PARA MUCHOS OTROS CAMBIOS "*Con velocidad casi inaudita, la conferencia para ajustar diferencia de la Cámara y el Senado prácticamente en el Proyecto de Dinero completó su labor temprano esta mañana. El sábado la Conferencia hizo poco más de disponer de preliminares y deja cuarenta diferencias esenciales para ser sacadas afuera el domingo... Ninguna otra legislación de importancia se tomará en cualquier Cámara de Congreso esta semana. Los miembros de ambas casas ya se están preparando para dejar Washington*".

"*Velocidad inaudita*", dice The New York Times. Uno ve la mano fina de Paul Warburg en esta estrategia final. Algunos de los más los críticos vocales del proyecto ya había dejado Washington. Era una cortesía política duradera que la legislación importante no se activaría durante la semana antes de Navidad, pero esta tradición fue rudamente rota para perpetrar el Acto de la Reserva Federal sobre el pueblo americano. El Times enterró una cita breve del Diputado Lindbergh que "*el proyecto establecería el Trust más gigantesco en la tierra*", y citó al Representante de Maine Guernsey, Republicano en el Comité de la Cámara de Banca y

Dinero que *"Éste es un proyecto de inflación, la única pregunta es la magnitud de la inflación"*.

El Diputado Lindbergh dijo ese día histórico a la Cámara: *"Este Acto crea el Trust más gigantesco en la tierra. Cuando el Presidente firme este proyecto, el gobierno invisible a través del Poder Monetario se legalizará. El pueblo puede no saberlo de inmediato, pero el día de rendición de cuentas está sólo a unos años. Los trusts comprenderán pronto que han ido demasiado lejos incluso para su propio bien. El pueblo debe hacer una declaración de independencia para relevarse del Poder Monetario. Esto lo podrán hacer tomando control del Congreso. Wall Street no podría estafarnos si ustedes Senadores y Representantes no hacen una farsa del Congreso... Si nosotros tuviéramos el Congreso del pueblo, habría estabilidad. El más grande crimen de Congreso es su sistema del dinero. El peor crimen del legislativo de las épocas es perpetrado por este proyecto bancario. El comité y los jefes del partido han operado de nuevo e impedido al pueblo conseguir el beneficio de su propio gobierno"*.

El 23 de diciembre de 1913, New York Times comentó editorialmente, en contraste con la crítica del Diputado Lindbergh al proyecto: *"El Proyecto Bancario y Dinero se puso mejor y tañendo cada vez se envió de un extremo del Capitolio al otro. El congreso trabajó bajo vigilancia pública haciendo el proyecto"*. Por *"vigilancia pública"*, el Times quiso decir Paul Warburg que durante varios días había tenido una oficina pequeña en el edificio del Capitolio, donde dirigió la exitosa campaña pre-Navidad para pasar el proyecto, y donde Senadores y Diputados vinieron cada hora a su orden para llevar a cabo su estrategia.

La *"velocidad inaudita"* con que el Acto de la Reserva Federal había sido pasado por Congreso durante lo que se conoció como *"matanza de Navidad"* tenía un aspecto imprevisto. Woodrow Wilson fue tomado desprevenido, cuando él, como muchos otros, había estado seguro que el proyecto no vendría a voto hasta después de Navidad. Ahora se negó a firmarlo, porque objetó las provisiones para la selección de Directores Clase B. William L. White relata en su biografía de Bernard Baruch, que Baruch, contribuyente principal al fondo de campaña de Wilson, estaba aturdido cuando él fue informado que Wilson se negó a firmar el proyecto. Él apuró a la Casa Blanca y aseguró a Wilson que ésta era cuestión menor que podría arreglarse después por *"procesos administrativos"*. Lo importante era conseguir el Acta de la Reserva Federal firmada en seguida en ley. Con esta certeza, Wilson firmó el Acto de la Reserva Federal el 23 de diciembre de 1913. La historia demostró que ese día, la Constitución dejó de ser el convenio gobernante del pueblo americano, y nuestras libertades se entregaron a un grupo pequeño de banqueros internacionales.

El 24 de diciembre, 1913, New York Times llevaba un titular de primera página: "¡WILSON FIRMA PROYECTO DE DINERO!" Debajo, también en letras grandes, estaban dos titulares extensos, "PROSPERIDAD PARA SER LIBRE" y "AYUDARÁ A CADA CLASE". ¿Quién podría objetar cualquier ley que proporcionaba beneficios para todos? Times describió la atmósfera festiva mientras la familia Wilson y funcionarios del Gobierno lo vieron firmar el proyecto. *El espíritu de Navidad saturó la reunión"*, se regocijó el Times.

En su biografía de Carter Glass, Rixey Smith dice que los presentes en la firma del proyecto, incluían al vicepresidente Marshall, Secretario Bryan, Carter Glass, Senador Owen, Secretario McAdoo, Portavoz Champ Clark, y otros funcionarios de la Tesorería. Ninguno de los autores reales del proyecto, ideólogos de Isla Jekyll, estaba presente. Ellos se habían ausentado prudentemente de la escena de su victoria. Rixey Smith también escribió: *"era como si Navidad hubiera venido dos días antes"*. El 24 de diciembre de 1913, Jacob Schiff escribió al Coronel House: *"Mi estimado Coronel House: Yo quiero decirle una palabra por el silencioso, pero sin ninguna duda eficaz trabajo que usted ha hecho en el interés de legislación del dinero y felicitarlo por la medida. Yo con buenos deseos, fielmente suyo, JACOB SCHIFF"*.

El representante Moore de Kansas, haciendo un comentario sobre el pasaje del Acto, dijo a la Casa de Representantes: *"El Presidente de los Estados Unidos se vuelve ahora el dictador absoluto de todas las finanzas del país. Él nombra una mesa controlante de siete hombres, todos quienes pertenecen a su partido político, aunque es minoría. La Secretaria de la Tesorería es el gobierno supremo siempre que hay una diferencia de opinión entre él y la Mesa de la Reserva Federal. Y, sólo un miembro de la Mesa pasa de oficina mientras el Presidente está en el cargo"*.

Los diez términos del año de oficina de los miembros de la Mesa fueron alargados por el Acto Bancario de 1935 a catorce años que significó que estos directores de las finanzas de la nación, aunque no elegidos por el pueblo, tenían mandato más largo que tres presidentes. Mientras el Coronel House, Jacob Schiff y Paul Warburg encestaron la pelota de un trabajo bien hecho, los otros actores en este drama estaban sujetos a pensamientos posteriores. Woodrow Wilson escribió en 1916, Economía Nacional y el Sistema Bancario, Sen. Doc. No. 3, No. 223, 76 Congreso, 1 sesión, 1939: *"Nuestro sistema de crédito se concentra (en el Sistema Reserva Federal). El crecimiento de la nación por consiguiente, y todas nuestras actividades, están en las manos de pocos hombres"* cuando le fue preguntado por Clarence W. Barron si él aprobó el proyecto como le fue pasado finalmente. Warburg comentó: *"Bien, no ha conseguido todo lo que nosotros queremos realmente, pero la falta puede ser ajustada después por procesos administrativos"*.

Se da a Woodrow Wilson y Carter Glass el crédito por el Acto, por la mayoría de los historiadores contemporáneos, pero de todos aquéllos involucrados, Wilson tenía menos que ver con la acciones Del Congreso en el proyecto. George Creel, un veterano corresponsal de Washington, escribió en Harper's Weekly, 26 de junio de 1915: *"Hasta donde el Partido Demócrata estaba interesado, Woodrow Wilson estaba sin influencia, salvo por el patrocinio que poseyó. Fue Bryan que fustigó al Congreso en la línea sobre el proyecto de arancel, en revocación del peaje del Canal de Panamá y en el proyecto del dinero".*

Mr. Bryan escribió después: *"Ésa es una cosa en mi carrera pública que yo siento - mi trabajo para afianzar la promulgación de la Ley Reserva Federal".* El 25 de diciembre de 1913, The Nation señaló que *"El New York Stock Market empezó a subir firmemente sobre las noticias que el Senado estaba listo para pasar el Acto de la Reserva Federal".*

Esto desmiente la demanda que el Acto de la Reserva Federal era un proyecto de la reforma monetaria. El New York Stock Exchange generalmente es considerado un barómetro exacto del verdadero significado de cualquier legislación financiera pasada en Washington. El Senador Aldrich también decidió que él ya no tenía presentimientos sobre el Acto de la Reserva Federal. En una revista que poseía, y qué llamó The Independient, escribió en julio, 1914: *"Antes del pasaje de este Acto, los banqueros de New York podrían dominar sólo las reservas de New York. Ahora nosotros podemos dominar las reservas bancarias del país entero".*

H.W. Loucks denunció el Acto de la Reserva Federal en La Gran Conspiración de la Casa Morgan: *"En la Ley de la Reserva Federal, ellos han arrebatado del pueblo y asegurado para ellos el poder constitucional para emitir dinero y regular el valor de este".* En página 31, Loucks escribe: *"La Casa Morgan está ahora en el control supremo de nuestra industria, comercio y asuntos políticos. Ellos están en control completo de la política que hacen los partidos Demócratas, Republicanos y Progresistas. La propaganda extraordinaria presente para 'preparación' se planea más para la coerción interna que para defensa contra la agresión extranjera".* [35]

---

[35] H.W. Loucks, *The Great Conspiracy of the House of Morgan*, Privately printed, 1916.

La firma del Acto de la Reserva Federal por Woodrow Wilson representó la culminación de años de colusión con su amigo cercano, el Coronel House, y Paul Warburg.

Uno de los hombres con quienes House entró en la Administración Wilson era Franklin D. Roosevelt, Secretario Auxiliar de la Armada. En cuanto obtuvo la nominación Demócrata para Presidente, en 1932, Franklin D. Roosevelt hizo una "peregrinación" a casa del Coronel House en Magnolia, Mass. Roosevelt, después del hiato Republicano de los años '20, llenó las metas de Philip Dru, Administrator, qué Wilson no había podido llevar a cabo.[36]

Luego los logros de Roosevelt incluyeron la promulgación del programa de seguro social, el impuesto a ganancia excesiva y la expansión del impuesto del ingreso graduado a 90% del ingreso ganado. El biógrafo de House, Charles Seymour, escribió: *"Él estaba cansado por los detalles de política de partido y nombramientos. Incluso la porción que él había tomado en legislación doméstica constructiva (Acto de la Reserva federal, revisión de arancel, y enmienda del Impuesto al Ingreso) no lo satisfizo. Desde el principio de 1914 él dio cada vez más de su tiempo a lo que consideró como la más alta forma de política y para la cual estaba particularmente preparado - los asuntos internacionales".*[37]

En 1938, poco antes de morir, House le dijo a Charles Seymour: *"Durante los últimos quince años yo he estado cerca del centro de las cosas, aunque pocas personas lo sospechan. Ningún extranjero importante ha venido a los Estados Unidos sin hablar conmigo. Yo estaba cerca del movimiento que nombró a Roosevelt. Él*

---

[36] E.M. House, *Philip Dru, Administrator*, B. W. Heubsch, N.Y., 1912.
[37] Col. E.M. House, *The Intimate Papers of Col. House*, 4 v. 1926-1928, Houghton Mifflin Co.

me ha dejado mano libre aconsejándolo. Todos los Embajadores frecuentemente han informado a mí".

Una impresión comparativa del Acto de la Reserva Federal de 1913 como pasada por la Casa de Representantes y enmendada por el Senado muestran el cambio llamativo siguiente: El Senado desechó: *"suspender a los funcionarios de bancos de la Reserva Federal por causas, declaradas por escrito con oportunidad de audiencia, que requieren el relevamiento de dicho funcionario por incompetencia, abandono de deber, fraude o engaño, el tal relevamiento debe estar sujeto a la aprobación por el Presidente de los Estados Unidos*".

Esto fue cambiado por el Senado para leer *"suspender o quitar a cualquier funcionario o director de cualquier Banco de la Reserva Federal, la causa de tal relevamiento será comunicada inmediatamente por escrito por la Mesa de la Reserva Federal al funcionario o director alejado y al banco dicho*".

Esto alteró completamente las condiciones bajo las que un funcionario o director podría removerse. Nosotros ya no sabemos lo que las condiciones para el relevamiento son, o la causa. Al parecer la incompetencia, abandono de deber, fraude o engaño no le importa a la Mesa de la Reserva Federal. Tampoco, el funcionario alejado tiene oportunidad de apelación al Presidente. En respuesta a la pregunta escrita, el Secretario Auxiliar de la Mesa de la Reserva Federal contestó que sólo un funcionario ha sido alejado *"por la causa"* en los treinta y seis años, el nombre y detalles de esta materia que es una "preocupación privada" entre el individuo, el Banco de la Reserva involucrado y la Mesa de la Reserva Federal. 31

El Sistema de la Reserva Federal empezó sus operaciones en 1914 con la actividad del Comité de Organización, nombrado por Woodrow Wilson, y compuesto del Secretario del Tesoro William

McAdoo que era su yerno, el Secretario de Agricultura Houston e Interventor del Dinero John Skelton Williams.

El 6 de enero de 1914 J.P. Morgan se encontró con el Comité Organizador en New York. Él los informó que no debía haber más de siete distritos regionales en el nuevo sistema. Este comité estaba para seleccionar las locaciones de los bancos *"descentralizados"* de la reserva. Ellos estaban autorizados para seleccionar de ocho a doce bancos de la reserva, aunque J.P. Morgan había testificado él pensaba que debían seleccionarse no más de cuatro. Muchos factores políticos entraron en la selección de estos sitios, como las doce ciudades así favorecidas se volverían enormemente importantes como centros de finanzas. New York, por supuesto, era una conclusión previsible. Richmond fue la próxima selección, como pago a Carter Glass y Woodrow Wilson, dos virginianos a quienes habían sido dados crédito político por el Acto de la Reserva Federal. Las otras selecciones del Comité fueron Boston, Filadelfia, Cleveland, Chicago, St. Louis, Atlanta, Dallas, Minneapolis, Kansas City y San Francisco. Todas estas ciudades desarrollaron después "distritos financieros" importantes como resultado de esta selección.

Estas batallas locales, sin embargo, palidecieron en vista de la dominación completa del banco de la Reserva Federal de New York sobre el sistema. Ferdinand Lundberg señaló, en Sesenta Familias de América (America's Sixty Families) que: *"En la práctica, el Banco de la Reserva Federal de New York se volvió cabeza de la fuente del sistema de doce bancos regionales, era New York el mercado de dinero de la nación. Los otros once bancos eran otros tantos caros mausoleos erigidos para untar el orgullo local y sofocar los miedos de Jackson y del interior". Benjamín Strong, presidente de Bankers Trust (J.P. Morgan) fue seleccionado como primer Gobernador del Banco de la Reserva Federal de New York. Adepto en altas finanzas, Strong durante muchos años manipuló el sistema monetario del país a discreción de los directores que representan los principales bancos de New York. Bajo Strong, el Sistema de la Reserva se llevó a enclavar relaciones con el Banco de Inglaterra y el Banco de Francia.*

Benjamín Strong defendió su posición como Gobernador del Banco de la Reserva Federal de New York hasta su muerte súbita en 1928, durante una investigación del Congreso de las reuniones secretas entre los Gobernadores de la Reserva y cabezas de bancos centrales europeos que sacaron la Gran Depresión de 1929-31".[38]

Strong se había casado con la hija del Presidente de Bankers Trust que lo llevó a la línea de sucesión en las intrigas dinásticas que juegan tal importante papel en el mundo de las altas finanzas. Él también había sido miembro del grupo original Isla Jekyll, el Club del Primer Nombre, y había sido calificado para la posición más alta en el Sistema de la Reserva Federal, como Gobernador del Banco de la Reserva Federal de New York que dominaba todo el sistema.

Paul Warburg también se menciona en el volumen definitivo de J. Laurence Laughlin, El Acto de la Reserva Federal, Sus Orígenes y Propósitos, (The Federal Reserve Act, Its Origins and Purposes): "*Mr. Paul Warburg de Kuhn, Loeb Company, ofreció en marzo, 1910 un bastante bien pensado plan para ser conocido como el Banco de la Reserva Unido de los Estados Unidos. Esto se publicó en The New York Times del 24 de marzo de 1910. El grupo interesado en los propósitos de la Comisión Monetaria Nacional se encontró en secreto en la Isla Jekyll por casi dos semanas en diciembre de 1910, y se concentró en la preparación de un proyecto para ser presentado al Congreso por la Comisión Monetario Nacional.*

Los hombres que estaban presente en la Isla Jekyll eran el Senador Aldrich, H. P. Davison de J.P. Morgan Company, Paul

---

[38] Ferdinand Lundberg, *America's Sixty Families*, 1937.

Warburg de Kuhn, Loeb Company, Frank Vanderlip del Nacional City Bank y Charles D. Norton del First National Bank.

Sin ninguna duda la mente bancaria más capaz en el grupo eso era de Mr. Warburg que había tenido un entrenamiento bancario europeo. El Senador Aldrich no tenía entrenamiento especial bancario".[39]

Una mención de Paul Warburg, escrita por Harold Kelloch, y titulado, "Warburg el Revolucionario" aparecía en Century Magazine, mayo, 1915. Kelloch escribe: *"Él impuso sus ideas a una nación de cien millones de personas... Sin Mr. Warburg allí no habría sido ningún Acto de la Reserva Federal. La casa bancaria de Warburg y Warburg en Hamburgo siempre ha sido estrictamente un negocio familiar.*

Nadie sino un Warburg ha sido elegible para ella, sino todos los Warburg han nacido en esta. En 1895 él se casó con la hija menor de Solomon Loeb de Kuhn Loeb Company. Él se volvió socio de Kuhn Loeb Company en 1902. El sueldo de Mr. Warburg de su negocio privado ha sido casi medio millón al año. Los motivos de Mr. Warburg habían sido puramente los de auto-sacrificio patriótico".

Los verdaderos propósitos del Acto de la Reserva Federal empezaron pronto a desilusionar a muchos que habían creído al principio en sus demandas. W. H. Allen escribió en Moody's Magazine, 1916: *"El propósito del Acto de la Reserva Federal era prevenir la concentración de dinero en los bancos de New York haciendo aprovechable para los banqueros rurales usar sus fondos en casa, pero el movimiento de dinero muestra que los bancos de New York ganaron a costa del interior todos los meses excepto diciembre, 1915, desde que el Acto entró en efecto. La estabilización de tasas ha*

---

[39] J. Laurence Laughlin, *The Federal Reserve Act, It's Origins and Purposes.*

tenido lugar exclusivamente en New York. En otras partes, las tasas altas continúan.

El Acto que era para privar a Wall Street de fondos para especulación, realmente ha dado tal suministro a los toros y osos como ellos nunca han tenido antes. La verdad es que lejos de haber estorbado el canal para Wall Street, como Mr. Glass tan confiadamente alardeó, realmente ensanchó los cauces viejos y abrió dos nuevos. La primera de estas primacías directamente a Washington y le da un cordón a Wall Street sobre todo el dinero en efectivo sobrante del Tesoro de los Estados Unidos. Además, el poder para emitir dinero en notas de banco, otorga un suministro inagotable de dinero de crédito; el segundo canal lleva a los grandes bancos centrales de Europa, con que, por la venta de aceptaciones, virtualmente garantizada por el Gobierno de Estados Unidos, para Wall Street es la inmunidad concedida de las demandas extranjeras de oro en que han precipitado cada gran crisis de nuestra historia".

Por muchos años, ha habido misterio considerable sobre quién realmente posee acciones de los Bancos de la Reserva Federal. El Diputado Wright Patman, principal crítico del Sistema, intentó encontrar donde estaban los accionistas. Las acciones de los originales doce Bancos de la Reserva Federal regionales fueron comprados por bancos nacionales en esas doce regiones. Porque el Banco de la Reserva Federal de New York estaba para poner la tasa de interés y dirigir las operaciones de mercado abierto, controlar el suministro diario y precio de dinero a lo largo de los Estados Unidos, son los accionistas de ese banco quienes los directores reales de todo el sistema.

Por primera vez, puede revelarse quienes son esos accionistas. Este escritor tiene certificados originales de la organización de los doce Bancos de la Reserva Federal y le dan la propiedad de las acciones para los bancos nacionales en cada distrito. El Banco de la Reserva Federal de New York emitió 203,053 acciones, y, como archivado con el Interventor del Dinero (Comptroller of the

Currency), el 19 de mayo de 1914, los grandes bancos de la Ciudad de New York tomaron más de la mitad de las acciones destacadas.

El National City Bank controlado por Rockefeller Kuhn, Loeb tomó el número más grande de acciones de cualquier banco, 30,000 acciones.

El First National Bank tomó 15,000 acciones. Cuando estos dos bancos se unieron en 1955, ellos poseyeron en bloque casi un cuarto (1/4) de las acciones en el Banco de la Reserva Federal de New York que controlaba todo el sistema y así ellos podrían nombrar a Paul Volcker o al que escogieran para ser Presidente de la Mesa de Gobernadores de la Reserva Federal.

Chase National Bank tomó 6,000 acciones.

The Marine Nation Bank de Buffalo, luego conocido como Marine Midland, tomó 6,000 acciones. Este banco era propiedad de la familia Schoellkopf que controlaba Niagara Power Company y otros grandes intereses.

El National Bank of Commerce de la ciudad de New York City tomó 21,000 acciones.

Los accionistas de estos bancos que poseen acciones del Banco de la Reserva Federal de New York y son la gente que ha controlado nuestros destinos políticos-económicos desde 1914. Son los Rothschild, de Europa, Lazard Freres (Eugene Meyer), Kuhn Loeb Company, Warburg Company, Lehman Brothers, Goldman Sachs, la familia Rockefeller y los intereses J.P. Morgan. Estos intereses se han unido y consolidado en años recientes, así el control está mucho más concentrado.

El National Bank of Commerce es ahora Morgan Guaranty Trust Company. Lehman Brothers se ha unido con Kuhn, Loeb

Company; First National Bank se ha unido con National City Bank, y en los otros once Distritos de la Reserva Federal, estos mismos accionistas poseen indirectamente por propias o acciones de control de esos bancos, con otras acciones poseídas por las familias principales en esas áreas que poseen o controlan las industrias principales en estas regiones. Las familias "locales" crearon concilios regionales, en órdenes de New York, de tales grupos como el Council on Foreign Relations, Comisión Trilateral, y otros instrumentos de control inventados por sus amos. Ellos financian y controlan los desarrollos políticos en su área, nombres de candidatos que raramente se oponen con éxito a sus planes.[40]

Con el asiento de los doce "distritos financieros" para los Bancos de la Reserva Federal, la división tradicional de los Estados Unidos en cuarenta y ocho estados fue derrocada, y entramos en la era del "regionalismo", doce regiones sin ninguna relación a los límites estatales tradicionales. Estos desarrollos que siguen al paso del Acto de la Reserva Federal demostraron cada uno de los alegatos que Thomas Jefferson había hecho contra un banco central en 1791: que los subscriptores de acciones del Banco de Reserva Federal habían formado una corporación cuya acciones podrían ser propiedad de forasteros; que esta acciones se transmitirían a una cierta línea de sucesores; que se pondría más allá de la confiscación; que recibirían un monopolio de la banca que era contra las leyes del monopolio; y que tenían ahora el poder para hacer leyes, superior a las leyes de los Estados.

Ninguna legislatura estatal puede revocar ninguna de las leyes dictadas por la Mesa de Gobernadores de la Reserva Federal para beneficio de sus accionistas privados. Esta mesa emite leyes acerca de lo que será la tasa de interés, lo que será la cantidad de dinero y el precio del dinero. Todos estos poderes abrogan los poderes de

---

[40] Vea carta V por IX.

las legislaturas estatales y su responsabilidad ante los ciudadanos de esos estados.

The New York Times declaró que los Bancos de la Reserva Federal estarían listos para el negocio el 1 de agosto de 1914, pero empezaron realmente sus operaciones el 16 de noviembre de 1914. En ese momento, sus recursos totales se listaron en $143.000.000 de la venta de acciones en los Bancos de la Reserva Federal a los accionistas de bancos nacionales que se subscribieron a él. La parte real de este $143.000.000, qué se pagó por estas acciones permanecen amortajados en el misterio. Algunos historiadores creen que los accionistas sólo pagaron la mitad de la cantidad en dinero en efectivo; otros creen que ellos no pagaron en absoluto ningún dinero en efectivo, sino que meramente enviaron cheques que firmaron sobre los bancos nacionales que poseían. Es probable que, del mismo comienzo, los operaciones de la Reserva Federal fueran *"papel emitido contra papel"*, que los asientos contables fueron los únicos valores que cambiaron de manos.

Los hombres a quienes el Presidente Woodrow Wilson escogió para constituir la primera Mesa de Gobernadores de la Reserva Federal provenían del grupo bancario. Él había sido nominado a la Presidencia por el Partido Demócrata que había dicho representar al *"hombre común"* contra los *"intereses investidos"*.

Según el propio Wilson, le permitieron escoger a sólo un hombre para la Mesa de la Reserva Federal. Los otros fueron escogidos por los banqueros de New York. La opción de Wilson era Thomas D. Jones, un fideicomisario de Princeton y director de International Harvester y otras corporaciones. Los otros miembros eran Adolph C. Miller, economista de la Universidad de Chicago de Rockefeller y la Universidad de Harvard de Morgan, y también sirviendo como Secretario Auxiliar del Interior; Charles S. Hamlin que había sido previamente Secretario Auxiliar del Tesoro durante ocho años; F.A. Delano, pariente de Roosevelt, y operador de ferrocarril que capturó varios ferrocarriles para Kuhn, Loeb Company, W.P.G. Harding, Presidente del First National Bank de Atlanta; y Paul Warburg de Kuhn, Loeb Co.

Según Los Papeles Íntimos del Coronel House, Warburg fue nombrado porque *"El Presidente aceptó (de House) la sugerencia de Paul Warburg de New York debido a su interés y experiencia en problemas de dinero bajo Administraciones Republicanas y Demócratas"*.[41]

Como Warburg, Delano también nació fuera de los límites continentales de los Estados Unidos, aunque era ciudadano americano. El padre de Delano, Warren Delano, según el Dr. Josephson y otras autoridades, era activo en el comercio de opio chino en Hong Kong, y Frederick Delano nació en Hong Kong en 1863.

En El Poder del Dinero de Europa, Paul Emden escribe que *"Los Warburg localizaron a su excelente eminencia durante los últimos veinte años del último siglo, simultáneamente con el crecimiento de Kuhn, Loeb Company en New York con quien estaban asentados en una unión personal y relación de familia. Paul Warburg con éxito magnífico llevó a cabo en 1913 la reorganización del sistema bancario americano, en el cual, con el Senador Aldrich, había estado trabajando desde 1911, y así completamente consolidó el dinero y las finanzas de los Estados Unidos"*.[42]

---

[41] Charles Seymour, *The Intimate Papers of Col. House*, 4 v. 1926-1928, Houghton Mifflin Co.

[42] Paul Emden, *The Money Power of Europe in the 19th and 20th Century*, S. Low, Marston Co., London, 1937.

The New York Times[43] había notado, 6 de mayo de 1914, que Paul Warburg se había *"jubilado"* de Kuhn, Loeb Company para servir en la Mesa de la Reserva Federal, aunque él no había renunciado a sus dirigencias de American Surte & Co., Baltimore and Ohio Railroad, National Railways of Mexico, Wells Fargo o Westinghouse Electric Corp. sino que continuaría sirviendo en estas mesas de directores. "Who's Who" lo listó como teniendo estas dirigencias y además, American I.G. Chemical Company (rama de I.G. Farben), Agfa Ansco Corp., Westinghouse Acceptance Company, Warburg Company of Amsterdam, Presidente de la Mesa de International Acceptance Bank y numerosos otros bancos, vías férreas y corporaciones. *"Kuhn Loeb & Co. con Warburg tiene cuatro votos o la mayoría de la Mesa de la Reserva Federal".*[44]

A pesar de su jubilación de Kuhn, Loeb Co. en mayo de 1914, para servir en la Mesa de Gobernadores de la Reserva Federal, a Warburg le fue ordenado aparecer ante un Subcomité del Senado en junio de 1914 y contestar algunas preguntas sobre su rol detrás de-la-escena logrando el Acto de la Reserva Federal paral Congreso.

Esto podrían haber significado algunas preguntas sobre la conferencia secreta en Isla Jekyll, y Warburg se negó a comparecer. El 7 de julio de 1914 él le escribió una carta a G.M. Hitchcock, Presidente del Comité del Senado en Banca y Dinero, declarando que podría dañar su utilidad en la Mesa si le exigieran contestar cualquier pregunta, y que por consiguiente retiraría su nombre.

---

[43] *The New York Times* el 30 de abril de 1914, informó que los 12 distritos tenían subscripciones de $74,740,800 y que los bancos subscriptores pagarían la mitad de esta suma en seis meses.

[44] Clarence W. Barron, *More They Told Barron*, Arno Press, New York Times, 1973, June 12, 1914. p. 204.

Parecía que Warburg estaba preparado para disuadir al Comité del Senado en confirmarlo sin preguntar ningún cuestionario.

El 10 de julio de 1914, The New York Times defendió a Warburg en la página editorial y denunció la *"Inquisición Senatorial"*. Desde que a Warburg no se le había hecho aún ninguna pregunta, el término "Inquisición" parecía notablemente impropio, ni había allí peligro real que los Senadores se estaban preparando para usar instrumentos de tortura sobre Mr. Warburg. El embrollo fue resuelto cuando el Comité del Senado, en rendición abyecta, estuvo de acuerdo que se daría a Mr. Warburg de antemano una lista de preguntas de apariencia, así él pudiera revisarlas y excusarse de contestar cualquier pregunta que podría tender a dañar su servicio en la Mesa de Gobernadores.

The Nation informó el 23 de julio de 1914 que *"Mr. Warburg tuvo finalmente una conferencia con el Senador O Gorman y estaba de acuerdo en encontrarse informalmente con los miembros del Subcomité del Senado, con vista a llegar a una comprensión y darles cualquier información razonable que ellos podrían desear. La opinión en Washington es que la confirmación de Mr. Warburg es segura"* The Nation estaba en lo cierto. Mr. Warburg fue confirmado, el camino había sida aplanado por su "arreglador", el Senador O'Gorman de New York, más familiarmente conocido como *"Senador de Wall Street"*. El Senador Robert L. Owen previamente había acusado a Warburg de ser representante americano de la familia Rothschild, pero cuestionarlo sobre esto habrían dado una bofetada de hecho a la medieval "Inquisición", y sus colegas Senadores fueron civilizados para además permitir el lujo de tal barbaridad.[45] Durante los Audiencias del Senado Paul

---

[45] Warburg fue confirmado el 8 de agosto de 1914, 38-11, y principalmente opuesto por el Senador Bristow de Kansas que fue denunciado por The New York Times como un "Republicano radical" y de quien la excelente biblioteca de libros raros sobre banca fue adquirida por el escritor presente en 1983 para la investigación de este trabajo.

Warburg ante el Comité del Senado en Banca y Dinero, 1 de agosto de 1914, el Senador Bristow preguntó: *"¿cuántos de estos socios (de Kuhn, Loeb Company) son ciudadanos americanos?"*

WARBURG: *"Ellos son todos ciudadanos americanos excepto Mr. Kahn. Él es súbdito británico".*

BRISTOW: *"¿Él fue alguna vez candidato al Parlamento, lo fue él no?"*

WARBURG: *"Hubo charla sobre eso, le había sido sugerido y él lo tenía en mente".*

Paul Warburg también declaró al Comité: *"yo fui a Inglaterra, donde me quedé durante dos años, primero en la empresa de banca y descuento de Samuel Montague & Company. Luego de eso yo seguí a Francia, donde me quedé en un banco francés".*

PRESIDENTE: *"¿Qué banco francés era ese?"*

WARBURG: *"Es el banco ruso para comercio extranjero que tiene una agencia en París".*

BRISTOW: *"Yo lo entiendo cuando dice que usted es republicano, pero cuándo Mr. Theodore Roosevelt vino a Ud., ¿usted se volvió entonces simpatizador de Mr. Wilson y lo apoyó?"*

WARBURG: *"Sí".*

BRISTOW: *"¿Mientras su hermano (Felix Warburg) estaba apoyando a Taft?"*

WARBURG: *"Sí"*

Así tres socios de Kuhn, Loeb Company estaban apoyando tres candidatos diferentes para Presidente de los Estados Unidos.

Paul Warburg estaba apoyando a Wilson, Felix Warburg estaba apoyando a Taft, y Otto Kahn estaba apoyando a Theodore Roosevelt. Paul Warburg explicó esta situación curiosa diciendo al Comité que ellos no tenían influencia en las creencias políticas de nosotros: *"finanzas y política no se mezclan"*.

Las preguntas sobre el nombramiento de Warburg desaparecieron en un santiamén con la nominación de Wilson para la Mesa de Gobernadores, de Thomas B. Jones. Los reporteros habían descubierto que Jones, al momento de su nombramiento, estaba bajo acusación por el Fiscal General de los Estados Unidos. Wilson brincó en defensa de su opción, los reporteros dijeron que *"La mayoría de los hombres conectados con lo que hemos llegado a llamar 'grandes negocios' es honrada, incorruptible y patriótica"*.

A pesar de las protestas de Wilson, el Comité del Senado en Banca y Dinero nombró las audiencias sobre la aptitud de Thomas D. Jones para ser miembro de la Mesa de Gobernadores. Wilson le escribió entonces una carta al Senador Robert L. Owen, Presidente de ese Comité:

White House, 18 de junio de 1914
Estimado Senador Owen:
Mr. Jones siempre ha simbolizado los derechos del pueblo contra los derechos del privilegio. Su conexión con Harvester Company era un servicio público, no un interés privado. Él es un hombre de todo el número que estaba en un sentido peculiar en mi opción personal.

Atentamente, Woodrow Wilson

Woodrow Wilson dijo: *"no hay ninguna razón para creer que el informe desfavorable representa la actitud del propio Senado"*. Después de varias semanas, Thomas D. Jones retiró su nombre, y el país tuvo que funcionar sin sus servicios.

Los otros miembros de la primera Mesa de Gobernadores eran el Secretario de la Tesorería, William McAdoo, el yerno de Wilson, y Presidente del Hudson-Manhattan Railroad, una empresa controlada por Kuhn, Loeb Company, y el Interventor del Dinero (Comptroller of the Currency) John Skelton Williams. Cuando los Bancos de la Reserva Federal se abrieron para el negocio el 16 de noviembre de 1914, Paul Warburg dijo: *"Esta fecha puede ser considerada como el cuatro de julio en la historia económica de los Estados Unidos"*.

CAPÍTULO CUATRO

EL CONCILIO ASESOR FEDERAL
(FEDERAL ADVISORY COUNCIL)

El Acto de la Reserva Federal pasó como aplanadora por la Cámara de Representantes, el Diputado Carter Glass declaró el 30 de septiembre de 1913 en el piso de la Cámara que los intereses del público serían protegidos por un concilio asesor de banqueros. *"No puede haber nada siniestro sobre sus transacciones. Encontrándose por lo menos con él cuatro veces por año estará un concilio asesor de banqueros que representa cada distrito de la reserva regional del sistema. ¿Cómo podríamos ejercer cautela mayor salvaguardando el interés público?"*

Carter Glass no dio prueba ni entonces ni después por su creencia que un grupo de banqueros protegería los intereses del público, ni hay allí evidencia en la historia de los Estados Unidos que un grupo de banqueros lo ha hecho alguna vez así. De hecho, el Concilio Asesor Federal demostró ser el "proceso administrativo" qué Paul Warburg había insertado en el Acto de la Reserva Federal para dar simplemente el tipo de control remoto pero inadvertido sobre el Sistema que él deseaba. Cuando fue entrevistado por el reportero financiero C.W. Barron, sólo después que el Acto de la Reserva Federal se promulgó en ley por Congreso, si él aprobaba el proyecto como fue pasado finalmente, Warburg contestó: *"Bien, no hemos conseguido todo lo que queremos realmente, pero la falta puede ser ajustada después por procesos administrativos"*. El concilio demostró ser el vehículo ideal para los propósitos de Warburg, como ha funcionado durante setenta años en anonimidad casi completa, sus miembros y asociaciones comerciales, inadvertidas para el público.

El Senador Robert Owen, presidente del Comité del Senado en Banca y Dinero, había dicho, como cita en The New York Times, 3 de agosto de 1913 antes del pasaje del acto: *"El Acto de la Reserva Federal proveerá a los intereses bancarios, industriales y comerciales con el descuento de papeles comerciales calificados y así estabiliza nuestra vida comercial y industrial. No se piensan a los bancos de la Reserva Federal como bancos de hacer dinero, sino para servir un gran propósito nacional de comercio de servicios, hombres y bancos de negocios, salvaguarda de un mercado establecido para Bienes fabricados, para productos y labores agrícolas. No hay ninguna razón por qué los bancos deban estar en control del sistema de la Reserva Federal. La estabilidad hará expandir a nuestro comercio saludablemente y en cada dirección".*

El optimismo del Senador Owen fue condenado por la dominación de los promotores de Isla Jekyll sobre la composición inicial del Sistema de la Reserva Federal. No sólo la alianza Morgan-Kuhn, Loeb compró el control dominante de las acciones del Banco de la Reserva Federal de New York, con casi la mitad de las acciones poseídas por los cinco bancos de New York bajo su control; First National Bank, National City Bank, National Bank of Commerce, Chase National Bank y Hannover National Bank; sino también persuadieron al Presidente Woodrow Wilson a nombrar a uno del grupo Isla Jekyll, Paul Warburg, en la Mesa de Gobernadores de la Reserva Federal.

Cada uno de los doce Bancos de la Reserva Federal estaban para elegir un miembro del Concilio Asesor Federal que se encontraría con la Mesa de Gobernadores de la Reserva Federal cuatro veces por año en Washington para *"aconsejar"* a la Mesa en política monetaria futura. Esto parecía asegurar la democracia absoluta, cuando cada uno de los doce *"consejeros"* representa una región diferente de los Estados Unidos y se esperaría que hable por los intereses económicos de su área, y cada uno de los doce miembros tendría un voto igual. La teoría puede haber sido admirable en su concepto, pero los duros hechos de la vida económica producían un cuadro bastante diferente. El presidente de un banco pequeño en St. Louis o Cincinnati, sentándose en conferencia con Paul Warburg y J.P. Morgan para *"aconsejarlos"* en política monetaria, sería improbable por contradecir a dos de los financieros internacionales más poderosos del mundo, cuando una nota garrapateada de cualquiera de ellos sería suficiente para zambullir a su pequeño banco en quiebra. De hecho, los bancos pequeños de los doce distritos de la Reserva Federal sólo existieron como satélites de los grandes intereses financieros de New York, y estaban completamente a su merced. Martin Mayer, en Los Banqueros (The Bankers), puntualiza que *"J.P. Morgan tuvo relaciones con muchos bancos pequeños correspondientes por el país"*.[46] Los grandes bancos de New York no se limitaron a los millones de dólares tratando con otros grandes intereses financieros, sino dirigieron muchos tratos más pequeños y más rutinarios con sus bancos *"corresponsales"* por los Estados Unidos.

Al parecer seguros en su creencia que sus actividades nunca se expondrían al público, los intereses Morgan-Kuhn, Loeb seleccionaron audazmente a los miembros del Concilio Asesor Federal de sus bancos corresponsales y de bancos en los que ellos poseían acciones. Nadie en la comunidad financiera parecía notar, como nada se dijo sobre eso en setenta años de operación del Sistema de la Reserva Federal.

Para evitar cualquier sospecha que los intereses de New York podrían controlar el Concilio Asesor Federal, su primer presidente, elegido en 1914 por los otros miembros, era J.B. Forgan, presidente del First National Bank of Chicago. El Directorio Rand McNally para Banqueros 1914 (Rand McNally

---

[46] Martin Mayer, *The Bankers*, Weybright and Talley, New York, 1974, p. 207..

Bankers Directory for 1914), lista los corresponsales principales de los grandes bancos.

El banco corresponsal principal del controlado por Baker-Morgan, First National Bank of New York se lista como First National Bank of Chicago. El corresponsal principal listado por First National Bank of Chicago es el Banco of Manhattan en New York, controlado por Jacob Schiff y Paul Warburg de Kuhn, Loeb Company. James B. Forgan también se listaba como director de Equitable Life Insurance Company, también controlada por Morgan. Sin embargo, la relación entre First National Bank of Chicago y estos bancos de New York eran aun más cercanos de lo que estas inscripciones indican.

En página 701 de El Crecimiento de Bancos de Chicago por F. Cyril James, encontramos mención del *"First National Bank of Chicago de la provechosa conexión de Chicago con los intereses de Morgan. Un embajador del buena voluntad se envió apresuradamente a New York para invitar a George F. Baker a hacerse director del First National Bank of Chicago"*.[47] (J.B.Forgan a Ream, 7 de enero de 1903). En efecto, Baker y Morgan habían escogido personalmente al primer presidente del Concilio Asesor Federal.

James B. Forgan (1852-1924) también muestra la obligatoria "Conexión Londres" en la operación del Sistema de la Reserva Federal. Nacido en St. Andrew, Escocia, empezó su carrera bancaria allí con el Royal Bank of Scotland, corresponsal del Banco de Inglaterra. Él vino a Canadá al Bank of British North America, trabajó para el Bank of Nova Scotia que lo envió a Chicago en los 1880's y para 1900 fue hecho presidente del First National Bank of Chicago. Él sirvió durante seis años como

---

[47] F. Cyril James, *The Growth of Chicago Banks*, Harper's Weekly, New York, 1938.

presidente del Concilio Asesor Federal, y cuando dejó el concilio, fue reemplazado por Frank O. Wetmore que también lo había reemplazado como presidente del First National Bank of Chicago cuando Forgan fue nombrado presidente de la mesa.

Representando al distrito New York de la Reserva Federal en el primer Concilio Asesor Federal estaba J.P. Morgan. Él fue nombrado presidente del Comité Ejecutivo. Así, Paul Warburg y J.P. Morgan se sentaban en conferencia en las reuniones de la Mesa de la Reserva Federal durante los primeros cuatro años de operación, rodeado por los otros Gobernadores y miembros del concilio que apenas podría estar desprevenido que sus futuros serían guiados por estos dos poderosos banqueros.

Otro miembro del Concilio Asesor Federal en 1914 era Levi L. Rue y representaba al distrito de Filadelfia. Rue era presidente del Philadelphia National Bank. Rand McNally Bankers Directory of 1914 listó como corresponsal principal del First National Bank of New York, el Philadelphia National Bank.

First National Bank of Chicago también listaba al Philadelphia National Bank como su corresponsal principal en Filadelfia. Los otros miembros del Concilio Asesor Federal incluáin a Daniel S. Wing, presidente del First National Bank of Boston, W.S. Rowe, presidente del First National Bank of Cincinnati, y C.T. Jaffray, presidente del First National Bank of Minneapolis. Éstos eran todos bancos corresponsales de los ''cinco grandes'' bancos de New York que controlaron el mercado de dinero en los Estados Unidos.

Jaffray tenía una conexión aun más privada con los intereses Baker-Morgan. En 1908, para reinvertir los dividendos anuales grandes de acciones de su First National Bank of New York, Baker y Morgan prepararon un Holding de tenencias, First Security Corp., que compró 500 acciones del First National Bank of Minneapolis. Así Jaffray era poco más que un empleado a sueldo de Baker y Morgan, aunque había sido *"seleccionado"* por los accionistas del Banco de la Reserva Federal de Minneapolis para representar sus intereses.

First Security Corp. también poseía 50,000 acciones de Chase National Bank, 5400 acciones de National Bank of Commerce, 2500 acciones de Bankers Trust, 928 acciones del Liberty National Bank, banco del que Henry P. Davison había sido presidente cuando fue descubierto para unirse a la empresa de J.P. Morgan, y acciones de New York Trust, Atlantic Trust y Brooklyn Trust. First Security concentró acciones de banco que rápidamente apreciaron su valor, y pagaron buenos dividendos anuales. En 1927, ganó cinco millones de dólares, pero pagó a los accionistas ocho millones y tomaron el resto de su sobrante.

Otro miembro inicial del Concilio Asesor Federal era E.F. Swinney, presidente de First National Bank of Kansas City. También era director de Southern Railway, y lista en Who's Who como *"independiente en política"*.

Archibald Kains representó el distrito de San Francisco en el Concilio Asesor Federal, aunque tuvo su oficina en New York, como presidente de American Foreign Banking Corp.

Después de servir como Gobernador de la Mesa de la Reserva Federal desde 1914-1918, Paul Warburg no pidió otro término. Sin embargo, no estaba listo para romper su conexión con el Sistema de la Reserva Federal del cual había hecho tanto para preparar y poner en operación. J.P. Morgan complaciente renunció a su asiento en el Concilio Asesor Federal, y durante los próximos diez años, Paul Warburg continuó representando al distrito de la Reserva Federal de New York en el Concilio. Él fue vicepresidente del concilio 1922-25, y presidente 1926-27.

Así Warburg seguía siendo la presencia dominante en las reuniones de la Mesa de Reserva Federal a lo largo de los años veinte, cuando los bancos centrales europeos estaban planeando la gran reducción de crédito que precipitó la Caída de 1929 y la Gran Depresión.

Aunque la mayoría del "consejo" Concilio Asesor Federal a la Mesa de Gobernadores nunca se ha informado, en casos raros unos vislumbres en sus deliberaciones se permitieron salir artículos breves en The New York Times.

El 21 de noviembre de 1916, The Times informó que el Concilio Asesor Federal se había encontrado en Washington para su conferencia trimestral. *"Hubo charla sobre la absorbente extensión desde Europa al crédito para América del Sur y otros países. Los funcionarios de la Reserva Federal dijeron que para mantener una posición como uno de los banqueros del mundo, los Estados Unidos deben esperar ser llamados para dar un trato bueno del servicio realizado grandemente por Inglaterra en el pasado, extendiendo créditos a corto plazo necesarios en la producción y transporte de bienes de todo tipo en el comercio del mundo, y que las aceptaciones sobre comercio extranjero requieran descuentos más bajos, más libres y más fiables en los mercados de oro"*. (La Primera Guerra Mundial estaba a su cenit en 1916.)

Además de su servicio en la Mesa de Gobernadores y el Concilio Asesor Federal, Paul Warburg continuó dirigiéndose a grupos de banqueros sobre las políticas monetarias que se esperaba que ellos siguieran. El 22 de octubre de 1915, él se dirigió al Twin City Bankers Club, St. Paul, Minnesota en un discurso que él declaró: *"Es para su interés ver los bancos de la Reserva Federal tan fuertes como posiblemente puedan ser. Esto tambalea la imaginación al pensar lo que el futuro puede tener en reserva para el desarrollo Bancario americano. Con los poderes avanzados de Europa limitados a su propio campo, con los Estados Unidos convertidos en una nación acreedora para todo el mundo, los límites del campo que queda abierto, sólo estamos determinados por nuestro poder de expansión segura. El alcance de nuestra futura voluntad bancaria finalmente ha sido limitado por la cantidad de oro a la que podemos pasar revista como cimiento de nuestra estructura banca y crédito".*

La composición de la Mesa de Gobernadores de la Reserva Federal y la Reserva Federal que el Concilio Asesor, de su membresía inicial al día presente, muestra los eslabones a la Conferencia de Isla Jekyll y la comunidad bancaria de Londres y que ofrece evidencia incontrovertible, aceptable en cualquier corte de ley que había un plan para ganar el control del dinero y crédito del pueblo de los Estados Unidos y usarlo para ganancia de los arquitectos.

Las "manos viejas" de Isla Jekyll eran Frank Vanderlip, presidente del National City Bank que compró una porción grande de acciones del Banco de la Reserva Federal de New York en 1914; Paul Warburg de Kuhn, Loeb Company; Henry P. Davison, mano derecha de J.P. Morgan y director del First National Bank of New York y el National Bank of Commerce que tomó una gran parte de acciones del Banco de la Reserva Federal de New York; y Benjamín Strong, también conocido como lugarteniente de Morgan, quién sirvió como Gobernador del Banco de la Reserva Federal de New York durante los 1920's.[48]

---

[48] *"El Concilio Asesor Federal tiene gran influencia con la Mesa de la Reserva Federal. Visiblemente en ese concilio es J.P. Morgan, el miembro principal de J.P. Morgan Company e hijo del J.P Morgan. Cada uno de los doce miembros del Concilio Asesor, como usted bien saben, fue educado en la misma atmósfera. El Acto de la Reserva Federal no sólo es un acto del privilegio especial sino se han puesto personas privilegiadas en control y han sido sus consejeros en su administración. La Mesa de la Reserva Federal y el Concilio Asesor Federal administran el Sistema de la Reserva Federal como cabeza de su autoridad y ninguno de los funcionarios menores, aun cuando ellos lo desearan, se atrevería a cruzar espadas con ellos".*
(DE: "¿Por qué Está Su País En Guerra?" por Charles Lindbergh, publicado en 1917). El párrafo anterior explica por qué Woodrow Wilson dio en orden a los agentes del gobierno de tomar y destruir las planchas de impresión y copias de este libro en primavera de 1918.

La selección de los miembros regionales del Concilio Asesor Federal de la lista de banqueros con que trabajaron estrechamente los "cinco grandes" bancos de New York, y quienes eran sus principales bancos corresponsales, muestra que las muy aclamadas *"salvaguardas regionales del interés público"* por Carter Glass y otros defensores en Washington del Acto de la Reserva Federal, eran desde su principio un engaño muy deliberado. El hecho que durante setenta años este concilio pudo encontrarse con la Mesa de Gobernadores de la Reserva Federal y *"aconsejar"* a los Gobernadores en decisiones de política monetaria que afectaba las vidas diarias de cada persona en los Estados Unidos, sin ser el público consciente de su existencia, muestra que los proyectistas de la operación del banco central supieron lograr sus objetivos por *"procesos administrativos"* de los que el público permanecería justamente ignorante. La demanda que el "consejo" de los miembros del concilio no es vinculante a los Gobernadores o que no tiene ningún peso, es decir que cuatro veces por año, doce de los banqueros más influyentes en los Estados Unidos sacan tiempo de su trabajo para viajar a Washington y meramente reunirse con la Mesa de la Reserva Federal para beber café e intercambiar bromas. Es una demanda que cualquiera familiarizado con las operaciones de la comunidad comercial encontrará imposible de tomar en serio. Era un viaje de cuatro días cada camino para los banqueros del Lejano Oeste en 1914, venir a Washington a un concilio que se reunía con la Mesa de la Reserva Federal.

Estos hombres tenían extensos intereses de negocio que exigieron su tiempo. J.P. Morgan era director de sesenta y tres corporaciones que celebraron reuniones anuales, y apenas podría esperarse que viaje a Washington para asistir a reuniones de la

Mesa de la Reserva Federal si su consejo sería considerado de ninguna importancia.[49]

---

[49] La conexión de J.P. Morgan ha permanecido predominante en el Concilio Asesor Federal. Durante los últimos años, el prestigioso Distrito No. 2 Reserva Federa, el Distrito de New York, se ha representado en el Concilio Asesor Federal por Lewis Preston. Preston es Presidente de J.P. Morgan Company y también Presidente y CEO de Morgan Guaranty Trust, New York. Heredero a la fortuna de Baldwin (una Companía controlada por Morgan), Preston se casó con la heredera a la fortuna de periódicos Pulitzer. El 26 de febrero de 1929, The New York Times notó que una fusión se había efectuado entre el National Bank of Commerce y Guaranty Trust, y se había hecho el banco más grande en los Estados Unidos, con un capital de dos mil millones dólares. La fusión fue negociada por Myron C. Taylor, presidente de U.S. Steel, una empresa de Morgan. Los bancos ocuparon edificios inmediatos en Wall Street, y, cuando The New York Times notó: "The Guaranty Trust Company ha sido conocido largamente como uno del grupo de bancos 'Morgan'". El National Bank of Commerce también se ha identificado con intereses de Morgan.

CAPÍTULO CINCO

LA CASA DE ROTHSCHILD

El éxito de la Conspiración de la Reserva Federal planteará muchas preguntas a las mentes de lectores que están poco familiarizados con la historia de los Estados Unidos y el capital de las finanzas. ¿Cómo pudo la poderosa alianza Kuhn, Loeb-Morgan, aunque podría ser, creer que sería capaz, primero, de hacer un plan que llevaría a sus manos todo el dinero y crédito del pueblo de los Estados Unidos, y segundo, de conseguir tal plan promulgado en ley?

La capacidad de inventar y promulgar el "Plan de la Reserva Nacional", como resultado inmediato de la llamada expedición Isla Jekyll, estaba fácilmente en los poderes de la alianza Kuhn, Loeb-Morgan, según lo siguiente de McClure's Magazine, agosto 1911, "Los Siete Hombres" por John Moody: "*Siete hombres en Wall Street ahora controlan una gran porción fundamental de la industria y recursos de los Estados Unidos. Tres de los siete hombres, J.P. Morgan, James J. Hill, y George F. Baker, cabeza del First National Bank of New York pertenecen al llamado grupo Morgan; cuatro de ellos, John D. y William Rockefeller, James Stillman, cabeza del National City Bank, y Jacob H. Schiff de la empresa bancaria privada Kuhn, Loeb Co., al llamado grupo Standard Oil City Bank... la máquina central del capital extiende su control sobre*

Estados Unidos... El proceso no sólo es económicamente lógico; ahora es prácticamente automático".[50]

Así vemos que el complot de 1910 para tomar el control del dinero y crédito del pueblo de los Estados Unidos fue planeado por hombres que ya controlaban la mayoría de los recursos del país. Esto veía John Moody *"prácticamente automático"* que ellos deben continuar con sus operaciones.

Lo qué John Moody no supo, o no les dijo a sus lectores, era que los hombres más poderosos de los Estados Unidos eran responsable ante otro poder, un poder extranjero, y un poder que habían estado buscando extender firmemente su control sobre la joven república de los Estados Unidos desde su temprano principio. Este poder era el poder financiero de Inglaterra, centrado en la Rama Londres de la Casa Rothschild.

El hecho era que en 1910, los Estados Unidos estaban para todos los propósitos prácticos siendo gobernados desde Inglaterra, y así está hoy. Los diez bancos más grandes que tienen Compañías en los Estados Unidos está firmemente en manos de ciertas casas bancarias, todas las cuales tienen sucursales en Londres.

Ellos son J.P. Morgan Company, Brown Brothers Harriman, Warburg, Kuhn Loeb y J. Henry Schroder. Todos mantienen relaciones cercanas con la Casa Rothschild, principalmente para el control de Rothschild del Mercado Internacional de Dinero para su manipulación del precio del oro. Cada día, el precio mundial de oro se fija en la oficina de Londres de N. M. Rothschild and Sons.

Aunque estas empresas son ostensiblemente empresas americanas que meramente tienen sucursales en Londres, el hecho es que estas casas bancarias toman su dirección realmente desde

---

[50] John Moody, *"The Seven Men"*, McClure's Magazine, August, 1911, p. 418

Londres. Su historia es fascinante y desconocida al público americano, originada como fue del tráfico internacional en oro, esclavos, diamantes, y otros contrabandos. No hay consideraciones morales en ninguna decisión comercial hecha por estas empresas. Ellos están solamente interesados en dinero y poder.

Los turistas de hoy bostezan en las magníficas mansiones de los muy ricos de Newport, Rhode Island, sin comprender que no sólo son éstas "cabañas" la muestra conmemorativa de los deseos de nuestros barones millonarios victorianos, sino que su erección en Newport representa una memoria nostálgica de las grandes fortunas americanas que tuvieron sus principios en Newport cuando era la capital del comercio de esclavos.

El comercio de esclavos durante siglos tuvo su oficina principal en Venecia, hasta el Decimoséptimo Siglo Gran Bretaña, la nueva dueña de los mares, usó su control de los océanos para ganar un monopolio. Cuando las colonias americanas fueron asentadas, su gente furiosamente independiente, la mayoría de quienes no quisieron esclavos, encontraron para su sorpresa que estaban enviándose en grandes números, esclavos a nuestros puertos.

Durante muchos años, Newport fue capital de este comercio. William Ellery, Recolector del Puerto de Newport, dijo en 1791: *"... un etíope puede como pronto cambiar su piel como un mercader de Newport puede ser inducido a cambiar tan lucrativo comercio.... por las ganancias lentas de cualquier manufacturera"*.

John Quincy Adams comentó en su Diario, página 459; *"la prosperidad anterior de Newport era debida principalmente a su empleo extenso del comercio de esclavos africanos"*.

La pre-eminencia de J.P. Morgan y la empresa Brown sobre las finanzas americanas pueden fecharse al desarrollo de Baltimore como capital del comercio de esclavos del decimonono siglo.

Ambas empresas originadas en Baltimore, con sucursales en Londres, cayeron bajo el amparo de la Casa Rothschild, y volvieron a los Estados Unidos para abrir sucursales en New York y volverse poder dominante, no sólo en las finanzas, sino también en el gobierno. En recientes años, los puestos importantes como Secretario de Defensa han sido sostenidos por Robert Lovett, socio de Brown Brothers Harriman, y Thomas S. Gates, socio de Drexel & Co., una empresa subsidiaria J.P. Morgan.

El vicepresidente presente, George Bush, es hijo de Prescott Bush, socio de Brown Brothers Harriman, durante muchos años senador de Connecticut, y organizador financiero de Columbia Broadcasting System del que también fue director de muchos años. Para entender por qué estas empresas operan como lo hacen, es necesario dar una historia breve de sus orígenes.

Pocos saben que J.P. Morgan Company empezó como George Peabody & Co. George Peabody (1795-1869), nacido en South Danvers, Massachussets, empezó sus negocios en Georgetown, D.C., en 1814 como Peabody, Riggs & Co., en venta al por mayor el bienes no perecederos y operando en el Mercado de Esclavos de Georgetown. Para estar más cerca de su fuente de suministros, se mudaron a Baltimore en 1815, donde operaron como Peabody and Riggs, de 1815 a 1835. Peabody se encontró cada vez más involucrado con negocios originados en Londres, y en 1835, él estableció la empresa de George Peabody & Co. en Londres.

Él tenía excelente entrada de negocios en Londres para otra empresa de Baltimore establecida en Liverpool, los Brown Brothers. Alexander Brown vino a Baltimore en 1801, y estableció lo que es ahora conocido como la casa bancaria más vieja en los Estados Unidos y todavía opera como Brown Brothers Harriman de New York; Brown, Shipley & Co. de Inglaterra; y Alex Brown and Son de Baltimore.

El poder detrás de escena manejado por esta empresa es indicado por el hecho que Lord Montagu Norman, Gobernador del Banco de Inglaterra durante muchos años, era socio de Brown, Shipley & Co.[51] Considerado el banquero individual más influyente del mundo, Lord Montagu Norman fue organizador de "charlas informales" entre las cabezas de los bancos centrales que en 1927 llevaron directamente a la Gran Caída del Mercado de Acciones de 1929.

Poco después de su llegada a Londres, George Peabody fue sorprendido por ser convocado a una audiencia con el tosco Barón Nathan Mayer Rothschild. Sin desmenuzar palabras, Rothschild reveló a Peabody, mucho de la aristocracia de Londres que abiertamente detestaba a Rothschild y rechazaba sus invitaciones.

Él propuso que Peabody, hombre de medios modestos, se establezca como pródigo organizador cuyas funciones y fiestas serían pronto la charla de Londres.

Rothschild, por supuesto, pagaría todos los proyectos. Peabody aceptó la oferta, y pronto fue conocido como el organizador más popular en Londres. Su cena anual del Cuatro de Julio para celebrar la Independencia americana se volvió sumamente popular en la aristocracia inglesa, muchos de quienes, mientras bebían el vino de Peabody, nos regalaban con chistes sobre las tosquedades y malos modales de Rothschild, sin comprender que cada gota que bebieron había sido pagada por Rothschild.

Es poco sorprendente que el organizador más popular en Londres también se volviera un hombre de negocios muy exitoso,

---

[51] "*Hay un entendimiento informal que el director de Brown, Shipley debe estar en la Mesa del Banco de Inglaterra, y Norman fue eligido a esta en 1907*". Montagu Norman, Current Biography, 1940.

particularmente con la Casa Rothschild que lo apoyaba detrás de
la escena. Peabody operó a menudo con un capital disponible de
500,000 libras, y se volvió muy astuto en sus compras y ventas en
ambos lados del Atlántico. Su agente americano era la empresa en
Boston de Beebe, Morgan & Co., encabezada por Junius S.
Morgan, padre de John Pierpont Morgan. Peabody que nunca se
casó ni tenía a nadie para sucederlo, y él estaba muy
favorablemente impresionado por Junius Morgan, alto y guapo. Él
persuadió a Morgan para unírsele en Londres como socio en
George Peabody & Co. en 1854. En 1860, John Pierpont Morgan
había sido tomado como aprendiz por la empresa Duncan,
Sherman en New York. Él no estaba muy atento al negocio, y en
1864, el padre de Morgan se ofendió cuando Duncan, Sherman se
negó a hacer socio a su hijo.

Él rápidamente logró un arreglo donde uno de los empleados
principales de Duncan, Sherman, Charles H. Dabney, fue
persuadido a unirse con John Pierpont Morgan en una nueva
empresa: Dabney, Morgan & Co. Bankers Magazine, diciembre,
1864, notó que Peabody había retirado su cuenta de Duncan,
Sherman, y se esperaba que otras empresas también lo hicieran.
Las cuentas de Peabody, por supuesto, fueron a Dabney Morgan
Company.

John Pierpont Morgan nació en 1837, durante el primer
pánico de dinero en Estados Unidos. Significativamente, había
sido causado por la Casa Rothschild con quien se asociaría después
Morgan.

En 1836, el Presidente Andrew Jackson, enfurecido por las
tácticas de los banqueros que estaban intentando persuadirlo para
renovar la carta constitucional del Second Bank of the United
States, dijo: *"Ustedes son un cubil de víboras. Yo pienso derrotarlos y
por el Dios Eterno yo los derrotaré. Si el pueblo sólo entendiera la
injusticia grosera de nuestro sistema de dinero y banca, habría una
revolución antes de mañana"*.

Aunque Nicholas Biddle era Presidente del Bank of the United States, era bien sabido que el Barón James de Rothschild de París era el inversor principal en este banco central. Aunque Jackson había vetado la renovación de la carta constitucional del Bank of the United States, él quizás no estaba prevenido que meses antes, en 1835, la Casa Rothschild había consolidado una relación con el Gobierno de Estados Unidos reemplazando a la empresa Baring como agente financiero del Departamento de Estado el 1 de enero de 1835.

Henry Clews, el famoso banquero, en su libro, Veintiocho Años en Wall Street,[52] dice que el Pánico de 1837 fue ideado porque la carta constitucional del Second Bank of the United States había sido rechazada en 1836. No sólo hizo que el Presidente Jackson rápidamente sacara los fondos del gobierno del Second Bank of the United States, sino que depositó estos fondos, $10 millones, en bancos de los Estados. El resultado inmediato, nos dice Clews, es que el país empezó a disfrutar de gran prosperidad. Este flujo súbito de dinero en efectivo causó una expansión inmediata de la economía nacional, y el gobierno pagó toda la deuda nacional y dejó un sobrante de $50 millones en la Tesorería.

Los financieros europeos tenían la respuesta para esta situación. Clews dice más: "*El Pánico de 1837 fue agravado por el Banco de Inglaterra cuando en un día vendió todo el papel conectado con los Estados Unidos*".

El Banco de Inglaterra, por supuesto, era sinónimo del Barón Nathan Mayer Rothschild. ¿Por qué el Banco de Inglaterra en un día "vendió" todo papel conectado con Estados Unidos, es decir, negarse a aceptar o descontar cualquier seguridad, bono u otro

---

[52] Henry Clews, *Twenty-eight Years in Wall Street*, Irving Company, New York, 1888, page 157.

papel financiero basado en los Estados Unidos? El propósito de esta acción era crear un pánico financiero inmediato en los Estados Unidos, causar una reducción completa del crédito, levantar problemas extensos de acciones y bonos, y la ruina de los que buscaban convertir sus efectos de Estados Unidos en dinero en efectivo.

En esta atmósfera de pánico financiero, John Pierpont Morgan llegó al mundo. Su abuelo, Joseph Morgan, fue un bien establecido granjero que poseyó 106 acres en Hartford, Connecticut. Él abrió después el City Hotel, y el Exchange Coffee Shop, y en 1819, fue uno de los fundadores de la Aetna Insurance Company.

George Peabody encontró que él había escogido bien seleccionando a Junius S. Morgan como sucesor. Morgan estaba de acuerdo en continuar la relación subalterna con NM Rothschild & Sons, y pronto extendió las actividades de la empresa enviando grandes cantidades de hierro de ferrocarril a los Estados Unidos.

Fueron las planchas Peabody, las bases para muchas vías de ferrocarriles americanos desde 1860 a 1890. En 1864, contento por retirarse y dejar su empresa en manos de Morgan, Peabody le permitió cambiar el nombre a Junius S. Morgan Company. La empresa Morgan ha sido dirigida, entonces y después, siempre desde Londres. John Pierpont Morgan pasó mucho de su tiempo en su magnífica mansión de Londres: Prince's Gate.

Uno de las altas marcas de marea de la exitosa unión comercial Rothschild-Peabody Morgan fue el Pánico de 1857. Habían pasado veinte años desde el Pánico de 1837: sus lecciones habían sido olvidadas por hordas de inversores ávidos que estaban ansiosos de invertir sus ganancias en una América en vías de desarrollo. Era tiempo para esquilarlos de nuevo. El mercado accionario opera como una ola que rompe en la playa. Barre con muchas criaturas minúsculas que derivan todo apoyo de su vida del oxígeno y agua de la ola. Ellos nadan cerca de la costa a lo largo de la cresta de la "Marea de Prosperidad". De repente la ola, habiendo alcanzado la marca de marea alta en la playa, retrocede y deja a todas las criaturas boqueando en la arena. Otra ola puede venir a tiempo a salvarlos, pero con toda probabilidad no irán lejos, y algunas de las criaturas del mar están condenadas. De la misma manera, las olas de prosperidad, alimentadas por dinero recién creado, por una reducción artificial de crédito, retrocede y deja a los que había llevado en alto, boqueando y muertos sin esperanza de salvación.

Corsair, la "Vida de J.P. Morgan",[53] nos dice que el Pánico de 1857 fue causado por el derrumbe del mercado de granos y el derrumbe súbito de Ohio Life & Trust, por una pérdida de cinco millones de dólares. Con este derrumbe otras novecientas Compañías americanas quebraron. Significativamente, una no sólo sobrevivía, sino prosperaba con la caída. En Corsair, vemos que el Banco de Inglaterra prestó cinco millones de libras a George Peabody & Co. en el pánico de 1857. Winkler, en "Morgan el Magnífico",[54] dice que el Banco de Inglaterra adelantó a Peabody un millón de libras, suma enorme en ese momento, equivalente de cien millones de dólares de hoy, para salvar la empresa. Sin embargo, ninguna otra empresa recibió tal beneficio durante este Pánico. La razón es revelada por Matthew Josephson, en "Los Barones Ladrones". Dice en página 60: *"Por tales calidades de conservatismo y pureza, era famoso George Peabody and Co., el árbol viejo del qué la Casa Morgan creció. En el pánico de 1857, cuando perdieron valor los bonos que habían sido lanzadas al mercado por inversores ansiosos en América, Peabody y el viejo Morgan estaban en posesión de dinero en efectivo y habían comprado tales bonos como*

---

[53] Corsair, *The Life of Morgan*.

[54] John K. Winkler, *Morgan the Magnificent*, Vanguard, N.Y. 1930.

inmuebles libremente poseídos, y luego los revendieron con gran ganancia cuando la sanidad fue restaurada".[55]

Así, desde varios biografías de Morgan, pueden reunirse pedazos de la historia. Después que el pánico había sido ideado, una empresa entró en el mercado con un millón de libras de dinero en efectivo, seguridades compradas a precios de pánico a inversores apresurados, y después revendidos con una ganancia enorme. Esa empresa era la empresa Morgan, y detrás estaba maniobrando diestro el Barón Nathan Mayer Rothschild. La asociación permanecía secreta a las mentes financieras más conocedoras en Londres y New York, aunque Morgan aparecía de vez en cuando como agente financiero en una operación de Rothschild. Como la empresa de Morgan creció rápidamente durante el fin del decimonono siglo, hasta que dominara las finanzas de la nación, muchos observadores se confundieron que los Rothschild parecían tan poco interesados en ganar rápidamente invirtiendo en la economía americana en avance.

John Moody nota, en "Los Amos del Capital", página 27, *"Los Rothschild están satisfechos de seguir siendo un aliado cercano de Morgan... hasta donde el campo americano estaba interesado"*.[56] El Secreto era más aprovechable que el dinero.

La razón porque los Rothschild europeos prefirieron operar anónimamente en Estados Unidos tras la fachada de J.P. Morgan & Co. es explicada por George Wheeler, en "Pierpont Morgan y Amigos, Anatomía de un Mito", página 17: *"Pero aun ahora había pasos que se toman para sacarlo de los remansos financieros – y no eran dados por el propio Pierpont Morgan. La primera sugerencia de*

---

[55] Matthew Josephson, *The Robber Barons*, Harcourt Brace, N.Y. 1934.

[56] John Moody, *The Masters of Capital*.

su nombre por un rol en la recarga de la reserva originada con la sucursal de Londres de la Casa Rothschild, los patrones de Belmont".[57]

Wheeler sigue para explicar que un considerable movimiento anti-Rothschild se había desarrollado en Europa y Estados Unidos, que se enfocaba en las actividades bancarias de la familia Rothschild. Aunque tenían un agente registrado en los Estados Unidos, Augusto Schoenberg que había cambiado su nombre a Belmont cuando vino a los Estados Unidos como representante de los Rothschild en 1837, era sumamente ventajoso para ellos tener un representante americano que no era conocido como agente de Rothschild.

Aunque la casa de Londres de Junius S. Morgan & Co. continuó siendo la rama dominante de las empresas Morgan, con la muerte del mayor Morgan en 1890 en un accidente de carruaje en la Riviera, John Pierpont Morgan se volvió la cabeza de la empresa. Después de operar como representante americano de la empresa de Londres desde 1864-1871, como Dabney Morgan Co., Morgan tomó un nuevo socio en 1871, Anthony Drexel de Filadelfia y operó como Drexel Morgan & Co. hasta 1895. Drexel murió ese año, y Morgan cambió el nombre de la rama americana a J.P. Morgan & Co.

LaRouche[58] nos dice que el 5 de febrero de 1891, una sociedad secreta conocida como Grupo de la Mesa Redonda (Round Table Group), fue formado en Londres por Cecil Rhodes, su banquero, Lord Rothschild, el yerno de Rothschild Lord Rosebery y Lord Curzon. Él dice que en Estados Unidos la Mesa Redonda estaba representada por el grupo Morgan. El Dr. Carrol

---

[57] George Wheeler, *Pierpont Morgan and Friends, the Anatomy of a Myth*, Prentice Hall, N.J. 1973.

[58] Lyndon H. LaRouche, Jr., *Dope, Inc.*, The New Benjamin Franklin House Publishing Company, N.Y. 1978.

EUSTACE MULLINS

Quigley se refiere a este grupo como "La Sociedad Secreta británico-americana" en "Tragedia y Esperanza" y dice que *"El espinazo principal de esta organización creció a lo largo de la cooperación financiera ya existente y que va del Banco Morgan en New York a un grupo de financieros internacionales en Londres dirigido por Lazard Brothers (en 1901)"*.[59]

William Guy Carr, en "Peones en el Juego" dice que, *"En 1899, J.P. Morgan y Drexel fueron a Inglaterra para asistir a la International Bankers Convention. Cuando volvieron, J.P. Morgan había sido nombrado cabeza representante del interés Rothschild en Estados Unidos. Como resultado de la Conferencia de Londres, J.P. Morgan & Co. de New York, Drexel & Co. de Filadelfia, Grenfell & Co. de Londres, y Morgan Harjes Cie. de París, MM. Warburg Company de Alemania y América, y la Casa Rothschild, estaban todos afiliados"*.[60]

Aparentemente sin premeditación de la conexión de Peabody con los Rothschild y el hecho que los Morgan siempre se había asociado con la Casa Rothschild, Carr supuso que había destapado esta relación a partir de 1899, cuando de hecho era de 1835.[61]

Después de la Primera Guerra Mundial, la Mesa Redonda se conoció como Council on Foreign Relations en Estados Unidos y

---

[59] Dr. Carrol Quigley, *Tragedy and Hope*, Macmillan Co., N.Y..

[60] William Guy Carr, *Pawns In The Game*, privately printed, 1956, pg. 60.

[61] El 30 de julio, 1930, McFadden, Bases de Control de Condiciones Económicas. (Control of Economic Conditions): *Este control de la estructura comercial mundial y de la felicidad y progreso humano por un grupo pequeño es una cuestión del más intenso interés del público. Analizándolo, nosotros debemos empezar con el grupo interno que se centra alrededor de J.P. Morgan Company. Nunca antes había estado allí tal poderoso control centralizado sobre las finanzas, producción industrial, crédito y sueldos como está en este momento investido en el grupo Morgan... El control de Morgan del Sistema de la Reserva Federal se ejerce a través del control de la dirección del Banco de la Reserva Federal de New York.*

104

Royal Institute of International Affaires en Londres. Los principales funcionarios del Gobierno de Inglaterra y Estados Unidos eran escogidos de entre sus miembros. En los años sesenta, cuando la atención se creciente se centró en las subrepticias actividades de Gobierno del Council on Foreign Relations, grupos subsidiarios, conocidas como la Comisión Trilateral y Bilderberg representan intereses financieros idénticos y empezaron sus operaciones, con los funcionarios más importantes, como Robert Roosa, siendo miembros todos de los tres grupos.

George F. Peabody, "Historia de las Grandes Fortunas Americanas", Gustavus Myers, Mod. Lib. 537, nota que el padre de J.P. Morgan, Junius S. Morgan, se había vuelto socio de George Peabody en el negocio bancario. *Cuando la Guerra Civil llegó, se nombró a George Peabody & Co., representante financiero en Inglaterra del Gobierno americano.... con este nombramiento sus riquezas empezaron a aumentar de repente; donde hasta aquí no habían unido las riquezas por fases notablemente rápidas, agregaron muchos millones en muy pocos años".*

Según escritores del día, los métodos de George Peabody & Company no sólo eran traición irrazonable sino doble, en eso, mientras el acto de dar ayuda interna al enemigo, George Peabody & Company eran potenciales al Gobierno americano y estaban bien pagos para adelantar sus intereses. "Springfield Republic", 1866: *"Para todos los que saben algo sobre el asunto, sepan muy bien que Peabody y sus socios ni nos dieron ninguna fe ni ninguna ayuda en nuestra lucha por la existencia nacional. Ellos participaron con la más plena deslealtad común inglesa de nuestra causa y nuestro éxito, y hablaron y actuaron por el Sur en lugar de por nuestra nación. Ningún individuo ha contribuido tanto a inundar nuestro mercado de dinero y debilitar la confianza financiera en nuestra nacionalidad, que George Peabody & Company, y ninguno ganó más dinero por la operación. Todo el dinero que Mr. Peabody está regalando tan pródigamente entre nuestras instituciones de aprendizaje fue ganado por las especulaciones de su casa sobre nuestros infortunios".*

También, New York Times, Oct. 31, 1866: (Reconstruction Carpetbaggers Money Fund. Lightning over the Treasury Building, John Elson, Meadow Publishing Co., Boston 41, pg. 53): *"El Banco de Inglaterra con sus bancos subsidiarios en América (bajo dominación de J.P. Morgan) el Banco de Francia, y el Reichsbank de Alemania, componen un enclavado y cooperativo sistema bancario, el objetivo principal del cual era la explotación del pueblo".*

Según William Guy Carr, en "Peones En El Juego",[62] la reunión inicial de estos proyectistas ex officio tuvo lugar en local de orfebrería de oro de Mayer Amschel Bauer en Frankfurt en 1773. Bauer adoptó el nombre de "Rothschild" o Escudo Rojo, del escudo rojo que colgó sobre de puerta para anunciar su negocio (El escudo rojo hoy es el escudo de armas oficial de la Ciudad de Frankfurt): (Ver Tapa) *"tenía sólo treinta años de edad cuando invitó a doce otros hombres adinerados y influyentes a encontrarse en Frankfurt. Su propósito era convencerlos que si estuvieran de acuerdo en agrupar sus recursos podrían entonces financiar y controlar el Movimiento Revolucionario Mundial y podrían usarlo como su Manual de Acciones para ganar el último control de la riqueza, recursos naturales y mano de obra del mundo entero. Del acuerdo alcanzado, Mayer desplegó su plan revolucionario. El proyecto sería respaldado por todo el poder que podría comprarse con sus recursos agrupados. Por la diestra manipulación de su riqueza combinada sería posible crear tales condiciones económicas adversas que las masas serían reducidas a un estado que orillaba en la inanición por desempleo... Sus propagandistas pagos despertarían sentimientos de odio y venganza contra las clases gobernantes exponiendo todos los casos reales y alegados de extravagancia, conducta licenciosa, injusticia, opresión y persecución. Ellos también inventarían infamias para llevar al descrédito de otros poderes, si exclusivamente los dejaban interferir con*

---

[62] William Guy Carr, *Pawns In The Game*, privately printed, 1956.

sus planes globales... Rothschild se volvió a un manuscrito y procedió leer un plan de acciones cuidadosamente preparado.

1. Él defendió que LEY sólo era FUERZA disimulada. Él razonó que era lógico concluir 'Por las leyes de la naturaleza, que el derecho está en la fuerza'.

2. La libertad política es una idea, no un hecho. Para usurpar el poder político todo lo que era necesario era predicar Liberalismo así el electorado, por causa de una idea, rinda algo de su poder y prerrogativas que entonces los conspiradores podrían recoger en sus manos'.

3. El portavoz afirmó que el Poder de Oro había usurpado el poder de los gobernantes Liberales.... Él señaló que era inmaterial al éxito de su plan si los gobiernos establecidos fueran destruidos por enemigos externos o internos porque el vencedor tenía que pedir el Capital por necesidad de ayuda, el 'cual está por completo en nuestras manos'.

4. Él defendió que el uso de cualquiera y todos los medios para alcanzar su meta final estaba justificado sobre las bases que el gobernante por el código moral no era un político experimentado porque quedaba vulnerable y en una posición inestable.

5. Él afirmó que 'Nuestras derecho está en la fuerza. La palabra DERECHO es un pensamiento abstracto y no demuestra nada. Yo encuentro un nuevo DERECHO... para atacar por la Ley del Fuerte, para reconstruir todas las instituciones existentes, y para volverse el Señor soberano de todos aquéllos que nos dejaron los Derechos en sus poderes extendiéndolos a nosotros en su liberalismo.

6. El poder de nuestros recursos debe permanecer invisible hasta el mismo momento cuando ha ganado tal fuerza que ninguna destreza o fuerza puede minarlo.

7. Él siguió para perfilar veinticinco puntos.

El Número 8 trata con el uso de licores alcohólicos, drogas, corrupción moral, y todo vicio para sistemáticamente corromper la juventud de todas las naciones.

9. Ellos tenían derecho a tomar la propiedad por cualquier medio, y sin vacilación, si haciendo así afianzaran la sumisión y soberanía.

10. Nosotros fuimos el primero en poner los eslóganes de Libertad, Igualdad, y Fraternidad en las bocas de las masas que prepararon una nueva aristocracia. La calificación para esta aristocracia es RIQUEZA que es dependiente de nosotros.

11. Deben dirigirse las guerras así que las naciones comprometidas en ambos lados deben ser dependientes en nuestra deuda.

12. Los Candidatos para las oficinas públicas deben ser serviles y obedientes a nuestras órdenes, así pueden usarse prontamente.

13. Propaganda - sus riquezas combinadas controlarían todas las fuentes de información pública.

14. Los pánicos y las depresiones financieras producirían finalmente al Gobierno del Mundo, un nuevo orden de un gobierno mundial".

La familia Rothschild ha jugado un papel crucial en las finanzas internacionales durante dos siglos, como Frederick Morton, escribe en "The Rothschilds": *"Durante los últimos ciento cincuenta años de la historia de la Casa de Rothschild ha sido en una magnitud asombrosa la historia entre bastidores de Europa Occidental".* (38) (Prólogo)... Debido a su éxito no haciendo préstamos a individuos sino a naciones, cosecharon grandes ganancias, aunque como escribe Morton, pág. 36, *"Alguien dijo una vez que la riqueza de Rothschild consiste en la quiebra de las naciones"*.[63]

E.C. Knuth escribe, en "El Imperio de la City": *"El hecho que la Casa de Rothschild ganó su dinero en las grandes caídas y las grandes guerras de la historia, los mismos períodos cuando otros perdieron su dinero, está más allá de la cuestión"*.[64]

La Gran Enciclopedia soviética, dice: *"El ejemplo más claro de una ligazón personal (consejos de administración internacionales) en escala europea occidental es la familia Rothschild. Las sucursales Londres y París de los Rothschild no están ligadas sólo por lazos de familia sino también por eslabones personales en compañías conjuntamente controladas"*.[65] La enciclopedia describió estas Compañías como monopolios internacionales.

El señor de la familia, Mayer Amschel Rothschild, estableció un pequeño negocio como cambista de moneda en Frankfurt en 1743. Aunque previamente conocido como Bauer[66], él anunció su profesión poniendo como señal un águila pintada en un escudo rojo, una adaptación del escudo de armas de la ciudad de Frankfurt al que él agregó cinco flechas doradas que sostienen las garras y significan a sus cinco hijos. Debido a esta señal, él tomó el nombre "Rothschild" o "Escudo Rojo".

Cuando el Elector de Hesse ganó una fortuna alquilando mercenarios de Hesse a los británicos, para derrotar la rebelión en las colonias americanas, a Rothschild se le confió este dinero para

---

[63] Frederick Morton, *The Rothschild*, Fawcett Publishing Company, N.Y., 1961.

[64] E.C. Knuth, *Empire of the City*, p. 71.

[65] *Great Soviet Encyclopaedia*, Edition 3, 1973, Macmillan, London, Vol. 14, pg. 691.

[66] "El nombre original de Rothschild era Bauer"

invertir. Él hizo para ambos una ganancia excelente para él y el Elector, y atrajo otras cuentas. En 1785 se mudó a una casa más grande, 148 Judengasse, casa de cinco pisos conocida como "El Escudo Verde" qué compartió con la familia Schiff.

Los cinco hijos establecieron sucursales en las ciudades principales de Europa, los más exitosos, James en París y Nathan Mayer en Londres. Ignatius Balla en "El Romance de los Rothschild"[67] nos dice cómo el Rothschild de Londres estableció su fortuna.

Él fue a Waterloo, donde el destino de Europa se mantuvo el equilibrio, vio que Napoleón estaba perdiendo la batalla, y de prisa volvió a Bruselas. En Ostende intentó contratar un barco a Inglaterra, pero debido a una tormenta furiosa nadie estaba deseoso de salir. Rothschild ofreció 500 francos, luego 700, y finalmente 1,000 francos por un barco. Un marinero dijo: *"yo lo llevaré por 2000 francos; así por lo menos mi viuda tendrá algo si nos hundimos"*. A pesar de la tormenta, cruzaron el Canal. La próxima mañana, Rothschild estaba en su puesto usual en el London Exchange. Todos notaron cuan pálido y agotado se veía. De repente, él empezó vendiendo y descargando cantidades grandes de seguridades. El pánico barrió inmediatamente al Exchange. Rothschild está vendiendo; él sabe que hemos perdido la Batalla de Waterloo. Rothschild y todos sus agentes conocidos continuaron tirando seguridades al mercado. Balla dice, *"Nada podría detener el desastre. Al mismo tiempo él estaba comprando calladamente todas las seguridades por medio de agentes secretos a quienes nadie conocía. En un solo día, él había ganado casi un millón*

---

[67] Ignatius Balla, *The Romance of the Rothschild*, Everleigh Nash, London, 1913.

de esterlinas y había dado lugar al refrán: 'Los Aliados ganaron la Batalla de Waterloo, pero realmente era Rothschild quien ganó'."[68]

En "Las Ganancias de Guerra", Richard Lewinsohn dice: "*las ganancias de guerra de Rothschild desde las Guerras Napoleónicas financiaron más tarde sus especulaciones accionarias. Bajo Metternich, Austria después de larga vacilación, estaba de acuerdo finalmente en aceptar la dirección financiera de la Casa Rothschild*".[69]

Después del éxito de su hazaña de Waterloo, Nathan Mayer Rothschild ganó el control del Banco de Inglaterra para su monopolio cercano de "Consols" y otras acciones. Varios bancos "centrales", o bancos que tenían poder para emitir dinero, había comenzado en Europa: El Banco de Suecia, en 1656 que empezó a emitir notas en 1661, el más temprano era el Banco de Ámsterdam que financió la toma del poder de Oliver Cromwell en Inglaterra en 1649, ostensiblemente debido a las diferencias religiosas. Cromwell murió en 1657 y el trono de Inglaterra se restableció cuando Charles II fue coronado en 1660. Él murió en 1685. En 1689, el mismo grupo de banqueros recobró el poder en Inglaterra poniendo al Rey William de Orange en el trono. Él

---

[68] The New York Times, el 1 de abril de 1915 informó que en 1914, el Barón Nathan Mayer de Rothschild fue a la Corte para suprimir el libro de Ignatius Balla sobre las bases que la historia de Waterloo sobre su abuelo era falsa y difamatoria. La corte sentenció que la historia era verdad, desechó la demanda de Rothschild y ordenó que pagara todos los costos. The New York Times notó en esta historia que "*La riqueza total de Rothschild se ha estimado en $2 mil millones.*" Una historia anterior en The New York Times (27 de mayo de 1905) notó que el Barón Alphonse de Rothschild, cabeza de la casa francesa de Rothschild, poseyó $60 millones en seguridades americanas en su fortuna, aunque los Rothschild no eran reputadamente activos en el campo americano. Esto explica por qué su agente, J.P. Morgan, tenía sólo $19 millones en seguridades en su propiedad cuando él murió en 1913, y los efectos manejados por Morgan realmente fueron poseídos por su patrón, Rothschild".

[69] Richard Lewinsohn, *The Profits of War*, E.P. Dutton, 1937.

pronto reembolsó a sus apoyos ordenando a la Tesorería británica pedir prestado 1,250,000 libras de estos banqueros. Él también les emitió una Real Carta constitucional para el Banco de Inglaterra que permitió consolidar la deuda Nacional (qué simplemente había sido creada por este préstamo) y para afianzar los pagos de interés y capital por imposición de contribuciones directas del pueblo.

La Carta constitucional les prohibió a los orfebres privados que guardaran oro y emitan recibos, lo que les dio un monopolio del dinero a los accionistas del Banco de Inglaterra. Los orfebres también fueron compelidos a guardar su oro en bóvedas del Banco de Inglaterra.[70] No sólo tenía su privilegio de emitir moneda corriente siendo dado por decreto del gobierno, sino que sus fortunas se cayeron ahora sobre aquéllos a los que habían suplantado.

En sus "Cantos", 46; 27, Ezra Pound se refiere a los únicos privilegios que William Paterson anunció en su prospecto para la Carta constitucional del Banco de Inglaterra: *"Dijo Paterson tengan beneficios de interés en todas las monedas que, el banco, crea de la nada"*. La *"nada"* a qué se refiere, por supuesto, es la operación de asientos contables del banco que "crea" dinero entrando en una anotación que le ha "prestado" a usted mil dólares, dinero que no existió hasta que el banco hizo la entrada.

En 1698, la Tesorería británica debía 16 millones de libras esterlinas al Banco de Inglaterra. Para 1815, principalmente debido al interés compuesto, la deuda había subido a 885 millones de libras esterlinas. Algo de este aumento era debido a las guerras que habían florecido durante ese periodo, incluso las Guerras

---

[70] NOTA: En los Estados Unidos, después que los accionistas del Sistema de la Reserva Federal habían consolidado su poder en 1934 nuestro gobierno también emitió órdenes que los ciudadanos privados no podrían guardar o tener oro.

Napoleónicas y las guerras que Inglaterra había luchado para retener su Colonia americana.

El propio William Paterson (1658-1719) se benefició poco de *"las monedas que el banco crea de la nada"*, cuando se retiró, un año después de que fue fundado, luego de una discordancia política, del Banco de Inglaterra. Un William Paterson más tarde se volvió uno de los forjadores de la Constitución de Estados Unidos, mientras el nombre es en adelante, pernicioso como el propio banco central.

Paterson se había vuelto incapaz de trabajar con los accionistas del Banco de Inglaterra. Muchos permanecían anónimos, pero una descripción temprana del Banco de Inglaterra lo declaró *"Una sociedad de casi 1330 personas, incluso el Rey y Reina de Inglaterra que tenían 10,000 libras en acciones, el Duque de Leeds, el Duque de Devonshire, el Conde de Pembroke, y el Conde de Bradford"*.

Debido a su éxito sobre sus especulaciones, el Barón Nathan Mayer 'de' Rothschild, como se llamó, reinaba ahora como el supremo poder financiero en Londres. Él exclamó arrogantemente, durante una fiesta en su mansión: *"yo no me preocupo de qué títere se pone en el trono de Inglaterra para gobernar el Imperio en el nunca se pone el sol. El hombre que controla los suministros de dinero de Gran Bretaña controla el Imperio británico, y yo controlo el suministro de dinero británico"*.

Su hermano James en París también había logrado el dominio de las finanzas francesas. Sobre el Barón Edmond de Rothschild, David Druck escribe: *"Las riquezas de (James) Rothschild habían alcanzado 600 millones de marcos. Sólo un hombre en Francia poseyó más. Ése era el Rey cuya riqueza era 800 millones. La riqueza sumada de todos los banqueros en Francia era 150 millones menos que la de James Rothschild. Esto le dio naturalmente poderes incalculables, incluso la magnitud de derribar los gobiernos siempre que él eligiera hacerlo. Es bien conocido por ejemplo, que derrocó al Gabinete del primer ministro Thiers".[71]*

La expansión de Alemania bajo Bismarck fue acompañada por su dependencia de Samuel Bleischroder, banquero de la Corte del Emperador prusiano que había sido conocido como agente de Rothschild desde 1828. El más tarde Canciller de Alemania, Dr. von Bethmann Hollweg, era hijo de Moritz Bethmann de Frankfurt que se habían inter-casado con los Rothschild. El Emperador Wilhelm I también confió pesadamente en Bischoffsheim, Goldschmidt y Sir Ernest Cassel de Frankfurt que emigró a Inglaterra y se hizo banquero personal del Príncipe de Gales, más tarde Edward VII. La hija de Cassel se casó con Lord Mountbatten, dándole una relación directa a la familia a la presente Corona británica.

Josephson[72] dice que Philip Mountbatten estaba relacionado por los Cassel a los Meyer Rothschild de Frankfurt. Así, la Casa real inglesa de Windsor tiene relación familiar directa con los Rothschild. En 1901, cuando el hijo de la Reina Victoria, Edward, se volvió el Rey Edward VII, restableció los lazos con los Rothschild. Paul Emden en "Detrás del Trono" dice: *"La preparación de Edward para su metier era bastante diferente de la de su madre, desde que él 'gobernó' menos de lo que ella lo hizo. Agradecidamente, él tuvo alrededor de él hombres que habían estado con él en la época de la construcción del ferrocarril de Bagdad ... agregó al personal asesor a Leopold y Alfred de Rothschild, varios miembros de la familia Sassoon, y ante todo a su consejero financiero privado Sir Ernest Cassel".[73]*

---

[71] David Druck, *Baron Edmond de Rothschild*, (Privately printed), N.Y. 1850.

[72] E.M. Josephson, *The Strange Death of Franklin D. Roosevelt*, pg. 39, Chedney Press, N.Y. 1948.

[73] Paul Emden, *Behind The Throne*, Hoddard Stoughton, London, 1934.

La fortuna enorme que Cassel hizo en un tiempo relativamente corto le dio un inmenso poder que nunca empleó mal. Él amalgamó la empresa Vickers & Sons con la Naval Construction Company y la Maxim-Nordenfeldt Guns & Ammunition Company, una fusión de la que se levantó la empresa mundial de Vickers Sons & Maxim.

En capacidad completamente diferente de Cassel, estaban hombres de negocios como los Rothschild. La empresa se dirigió sobre principios demócratas, y todos los socios tenían que ser miembros de la familia. Con gran hospitalidad y de una manera magnífica llevaron las vidas de gran seigneurs, y era natural que Edward VII debiera congeniar con ellos. Gracias a sus relaciones familiares internacionales y conexiones de negocios aún más extensas, conocían del mundo entero, sobre todo estaban bien informados y tenían conocimiento fiable de materias que no aparecían en la superficie. Esta combinación de finanzas y política había sido una marca de fábrica de los Rothschild del mismo principio. La Casa Rothschild siempre supo más de lo que podría encontrarse en los papeles y más aun de lo que podría leerse en los informes que llegaron a la Foreign Office.

También en otros países las relaciones de los Rothschild se extendieron detrás del trono. Hasta que numerosas publicaciones diplomáticas aparecidas años después de la guerra hicieron a un público más amplio saber qué fuertemente la mano de Alfred Rothschild afectó la política de Europa Central durante los veinte años antes de la guerra (Primera Guerra Mundial)".

Con el control del dinero vino el control de los medios de comunicación. Kent Cooper, cabeza de Associated Press, escribe en su autobiografía, "Barreras Abajo": *"Los banqueros internacionales bajo la Casa de Rothschild adquirieron un interés en las tres principales agencias europeas".* Así los Rothschild compraron el control de Reuters International News Agency, basada en

Londres, Havas de Francia, y Wolf en Alemania que controlaban la diseminación de todas las noticias en Europa.[74]

En "Dentro de Europa"[75], John Gunther escribió en 1936 que cualquier primer ministro francés, a final de 1935, era una criatura de la oligarquía financiera, y que esta oligarquía financiera era dominada por doce regentes, de los cuales seis eran banqueros, y era encabezada por el Barón Edmond de Rothschild. La garra de hierro de la "Conexión Londres" sobre los medios de comunicación fue expuesta en un reciente libro por Ben J. Bagdikian "El Monopolio de los Medios de comunicación", quien describió como *"Un informe sorprendente sobre las 50 corporaciones que controlan lo que América ve, oye, lee"*.[76]

Bagdikian que editaba la revista más influyente de la nación, el Saturday Evening Post de repente y hasta que el monopolio lo cerró, revela los consejos de administración enclavados entre las cincuenta corporaciones que controlan las noticias, pero no los rastrea hasta las cinco casas bancarias de Londres que los controlan. Él menciona enclaves de CBS con el Washington Post, Allied Chemical, Wells Fargo Bank y otros, pero no le dice al lector que Brown Brothers Harriman controla CBS, o que la familia de Eugene Meyer (Lazard Freres) controla Allied Chemical y el Washington Post, y Kuhn Loeb Co. a Wells Fargo Bank. Él muestra The New York Times enclavado con Morgan Guaranty Trust, American Express, First Boston Corp. y otros, pero no muestra los enclaves bancarios. Él no menciona el Sistema de la Reserva Federal en su todo su libro que es eminente por su ausencia.

---

[74] Kent Cooper, *Barriers Down*, pg. 21.

[75] John Gunther, *Inside Europe*, 1936.

[76] Ben H. Bagdikian, *The Media Monopoly*, Beacon Press, Boston 1983.

Bagdikian documenta que el monopolio de los medios de comunicación es más firmemente cerrado que los periódicos y revistas. Washington D.C., con un diario, The Washington Post, es único entre las capitales del mundo. Londres tiene once periódicos diarios, París catorce, Roma dieciocho, Tokio diecisiete y Moscú nueve.

Él cita un estudio de 1982 de la World Press Encyclopaedia que los Estados Unidos están en el fondo de las naciones industriales en número de periódicos diarios vendidos por 1,000 de población. Suecia encabeza la lista con 572, Estados Unidos están en el fondo con 287. Hay desconfianza universal de los medios de comunicación por parte de los americanos, debido a su monopolio notorio y prejuicio. Los medios de comunicación unánimemente impulsan impuestos más altos sobre las personas trabajadoras, más gasto gubernamental, un estado de bienestar con poderes totalitarios, relaciones cercanas con Rusia, y una denuncia rabiosa de cualquiera que se opone al Comunismo. Es el programa de la "Conexión Londres"

Hace ondear un racismo maníaco, y tiene como su lema el dictum de su alta sacerdotisa, Susan Sontag: *"La raza blanca es el cáncer de la historia"*. Todos debemos estar contra el cáncer. El monopolio de los medios de comunicación trata a sus antagonistas en una de dos maneras; cualquier ataque fronterizo al libelo que la persona media no puede permitirse el lujo de litigar, o una cortina de hierro de silencio, tratamiento normal para cualquier trabajo que expone sus actividades clandestinas.

Aunque el plan Rothschild no empareja solo movimiento político o económico desde que se enunció en 1773, pueden discernirse partes vitales de él en toda la revolución política desde esa fecha. LaRouche[77] puntualiza que la Round Table patrocinó el Socialismo Fabiano en Inglaterra, mientras respaldaba al régimen nazi por un miembro de la Round Table en Alemania, el Dr. Hjalmar Schacht, y que usaron al Gobierno Nazi en la Segunda Guerra Mundial por un miembro de la Round Table, el Almirante Canaris, mientras Allen Dulles ejecutaba la operación de inteligencia colaborando en Suiza para los Aliados.

---

[77] Lyndon H. LaRouche, Jr., *Dope, Inc.*, New Benjamin Franklin House Publishing Co., New York, 1978.

CAPÍTULO SEIS

LA CONEXIÓN LONDRES

"Así usted ve, mi estimado Coningsby que el mundo es gobernado por personajes muy diferentes de lo que es imaginado por los que no están detrás de la escena'.[78] - Disraeli, primer ministro de Inglaterra durante el reino de la Reina Victoria.

En 1775, los colonos de América declararon su independencia de Gran Bretaña, y seguidamente ganaron su libertad por la Revolución americana. Aunque ellos lograron la libertad política, la independencia financiera demostró ser una cuestión más difícil. En 1791, Alejandro Hamilton, en lo mejor de los banqueros europeos, formó el First Bank of the United States, un banco central con muchos de los mismos poderes del Banco de Inglaterra. Las influencias extranjeras detrás de este banco, más de un siglo después, pudieron lograr el Acta de la Reserva Federal del Congreso y les dio por fin el banco central de emisión para nuestra economía.

Aunque el Banco de la Reserva Federal no es Federal, siendo poseído por accionistas privados, ni una Reserva, porque se pensó para crear dinero, en lugar de tenerlo en reserva, logró un poder financiero enorme, tanto así que reemplazó gradualmente al gobierno elegido por el pueblo de los Estados Unidos. A través del Sistema de la Reserva Federal, la independencia americana fue

---

[78] *Coningsby,* by Disraeli, Longmans Co., London, 1881, p. 252.

furtiva pero invenciblemente absorbida de vuelta a la esfera de influencia británica. Así la Conexión Londres se hizo el árbitro de política de los Estados Unidos.

Debido a la pérdida de Inglaterra de su imperio colonial después de la Segunda Guerra del Mundo, parecía que su influencia como poder político mundial estaba menguando. Esencialmente, esto era verdad. La Inglaterra de 1980 no es la Inglaterra de 1880. Ella ya no gobierna las olas; es de segunda clase, quizás el poder de poca calidad, militar, pero paradójicamente, cuando su poder político y militar menguaba, su poder financiero creció. En Capital City encontramos: *"En casi cualquier medida que usted toma, Londres es el centro financiero director del mundo... En los 1960s la dominación de Londres aumentó..."*[79]

Una explicación parcial de este hecho se da: *"Daniel Davison, cabeza del Morgan Grenfell de Londres, dijo: 'Los bancos americanos han traído el dinero necesario, clientes, capital, y habilidades que han establecido a Londres en su superioridad presente... sólo los bancos americanos tienen un prestamista de último recurso. La Mesa de la Reserva Federal de los Estados Unidos puede, y lo hace, crean dólares cuando es necesario. Sin los americanos, los grandes contratos de dólares no pueden reunirse. Sin ellos, Londres no sería creíble como centro financiero internacional"*.[80]

Así Londres es el centro financiero del mundo, porque puede ordenar las enormes sumas de capital, creadas a su orden por la Mesa de la Reserva Federal de los Estados Unidos. ¿Pero cómo es esto posible? Nosotros ya hemos establecido que las políticas monetarias de los Estados Unidos, tasa de interés, volumen y valor de dinero, ventas de bonos, se decide, no por la figura cabeza de la

---

[79] McRae and Cairncross, *Capital City*, Eyre Methuen, London, 1963, p. 1.
[80] Ibid, p. 225.

Mesa de Gobernadores de la Reserva Federal, sino por el Banco de la Reserva Federal de New York. La pretendida descentralización del Sistema de la Reserva Federal y sus doce, igualmente autónomos bancos "regionales", es y ha sido un engaño desde que el Acto de la Reserva Federal se volvió ley en 1913. Que la política monetaria de Estados Unidos proviene solamente del Banco de la Reserva Federal de New York es aún otra falacia. Que el Banco de la Reserva Federal de New York es autónomo, y libre para establecer la política monetaria para todos los Estados Unidos sin ninguna interferencia externa es especialmente falso. Podríamos creer en esta autonomía si nosotros no sabemos que la mayoría de acciones del Banco de la Reserva Federal de New York fue comprada por Bancos de la ciudad de New York Ciudad: First National Bank, National City Bank y National Bank of Commerce. Un examen de los accionistas principales en estos bancos, en 1914, y hoy, revela una conexión directa de Londres.

En 1812, el National City Bank empezó su negocio como City Bank, en el mismo cuarto en que el difunto Bank of the United States cuya carta constitucional había expirado, había estado haciendo negocios. Representaba muchos de los mismos accionistas que estaban operando ahora bajo una legítima carta constitucional americana. Durante los tempranos 1800, el nombre más famoso asociado con City Bank era Moses Taylor (1806-1882). El padre de Taylor había sido agente secreto empleado en compras de propiedades para los intereses Astor mientras ocultaba el hecho que Astor era el comprador. Por este táctica, Astor tuvo éxito comprando muchas granjas y también muchos potencialmente valiosos bienes raíces en Manhattan. Aunque el capital de Astor fue reputado para venir de su comercio de pieles, varias fuentes indican que también representaba intereses extranjeros.

LaRouche[81] dice que Astor, a cambio de proporcionar inteligencia a los británicos durante años, antes y después de la Guerra Revolucionaria, para incitar a los indios a atacar y matar colonos americanos a lo largo de la frontera, recibió un buen premio. No se le pagó en dinero en efectivo, sino que se le dio un porcentaje del comercio de opio británico con China. Fue el ingreso de esta lucrativa concesión que dio la base de la fortuna Astor.

Con la conexión de su padre con los Astor, el joven Moses Taylor no tuvo dificultad en encontrar un lugar como aprendiz en una casa bancaria a los 15 años.

Como tantos otros en estas páginas, encontró sus más grandes oportunidades cuando muchos otros americanos estaban quebrando durante una reducción abrupta del crédito. Durante el Pánico de 1837, cuando más de la mitad las firmas comerciales en New York quebraron, él duplicó su fortuna. En 1855, llegó a presidente del City Bank. Durante el Pánico de 1857, el City Bank ganó con la quiebra de muchos de sus competidores.

Como George Peabody y Junius Morgan, Taylor parecía tener amplio suministro de dinero en efectivo para comprar acciones depreciadas. Él compró casi todas las acciones de Delaware Lackawanna Railroad a $5 la acción. Siete años después, estaba vendiendo a $240 la acción. Moses Taylor tenía ahora cincuenta millones de dólares. En agosto de 1861, Taylor fue nombrado Presidente del Comité del Préstamo para financiar al Gobierno de la Unión en la Guerra Civil. El Comité asustó a Lincoln ofreciendo al gobierno $5.000.000 al 12% para financiar la guerra. Lincoln se negó y financió la guerra emitiendo los famosos "Billetes de banco" a través de la Tesorería americana que

[81] Lyndon H. LaRouche, *Dope, Inc.*, New Benjamin Franklin House Publishing Co., N.Y. 1978.

estaban respaldados por oro. Taylor continuó aumentando su fortuna a lo largo de la guerra, y años más tarde, el juvenil James Stillman se volvió su protégé. En 1882, cuando Moses Taylor murió, dejó setenta millones de dólares.[82] Su yerno, Percy Pyne, lo sucedió como presidente del City Bank que se había vuelto ahora National City Bank.

Pyne estaba paralizado, y pudo escasamente funcionar en el banco. Durante nueve años, el banco se estancó, casi todo su capital era propiedad de Moses Taylor. William Rockefeller, hermano de John D. Rockefeller, había comprado acciones en el banco, y estaba ansioso de verle progresar. Él persuadió a Pyne para poner a su lado a James Stillman en 1891, y pronto el National City Bank se volvió el depósito principal del ingreso petrolero de Rockefeller. El hijo de William Rockefeller, William, se casó con Elsie, la hija de James Stillman: Isabel.

Como tantos otros banqueros de New York, James Stillman tenía también una conexión británica. Su padre, Don Carlos Stillman, había venido a Brownsville, Texas, como agente británico y trasgresor de asedio durante la Guerra Civil. Por sus conexiones bancarias en New York, Don Carlos había podido encontrar un lugar para doscientos millones de dólares de seguridades confiadas a él y su hijo como aprendiz en una casa bancaria. Es quizás debido a él más que cualquier otro hombre que el gobierno en 1861 encontró los medios para proseguir la guerra.

En 1914, cuando el National City Bank compró casi 10% de acciones del Banco de la Reserva Federal de New York recién organizado, dos de los nietos de Moses Taylor, Moses Taylor Pyne y Percy Pyne, poseyeron 15,000 acciones del National City. El

---

[82] The New York Times notó el 24 de mayo de 1882 que Moses Taylor era presidente del Comité del Préstamo de los Bancos Asociados de la Ciudad de New York en 1861.

hijo de Moses Taylor, H.A.C. Taylor, poseyó 7699 acciones de National City Bank. El abogado del banco, John W. Sterling, de la empresa Shearman y Sterling, también poseyó 6000 acciones de National City Bank.

Sin embargo, James Stillman poseyó 47,498 acciones, o casi 20% de las acciones del total del banco de 250,000. [Vea Mapa I]

El segundo comprador de acciones más grande de Banco de la Reserva Federal de New York en 1914, First National Bank, era generalmente conocido como "Morgan Bank", debido a la representación de Morgan en la mesa, aunque el fundador del banco George F. Baker tuvo 20,000 acciones, y su hijo G.F. Baker, Jr, tenía 5,000 acciones por 25% de las acciones del total del banco de 100,000 acciones. La hija de George F. Baker se casó con George F. St.George de Londres.

Los St. George se establecieron después en Estados Unidos, donde su hija, Katherine St. George, fue congresista prominente durante varios años. El Dr. E.M. Josephson escribió de ella: *"La Señora St. George, prima en primer grado de FDR y el New Deal, dijo; la Democracia un fracaso"*.[83]

La hija de George Baker, Jr., Edith Brevoort Baker, se casó con el nieto de Jacob Schiff, John M. Schiff, en 1934. John M. Schiff es ahora presidente honorario de Lehman Brothers Kuhn Loeb Company.

La tercera compra grande de acciones del Banco de la Reserva Federal de New York en 1914 fue el National Bank of Commerce que suscribió 250,000 acciones. J.P. Morgan, por su interés controlante en Equitable Life que también tenía 24,700 acciones y

---

[83] E.M. Josephson, *The Strange Death of Franklin D. Roosevelt*, Chedney Press, N.Y. 1948.

la Mutual Life que tenía 17,294 acciones de National Bank of Commerce y otras 10,000 acciones de National Bank of Comerse, tuvieron para J.P. Morgan & Co. (7800 acciones), J.P. Morgan, Jr. (1100 acciones), y el socio de Morgan, H.P. Davison (1100 acciones).

Paul Warburg, Gobernador de la Mesa de Gobernadores de la Reserva Federal, también tuvo 3000 acciones de National Bank of Commerce. Su socio, Jacob Schiff tenía 1,000 acciones del National Bank of Commerce. Este banco estaba controlado claramente por Morgan que realmente era una subsidiaria de Junius S. Morgan Co. de Londres, N.M. Rothschild & Sons de Londres, y Kuhn, Loeb Company que también era conocido como agente principal de los Rothschild.

El financiero Thomas Fortune Ryan también tuvo 5100 acciones de National Bank of Commerce en 1914. Su hijo, John Barry Ryan, se casó con la hija de Otto Kahn, Kahn era socio de Warburg y Schiff en Kuhn, Loeb Company, la nieta de Ryan, Virginia Fortune Ryan, se casó con Lord Airlie, cabeza actual de J. Henry Schroder Banking Corp. en Londres y New York.

Otro director de National Bank of Commerce en 1914, D.C. Juillard, era presidente de AD Juillard Company, fideicomisario New York Life, y Guaranty Trust todos los cuales eran controlados por J.P. Morgan.

Juillard también tenía una conexión británica y era director de North British and Mercantile Insurance Company. Juillard poseyó 2000 acciones de National Bank of Commerce y también era director de Chemical Bank.

En "Los Barones Ladrones", Matthew Josephson nos dice que Morgan dominó New York Life, Equitable Life y Mutual Life para 1900 y que tenían mil millones dólares en recursos y cincuenta millones de dólares al año para invertir. Él dice: "*En esta campaña de alianzas secretas él (Morgan) adquirió el control directo del National Bank of Commerce; luego una parte en propiedad del First National Bank, aliándose al muy fuerte y conservador financiero, George F. Baker quien lo encabezaba; entonces por medio de la propiedad accionaria y consejos entrecruzados de administración él unió a los bancos llamados primeros y otros principales, el Hannover, el Liberty y Chase".*[84]

Mary W. Harriman, viuda de E.H. Harriman, también poseyó 5,000 acciones de National Bank of Commerce en 1914. El imperio de ferrocarril Harriman había sido completamente financiado por Jacob Schiff de Kuhn, Loeb Company.

Levi P. Morton también poseyó 1500 acciones de National Bank of Commerce en 1914. Él había sido el vigésimo segundo vicepresidente de Estados Unidos, era un ex-ministro de EE.UU. en Francia, y presidente de L.P. Morton Company, New York, Morton-Rose & Co. y Morton Chaplin de Londres. El era director de Equitable Life Insurance Company, Home Insurance Company, Guaranty Trust y Newport Trust.

La idea asombrosa que el Sistema de la Reserva Federal de los Estados Unidos actualmente operó desde Londres y al principio quizás se rechazará por la mayoría de los americanos que la oyen. Sin embargo, Minsky se ha vuelto famoso por su teoría del *"marco dominante"*. Él declara que en cualquier situación particular, hay un *"marco dominante"* al que todo en esa situación está relacionado y así puede interpretarse. El *"marco dominante"* en las decisiones de política monetaria del Sistema de la Reserva Federal es que estas decisiones son tomadas por los que están puestos para beneficiar a la mayoría. A primera vista, estos parecerían ser accionistas principales del Banco de la Reserva Federal de New York. Sin embargo, hemos visto que todos estos accionistas tienen

[84] Matthew Josephson, *The Robber Barons*, p. 409.

una "Conexión Londres". La "Conexión Londres" se pone más obvia como poder dominante cuando encontramos en "The Capital City"[85] que sólo a diecisiete empresas se les permite operar como banqueros mercantiles en la City de Londres, el distrito financiero de Inglaterra.

Todos deben ser aprobados por el Banco de Inglaterra. De hecho, la mayoría de los Gobernadores del Banco de Inglaterra son socios de estas diecisiete empresas. Clarke alinea los diecisiete en orden de su capitalización.

Número 2 es el Schroder Bank.

Número 6 es Morgan Grenfell, la sucursal de Londres de la Casa de Morgan y realmente su rama dominante.

Lazard Brothers es Número 8.

N.M. Rothschild es Número 9.

Brown Shipley & Co., rama de Londres de Brown Brothers Harriman, es Número 14. Estas son las cinco empresas banca mercantiles de Londres en control real de la banca de New York que posee el interés controlante del Banco de la Reserva Federal de New York.

El control sobre las decisiones del Sistema de Reserva Federal también se funda en otra única situación. Cada día, representantes de otras cuatro empresas bancarias de Londres se reúnen en las oficinas de N.M. Rothschild & Sons en Londres para fijar el precio de oro durante ese día. Los otros cuatro banqueros son Samuel Montagu Company que se alinea Número 5 en la lista de diecisiete las empresas bancarias de Londres, Sharps Pixley,

---

[85] McRae and Cairncross, *Capital City*, Eyre Methuen, London, 1963.

Johnson Matheson, y Mocatta & Goldsmid. A pesar de la marea grande de dinero de papel y notas que están ahora inundando el mundo, en algún punto, cada extensión del crédito debe volver para estar basada en la banca, en sin embargo minúscula modo, sobre algún depósito de oro en algún banco en alguna parte en el mundo. Debido a este factor, los banqueros mercantiles de Londres, con su poder para fijar el precio de oro cada día, se han hecho los árbitros finales del volumen de dinero y precio del dinero que en esos países que deben doblegarse a su poder.

No el menor de éstos son los Estados Unidos. Ningún funcionario del Banco de la Reserva Federal de New York, o la Mesa de Gobernadores de la Reserva Federal, puede controlar el poder sobre el dinero del mundo que es sostenido por éstos banqueros mercantiles en Londres. Gran Bretaña, mientras mengua su poder político y militar, hoy ejerce el más grande poder financiero. Es por esta razón que Londres es el presente centro financiero del mundo.

CAPÍTULO SIETE

LA CONEXIÓN DE ALEMANIA

J. Henry Schroder Banking Company se lista como Número 2 en capitalización en Capital City[86] en la lista de los diecisiete banqueros mercantiles que constituyen el exclusivo Accepting Houses Committee en Londres. Aunque es casi desconocido en los Estados Unidos, ha jugado gran parte en nuestra historia. Como otros en esta lista, tuvo que ser aprobado primero por el Banco de Inglaterra. Y, como la familia de Warburg, los von Schroder empezaron sus operaciones bancarias en Hamburgo, Alemania. Al final del siglo, en 1900, el Barón Bruno von Schroder estableció la rama de Londres de la empresa. Él pronto fue se unió con Frank Cyril Tiarks, en 1902. Tiarks se casó con Emma Franziska de Hamburgo, y fue director del Banco de Inglaterra desde 1912 a 1945.

Durante la Primera Guerra Mundial, J. Henry Schroder Banking Company jugó un papel importante detrás de la escena. Ningún historiador tiene una explicación razonable de cómo la Primera Guerra Mundial empezó. El Archiduque Ferdinand fue asesinado en Sarajevo por Gavril Princeps, Austria exigió una disculpa de Serbia, y Serbia envió la nota de disculpa. A pesar de esto, Austria declaró la guerra, y pronto las otras naciones de Europa se unieron a la riña. Una vez que la guerra había empezado, se encontró que no era fácil mantenerla en marcha. El problema principal era que Alemania estaba desesperadamente

---

[86] McRae and Cairncross, *Capital City*, Eyre Methuen, London, 1963.

corta de comida y carbón, y sin Alemania, la guerra no podría seguir.

John Hamill en La Extraña Carrera de Mr. Hoover[87] explica cómo el problema fue resuelto.[88] La cita del Nordeutsche Allgemeine Zeitung, 4 de marzo de 1915: *"la Justicia, sin embargo, demanda que debe darse publicidad a la parte preeminente tomada por las autoridades alemanas en Bélgica en la solución de este problema. La iniciativa vino de ellos y fue sólo debido a sus relaciones continuas con el Comité de Alivio americano que la cuestión de las provisiones fue resuelta"*. Hamill señala *"Eso es para lo el Comité de Alivio belga estaba organizado - para mantener comida en Alemania"*.

La Comisión de Alivio belga (Belgian Relief Commission) fue organizada por Emile Francqui, director de un gran banco belga Societe Generale, y una minera de Londres. El promotor, un americano llamado Herbert Hoover que había estado asociado con Francqui en varios escándalos en celebrados casos judiciales, notablemente el escándalo de Kaiping Coal Company en China, por surgir la Rebelión Boxer que tenía como meta la expulsión de todos los hombres de negocios extranjeros de China. Hoover había sido excluido de negociar en la London Stock Exchange debido a un juicio contra él, y su socio, Stanley Rowe, había sido enviado a prisión por diez años. Con estos antecedentes, Hoover fue llamado una opción ideal para una carrera en trabajo humanitario.

---

[87] John Hamill, *The Strange Career of Mr. Hoover*, William Faro, New York, 1931.

[88] Se localizaron copias del libro de Hamill sistemáticamente y destruido por agentes del Gobierno, porque se publicó en la víspera de la campaña de re-elección del Presidente Hoover.

Aunque su nombre es desconocido en los Estados Unidos, Emile Francqui era el espíritu guía detrás del ascenso de Herbert Hoover a la fortuna. Hamill (en página 156) identifica a Francqui como director de muchas atrocidades cometidas contra los nativos del Congo. *"Por cada cartucho que gastaban, tenían que traer la mano de un hombre"*. El espantoso registro de Francqui puede haber sido después la fuente para el cargo levantado contra los soldados alemanes en Bélgica, que cortaban las manos de mujeres y niños, una demanda que demostró ser infundada.

Hamill también dice que Francqui *"engañó a los americanos de la concesión de ferrocarril de Hankow-Cantón en China en 1901, y al mismo tiempo había 'estado' en caso de que Hoover necesitó alguna gran ayuda en la 'toma' de las minas de carbón de Kaiping. Éste es el filántropo que tenía el cargo unipersonal de distribución del alivio 'belga' durante la Guerra Mundial, por la que Hoover hizo compras y envíos. Francqui era director con Hoover, en la Chinese Engineering and Mining Company (la minas de Kaiping) así Hoover transportaba a 200,000 obreros esclavos chinos al Congo para trabajar en las minas de cobre de Francqui"*.

Hamill dice en página 311 que *"Francqui abrió las oficinas del Alivio belga en su banco, Societe Generale, como muestra unipersonal, con una carta de permiso del Gobernador General alemán von der Goltz de fecha 16 de octubre de 1914"*. El New York Herald Tribune del 18 de febrero de 1930, citado por el Diputado Louis McFadden en la Cámara el 26 de febrero de 1930, dijo: *"Uno de los dos directores de Bélgica en el Banco para Pagos Internacionales (Bank for International Settlements) será Emile Francqui del Societe Generale, un miembro de ambos Comités Young y Dawes. La mesa de directores del banco internacional no tendrá ningún carácter más vívido que Emile Francqui, ex Ministro de Finanzas, veterano del Congo y China... él se tasa como el hombre más rico en Bélgica, y entre los doce hombres más ricos en Europa"*.

A pesar de su prominencia el Index de The New York Times menciona a Francqui sólo unas veces durante dos décadas antes de su muerte. El 3 de octubre de 1931, The New York Times citó "Le Peuple de Bruselas" que Francqui visitaría los Estados Unidos. *"Como amigo Monsieur Francqui hará una visita al Presidente Hoover"*.

El 30 de octubre de 1931, The New York Times informó que esta visita con el titular: *"Charla Hoover-Francqui era Extraoficial"*. *"Se declaró que Mr. Francqui pasó la noche del martes como invitado personal del Presidente, y que hablaron en general de problemas financieros mundiales, estrictamente extraoficial. Mr. Francqui era socio del Presidente Hoover durante los suministros tardíos en Bélgica durante la guerra. Su visita no tenía importancia oficial. Mr. Francqui es un ciudadano privado y no comprometido en ninguna misión oficial"*.

Ninguna referencia se hace a las asociaciones comerciales Hoover-Francqui que eran asunto de grandes pleitos en Londres. La visita de Francqui estaba quizás envuelta en la Moratoria Hoover por Deudas de Guerra alemanas que dejaron estupefacto al mundo financiero. El 15 de diciembre de 1931, el Presidente McFadden informó a la Cámara de una edición en Public Ledger de Filadelfia, 24 de octubre de 1931, *"ALEMANES REVELAN SECRETO (DE) HOOVER. El Presidente americano estaba en negociaciones privadas con el gobierno alemán, viendo una 'feria' con respecto a la parte de la deuda de un año ya en diciembre, 1930"*.

McFadden continuó: *"Detrás del anuncio de Hoover había muchos meses de preparaciones con prisa y furtivas en Alemania y oficinas en Wall Street de banqueros alemanes. Alemania, como una esponja, tuvo que ser saturada con dinero americano. El propio Mr. Hoover tuvo que ser elegido, porque este esquema empezó antes de que él se hiciera Presidente. Si los banqueros internacionales alemanes de Wall Street - que son Kuhn Loeb Company, J. & W. Seligman, Paul Warburg, J. Henry Schroder - y sus satélites no habían tenido este* *trabajo esperando ser hecho, Herbert Hoover nunca habría sido elegido Presidente de los Estados Unidos. La elección de Mr. Hoover a la Presidencia fue por la influencia de los hermanos Warburg, directores del gran banco Kuhn Loeb Company que llevó el costo de su elección. A cambio de esta colaboración Mr. Hoover prometió imponer la moratoria de deudas alemanas. Hoover buscó exentar el préstamo de Kreuger a Alemania de $125 millón de operación de la Moratoria Hoover. La naturaleza de la estafa de Kreuger fue conocida aquí en enero cuando él visitó a su amigo, Mr. Hoover, en la Casa Blanca".* No sólo hizo Hoover entrar a Francqui en la Casa Blanca, sino también a Ivar Kreuger, el estafador más famoso del vigésimo siglo.

Cuando Francqui murió el 13 de noviembre de 1935, The New York Times lo conmemoró como *"el rey del cobre del Congo... Mr. Francqui, habiendo ganado el año pasado poderes dictatoriales sobre los belgas, los mantuvo en el patrón oro durante la crisis. En 1891 él dirigió una expedición al Congo y lo conquistó para el Rey Leopold. Un hombre de gran riqueza, estuvo entre los doce hombres más ricos en Europa, él afianzó en los enormes depósitos de cobre. Él fue Ministro de Estado en 1926 y de Finanzas en 1934. Era su orgullo que nunca aceptó un céntimo de remuneración por sus servicios al gobierno. Mientras era cónsul general en Shanghai, afianzó valiosas concesiones, notablemente las minas de carbón de Kaiping y la concesión de vía férrea para el Ferrocarril de Tientsin. Él era gobernador del Societe Generale de Belgique, Lloyd Belge Real y regente de La Banque Nationale de Belgique".*

The Times no menciona las sociedades de negocios de Francqui con Hoover. Como Francqui, Hoover también se negó a una remuneración por "servicio de Gobierno", y como Secretario de Comercio y como Presidente de los Estados Unidos, él devolvió su sueldo al gobierno.

El 13 de diciembre de 1932, Presidente McFadden introdujo una resolución de acusación contra el Presidente Hoover por altos crímenes y delitos menores que las cubiertas de muchas páginas, incluso violación de contratos, dispersión ilegal de recursos financieros de los Estados Unidos y su nombramiento de Eugene Meyer a la Mesa de la Reserva Federal. La resolución se entabló y nunca actuó sobre la Cámara.

Criticando la Moratoria de Hoover de Deudas de Guerra alemanas, McFadden se había referido a los apoyos "alemanes" de Hoover. Aunque todos los principales de la "Conexión Londres" eran originarios de Alemania, la mayoría de ellos de Frankfurt, al momento en que patrocinaron la candidatura de Hoover para la Presidencia de los Estados Unidos, estaban operando desde Londres, como el propio Hoover lo había hecho por la mayoría de su carrera.

Tampoco, la Moratoria Hoover no se pensó en "ayuda" a Alemania, como Hoover nunca había sido *"pro-alemán"*. La Moratoria sobre deudas de guerra de Alemania era necesaria así Alemania tendría fondos para rearmarse. En 1931, los diplomáticos de verdad, mirando a lo lejos, estaban anticipándose a la Segunda Guerra Mundial, y no podría haber ninguna guerra sin *"agresor"*.

Hoover también había llevado a cabo varias promociones de minería en varias partes del mundo como agente secreto de los Rothschild y había sido premiado con la dirigencia en una de las principales empresas de Rothschild, la Río Tinto Mines en España y Bolivia.

Francqui y Hoover se dieron a la tarea aparentemente imposible de abastecer a Alemania durante la Primera Guerra Mundial. Su éxito fue citado en Nordeutsche Allgemeine Zeitung, 13 de marzo de 1915, que notaba que grandes cantidades de comida estaban llegando ahora desde Bélgica por riel. El Anuario Schmoller para Legislación, Administración y Economía Política de 1916, muestras que mil millones de libras de carne, mil millones y medio de libras de patatas, uno mil millones y medio de libras de pan, y se habían enviado ciento veintiún millones de libras de manteca desde Bélgica a Alemania ese año.

Una patriótica mujer británica que había operado un pequeño hospital en Bélgica durante varios años, Edith Cavell, escribió al Nursing Mirror en Londres, 15 de abril de 1915, quejándose que los suministros del "Alivio belga" estaban enviándose a Alemania para alimentar al ejército alemán. Los alemanes no consideraron que Miss Cavell fuera de alguna importancia y no le prestaron ninguna atención, pero el Servicio de Inteligencia británica en Londres se espantó por el descubrimiento de Miss Cavell, y exigieron que los alemán la arresten como espía.

Sir William Wiseman, cabeza de la Inteligencia británica, y socio de Kuhn Loeb Co., temió que la continuación de la guerra estaba en peligro y en secreto notificó a los alemanes que Miss. Cavell debía ser ejecutada. Los alemanes la arrestaron renuentemente y la acusaron con ayudar a escapar a prisioneros de guerra. La pena usual por esta ofensa eran tres meses de cárcel, pero los alemanes se doblegaron a las demandas de Sir William Wiseman, y fusilaron a Edith Cavell, creando así uno de los mártires principales de la Primera Guerra Mundial.

Con Edith Cavell fuera de camino, la operación "Alivio belga" continuó, aunque en 1916, los emisarios alemanes se acercaron de nuevo a funcionarios de Londres con la información que ellos no creyeron que Alemania pudiera continuar las operaciones militares, no sólo debido a la escasez de comida, sino debido a los problemas financieros. Más *alivio de emergencia* fue enviado, y Alemania continuó en guerra hasta noviembre, 1918.

Dos de los ayudantes principales de Hoover eran un ex empleado de barcos de madera de la Costa Oeste, Prentiss Gray, y Julius H. Barnes, vendedor de grano de Duluth. Ambos hombres se volvieron socios en J. Henry Schroder Banking Corp. en New York después de la guerra, y amasaron grandes fortunas, principalmente en grano y azúcar.

Con la entrada de los Estados Unidos en guerra, a Barnes y Gray se les dieron puestos importantes en U.S. Food Administration (Administración de Comida) creada recientemente, que también se puso bajo dirección de Herbert Hoover. Barnes se hizo Presidente de la Corporación de Grano de la U.S. Food Administration desde 1917 a 1918, y Gray era principal de Transporte Marino.

Otro socio de J. Henry Schroder, G. A. Zabriskie, fue nombrado cabeza de la Mesa de Igualación de Azúcar (U.S. Sugar Equalization Board). Así la Conexión Londres controlaba toda la comida en los Estados Unidos a través de sus "Zares" de grano y azúcar durante la Primera Guerra Mundial. A pesar de muchas quejas de corrupción y escándalo en U.S. Food Administration, nadie fue acusado jamás. Luego de la guerra, los socios de J. Henry Schroder Company encontraron que poseían ahora la mayoría de la industria de azúcar de Cuba.

Un socio, M.E. Rionda, era presidente de Cuba Cane Corp., y director de Manati Sugar Company, American British and Continental Corp. y otras empresas. El Barón Bruno von Schroder, socio mayoritario de la empresa, era director de North British and Mercantile Insurance Company. Su padre, el Barón Rudolph von Schroder de Hamburgo, era director de Sao Paulo Coffee Ltd., una de las compañías brasileñas más grandes de café, con FC. Tiarks, también de la firma Schroder.[89]

---

[89] The New York Times notó el 11 de octubre de 1923: *"Franks C. Tiarks, Gobernador del Banco de Inglaterra, pasará dos semanas aquí para preparar la apertura de sucursal de la casa bancaria J. Henry Schroder de Londres."*

Después de la guerra, Zabriskie que había sido Zar del azúcar de los Estados Unidos presidiendo la U.S. Sugar Equalization Board se hizo presidente de algunas de las corporaciones de masa cocida más grandes en los Estados Unidos: Empire Biscuit, Southern Baking Corp., Columbia Baking y otras empresas. Como su ayudante principal en la U.S. Food Administration, Hoover escogió a Lewis Lichtenstein Strauss que pronto se volvería socio en Kuhn Loeb Company y se casaría con la hija de Jerome Hanauer de Kuhn Loeb.

A lo largo de su distinguido servicio humanitario con la Comisión de Alivio belga, la U.S. Food Administration y después de la guerra, la American Relief Administration, el socio más cercano de Hoover era Edgar Rickard, nacido en Pontgibaud, Francia. El declara que fue *"ayudante administrativo a Herbert Hoover en toda la Guerra Mundial y organizaciones de posguerra incluso la Comisión Para Alivio en Bélgica. También sirvió en la U.S. Food Administration en 1914-1924"*.

Él seguía siendo uno de los amigos más cercanos de Hoover, y normalmente los Rickard y Hoover tomaron sus vacaciones juntos. Después que Hoover fue Secretario de Comercio bajo Coolidge, Hamill nos dice que Hoover otorgó a su amigo las patentes de Hazeltine Radio que le pagaban un millón de dólares al año en derechos de autor.

En 1928, la "conexión Londres" decidió presentar a Herbert Hoover para presidente de los Estados Unidos. Había sólo un problema; aunque Herbert Hoover nació en los Estados Unidos, y era así elegible para la oficina de la presidencia, según la Constitución, nunca había tenido una dirección comercial o un domicilio en los Estados Unidos, cuando él había salido justo al extranjero al terminar la universidad en Stanford. El resultado fue que durante su campaña para la presidencia, Herbert Hoover listaba como dirección americana a Suite 2000, 42 Broadway, New York que era oficina de Edgar Rickard. Suite 2000 también era compartida por el magnate de granos y socio de J. Henry Schroder Banking Corp., Julius H. Barnes.

Después que Herbert Hoover fuera elegido presidente de los Estados Unidos, insistió en nombrar a uno de la vieja banda de Londres, Eugene Meyer, como Gobernador de la Mesa de la Reserva Federal. El padre de Meyer había sido uno de los socios de Lazard Freres de París y Lazard Brothers de Londres. Meyer, con Baruch, había sido uno de los hombres más poderosos en los Estados Unidos durante la Primera Guerra Mundial, un miembro del famoso Triunvirato que ejerció poder inigualado; Meyer como Presidente de la War Finance Corp. (War Finance Corp.), Bernard Baruch como Presidente de War Industries Board, y Paul Warburg como Gobernador del Sistema de la Reserva Federal.

Un crítico de largo tiempo de Eugene Meyer, el Presidente Louis McFadden del Comité de Cámara de Banca y Dinero, fue citado en The New York Times, el 17 de diciembre de 1930, como habiendo hecho un discurso en el piso de la Cámara atacando el nombramiento de Meyer por Hoover, y acusando que *"Él representa los intereses Rothschild y es funcionario del enlace entre el Gobierno francés y J.P. Morgan"*. El 18 de diciembre, The Times informó que *"Herbert Hoover está profundamente interesado"* y que el discurso de McFadden era *"una ocurrencia infortunada"*. El 20 de diciembre, The Times hizo un comentario sobre la página editorial, bajo el titular, *"McFadden de nuevo"*: *"El discurso ha de asegurar la ratificación del Senado de Mr. Meyer como cabeza de la Reserva Federal. El discurso era incoherente, como normalmente son los discursos de Mr. McFadden"*. Como The Times predijo, Meyer fue debidamente aceptado por el Senado.

No contento con tener un amigo en la Casa Blanca, J. Henry Schroder Corp. se embarcó pronto en extensas aventuras internacionales, nada menos que un plan para preparar la Segunda Guerra Mundial. Esto sería hecho por proveer, en una encrucijada, la financiación para la toma del poder de Adolf Hitler en Alemania.

Aunque a cualquier número de magnates se le ha dado crédito por la financiación de Hitler, incluso Fritz Thyssen, Henry Ford, y J.P. Morgan, ellos, así como otros, tuvieron millones de dólares para campañas políticas durante los años veinte, así como lo hicieron por otros que también tenían una oportunidad de ganar, pero quienes desaparecieron y nunca se oyó de nuevo de ellos.

En diciembre de 1932, parecía inevitable para muchos observadores de la escena alemana que Hitler también estaba listo para una caída en el tobogán del olvido. A pesar del hecho que lo había hecho bien en campañas nacionales, había gastado todo el dinero de sus fuentes usuales y enfrentaba ahora deudas pesadas.

En su libro Agresión, Otto Lehmann-Russbeldt nos dice que *"Hitler fue invitado a una reunión en el Banco de Schroder en Berlín el 4 de enero de 1933. Los principales industriales y banqueros de Alemania ataron a Hitler en sus dificultades financieras y le permitieron que se encontrara con la deuda enorme en que él había incurrido en relación con el sostén de su ejército privado. A cambio, él prometió romper el poder de los sindicatos. El 2 de mayo de 1933, él cumplió su promesa"*.[90]

Presentes en la reunión del 4 de enero de 1933 estaban los hermanos Dulles, John Foster Dulles y Allen W. Dulles de la firma legal de New York, Sullivan & Cromwell que representaban el Banco Schroder. Los hermanos Dulles volvieron a menudo a las reuniones importantes. Habían representado a Estados Unidos en la Conferencia de la Paz de París (1919); John Foster Dulles

---

[90] Otto Lehmann-Russbeldt, *Aggression*, Hutchinson & Co., Ltd., London, 1934, p. 44.

moriría como Secretario de Estado de Eisenhower, mientras Allen Dulles dirigió la Agencia de Inteligencia Central por muchos años. Sus apologistas raramente han intentado defender la aparición de los hermanos Dulles en la reunión que instaló a Hitler como Canciller de Alemania y prefieren pretender que nunca pasó.

En forma oblicua, el biógrafo Leonard Mosley, se desvía sobre Dulles cuando declara: *"Ambos hermanos habían pasado grandes cantidades de tiempo en Alemania, donde Sullivan y Cromwell tenían considerable interés durante los tempranos 1930 s, habiendo representado a varios gobiernos provincianos, un poco de grandes confabulaciones industriales, varias Compañías americanas con grandes intereses en el Reich, y algunos ricos individuos"*.[91]

Allen Dulles después se hizo director de J. Henry Schroder Company. Ni él ni J. Henry Schroder serían sospechados de ser pro-nazis o pro-Hitler; el hecho ineludible era que si Hitler no se hacía Canciller de Alemania, había poca probabilidad de continuar la guerra que doblaría sus ganancias.[92]

La Gran Enciclopedia soviética declara *"La casa bancaria Schroder Bros. (El banquero de Hitler) se estableció en 1846; sus socios hoy son los barones von Schroeder, relacionados a las sucursales en Estados Unidos e Inglaterra"*.[93] [94]

---

[91] Leonard Mosley, *Dulles*, Dial Publishing Co., New York 1978, p. 88.

[92] Ezra Pound, en un el 18 de abril, 1943 transmisión sobre de la Radio Roma declaró "... y hombres en América, no contentos con esta guerra ya están apuntando a la próxima uno. El tiempo para objetar es ahora"

[93] The Great Soviet Encyclopaedia, Macmillan, London, 1973, v.2, p. 620.

[94] The New York Times notaron el 11 de octubre de 1944: "El Senador claude Pepper criticó a John Foster Dulles, Gobernador asesor de relaciones exteriores del Gobernador Dewey por su conexión con la firma legal Sullivan y Cromwell y habiendo ayudado financieramente a Hitler en 1933. Pepper describió el 4 de enero de 1933, la reunión de Franz von Papen y Hitler en la casa del Barón von

El editor financiero de "The Daily Herald" de Londres escribió en Sept. 30, 1933 de la *"decisión de Mr. Norman para dar apoyo del Banco (de Inglaterra) a los nazis"*. John Hargrave, en su biografía de Montagu Norman dice: *"Es bastante cierto que Norman hizo todo lo que pudo para ayudar al hitlerismo a ganar y mantener su poder político, operando en el plano financiero desde su fortaleza en Threadneedle Street"* [es decir el Banco de Inglaterra. Ed.]

El Barón Wilhelm de Ropp, un periodista cuyo amigo más cercano era el Mayor F.W. Winterbotham, jefe de la Inteligencia Aérea del Servicio Secreto británico, trajo al filósofo nazi, Alfred Rosenberg, a Londres y lo presentó a Lord Hailsham, Secretario de Guerra, Geoffrey Dawson, editor de The Times y Norman, Gobernador del Banco de Inglaterra. Después de hablar con Norman, Rosenberg se encontró con el representante del Banco Schroder de Londres. El director gerente del Banco Schroder, FC. Tiarks, también era director del Banco de Inglaterra. Hargrave dice (pág. 217): *"Temprano en 1934 un grupo selecto de financieros de la City se reunió en el cuarto de Norman detrás de paredes sin ventanas, Sir Robert Kindersley, socio de Lazard Brothers, Charles Hambro, FC. Tiarks, Sir Josiah Stamp, (también director del Banco de Inglaterra). El Gobernador Norman habló de la situación política en Europa. Un nuevo poder se había establecido, una gran fuerza estabilizadora, a saber, Alemania Nazi. Norman les aconsejó a sus co-operadores que incluyeran a Hitler en sus planes para financiar a Europa. No hubo oposición"*.

En "Wall Street y el Ascenso de Hitler", Antony C. Sutton escribe *"El Barón nazi Kurt von Schroeder actuó como canal para el dinero de I.T.T. a la organización S.S. de Heinrich Himmler en*

Schroder en Colonia, y que esta vez los nazis pudieron continuar su marcha al poder"

1944, mientras la Segunda Guerra Mundial estaba en marcha, y los Estados Unidos estaban en la guerra con Alemania".[95]

Kurt von Schroeder, nacido en 1889, era socio en Köln Bankhaus, J.H. Stein & Cía. que se había fundado en 1788. Después que los nazis tomaron el poder en 1933, Schroeder fue nombrado representante alemán en el Banco de Pagos Internacionales (BIS). El Comité Kilgore en 1940 declaró que la influencia de Schroeder en la Administración de Hitler era tan grande que él había nombrado a Pierre Laval como cabeza del Gobierno francés durante la ocupación nazi. El Comité Kilgore listó más de una docena títulos importantes ostentados por Kurt von Kurt Schroeder en los 1940's, incluso Presidente de Reichsbahn Alemán, Reich Buró de Asuntos Económicos, General de Brigada SS, Consejo de Correo del Reich, Reichsbank y otros bancos y grupos industriales principales. Schroeder sirvió en el directorio de todas las subsidiarias de International Telephone & Telegraph Corp. (ITT) en Alemania.

En 1938, el Banco Schroder en Londres se hizo agente financiero alemán en Gran Bretaña. La sucursal New York de Schroder se había unido en 1936 con los Rockefeller, como Schroder, Rockefeller Inc., en 48 Wall Street. Carlton P. Fuller de Schroder era presidente de esta empresa y Avery Rockefeller era vicepresidente.

Él había sido un socio tras de la escena de J. Henry Schroder durante años, y había organizado la empresa de construcción Bechtel Corp. cuyos empleados (en licencia), ahora juegan un rol principal en la Administración Reagan como Secretario de Defensa y Secretario de Estado.

---

[95] Antony C. Sutton, *WALL STREET AND THE RISE OF HITLER*, 76 Press, Seal Beach, California, 1976, p. 79.

Ladislas Farago, en "El Juego de los Zorros",[96] informó que el Barón William de Ropp, un agente doble, había penetrado los escalones más altos en los días de pre-guerra mundial II, y Hitler contó con de Ropp como su consultor secreto sobre asuntos británicos. Fue el consejo de Ropp que Hitler siguió cuando se negó a invadir Inglaterra.

Víctor Perlo escribe, en "El Imperio de las Altas Finanzas": *"El gobierno de Hitler hizo su agente financiero al Banco Schroder Londres en Gran Bretaña y América. La cuenta banca personal de Hitler estaba con J.M. Stein Bankhaus, la subsidiaria alemana del Banco Schroder. FC. Tiarks de la compañía británica J. Henry Schroder era miembro del compañerismo anglo-alemán* (Anglo-German Fellowship*) con dos otros socios como miembros y una membresía corporativa".*[97]

La historia va más allá de los sospechosos de Perlo. J. Henry Schroder ERA el Compañerismo anglo-alemán, el equivalente inglés del movimiento "América First" y también atrayendo patriotas que no desearon ver a su nación involucrados en una guerra innecesaria con Alemania. Durante los 1930, hasta la erupción de la Segunda Guerra Mundial, los Schroder ingresaron dinero a raudales en el Compañerismo anglo-alemán, con el resultado que Hitler estaba convencido que tenía una gran quinta columna pro-alemana en Inglaterra compuesta de muchos prominentes políticos y financieros.

Los dos grupos políticos divergentes en los 1930 en Inglaterra eran el Partido de la Guerra, dirigido por Winston Churchill que furiosamente exigió que Inglaterra vaya a la guerra contra Alemania, y el Partido del Aplacamiento, dirigido por Neville

[96] Ladislas Farago, *The Game of the Foxes*, 1973.
[97] Victor Perlo, *The Empire of High Finance*, International Publishers, 1957, p. 177.

Chamberlain. Después de Munich, Hitler creyó que el grupo Chamberlain era el partido dominante en Inglaterra y Churchill un canalla animado menor. Debido a sus propios apoyos financieros, los Schroder, estaban patrocinando al Partido del Aplacamiento, Hitler creyó que no habría guerra. Él no sospechaba que los apoyos del Partido del Aplacamiento, ahora que Chamberlain había servido a su propósito engañando a Hitler, dejaría a Chamberlain de lado y haría primer ministro a Churchill. No sólo fue Chamberlain, sino también Hitler que se marchó de Munich creyendo que sería *"Paz en nuestro tiempo"*.

El éxito de los Schroder engañando a Hitler en esta creencia explica algunas de las preguntas más enigmáticas de la Segunda Guerra Mundial. ¿Por qué permitió Hitler al Ejército británico escapar de Dunquerque y volver a casa, cuándo él podía eliminarlo? Contra el consejo frenético de sus generales que desearon dar el golpe de gracia al Ejército inglés Hitler se detuvo porque él no deseaba alienar sus supuestos muchos seguidores en Inglaterra. Por la misma razón, se negó a invadir Inglaterra en periodo cuando tenía superioridad militar y creyó que no sería necesario, cuando el grupo de Compañerismo anglo-alemán estaba listo para hacer la paz con él. El vuelo de Rudolf Hess a Inglaterra fue un esfuerzo por confirmar que el grupo de Schroder estaba listo para hacer la paz y formar un lazo común contra los soviéticos.

Rudolf Hess continúa languideciendo en prisión hoy, muchos años después de la guerra, porque él habría, si liberado, testificado que había ido a Inglaterra para avisar a los miembros del Compañerismo anglo-alemán, eso es, los grupos Schroder, sobre acabar la guerra.[98]

---

[98] Los relatos siguientes son del The New York Times: 21 de octubre de 1945: *"Una transmisión sobre de radio desde Luxemburgo dijo esta noche que el Barón*

Si cualquiera supone que ésta es toda historia antigua, sin aplicación a la escena política presente, nosotros presentamos al nombre de John Lowery Simpson de Sacramento, California. Aunque él aparece la primera vez para en Who's Who in America para 1952, Mr. Simpson dice que él sirvió bajo Herbert Hoover en la Comisión para Alivio en Bélgica de 1915 a 1917; la U.S. Food Administration, 1917 a 1918, la American Relief Commission, 1919, y con P.N. Gray & Co., Viena, 1919 a 1921. Gray era el Jefe de Transporte Marítimo para la U.S. Food Administration que le permitió preparar su propia Compañía de fletes marítimos después de la guerra.

Como otros filántropos de Hoover, Simpson se unió también a J. Henry Schroder Banking Company (los banqueros personales de Adolf Hitler) y a J. Henry Schroder Trust Company. Él también fue socio de Schroder-Rockefeller Company cuando ese Trust de inversión respaldó una Compañía de construcción que se volvió la más grande del mundo, la empresa Bechtel Incorporated.

Kurt von Schroder, ex banquero que ayudó financiando el ascenso del partido Nazi, había sido reconocido en un campo de prisión americano y se lo había arrestado".
1 de noviembre de 1945: *"Cuartel General del Ejército británico: El Barón Kurt von Schroder, banquero, 55 años, amigo de Heinrich Himmler está detenido en Dusseldorf pendiente la decisión sobre su acusación como criminal de guerra, dijo hoy el anuncio oficial del Gobierno Militar"*
29 de febrero de 1948, *"Una investigación inmediata exigió ayer la Sociedad para la Prevención de la Guerra Mundial III acerca de por qué el banquero nazi alemán, Kurt von Schroder, no se juzgó como criminal de guerra por un tribunal militar aliado. Notando que von Schroder fue sentenciado el pasado noviembre a tres meses de cárcel y multado en 1500 Reichsmarks por una corte de des-nazificación alemana en Bielefeld, en la Zona británica, C. Monteith Gilpin, secretario por la sociedad pregunta que debe hacerse, por qué a von Schroder la fue permitido escapar de la justicia aliada, y por qué nuestros propios oficiales no han exigido que von Schroder sido juzgado por un tribunal militar Aliado. 'Von Schroder es tan culpable como Hitler o Goering".*

Simpson era presidente del comité de la finanzas de Bechtel Company, Bechtel Internacional, y Canadian Bechtel. Simpson declara que era consultor en intereses Bechtel-McCone en producción de guerra durante la Segunda Guerra Mundial. Él sirvió en la Comisión del Control Aliada en Italia 1943-44.

Él se casó con Margaret Mandell, de la familia mercantil por quien el Coronel Edward Mandell House fue nombrado, y él respaldó a una personalidad de California, primero para Gobernador, luego para Presidente. Como resultado, Simpson y J. Henry Schroder Company ahora los han servidos como Secretario de Defensa, el ex empleado de Bechtel Caspar Weinberger. Como Secretario de Estado los ha servido George Pratt Schultz, también un empleado de Bechtel que pasa por ser heredero de Standard Oil y reafirma los lazos Schroder-Rockefeller Company.

Así la "conservadora" Administración Reagan tiene Secretario de Defensa de Schroder Co., Secretario de Estado de Schroder-Rockefeller, y un vicepresidente cuyo padre era socio mayoritario de Brown Brothers Harriman.

Heritage Foundation también ha sido un factor importante en la fabricación de política de la Administración Reagan. Ahora encontramos que Heritage Foundation es la parte de la red Instituto Tavistock, dirigida por la Inteligencia británica.

¿Aún se toman las decisiones financieras en el Banco de Inglaterra, y quién es la cabeza del Banco de Inglaterra? Sir Gordon Richardson, presidente de J. Henry Schroder Co. de Londres y New York desde 1962 a 1972, cuando él se hizo Gobernador del Banco de Inglaterra. La "Conexión Londres" nunca ha estado más firmemente en la silla de montar del Gobierno de Estados Unidos.

El 3 de julio de 1983, The New York Times anunció que Gordon Richardson, Gobernador del Banco de Inglaterra durante los últimos diez años, había sido reemplazado por Robert Leigh-Pemberton, Presidente del National Westminster Bank.

La lista de directores de National Westminster Bank se lee como un Quién es Quién de la clase gobernante británica.

Ellos incluyen al Presidente, Lord Aldenham que también es Presidente de Antony Gibbs & Son, banqueros mercantiles, uno de las diecisiete empresas privilegiadas con carta del Banco de Inglaterra; Sir Walter Barrie, British Broadcasting System; F.E. Harmer, Gobernador de la London School of Economics, la escuela de entrenamiento para banqueros internacionales, y presidente de New Zealand Shipping Company; Sir E.C. Mieville, secretario privada del Rey de Inglaterra 1937-45; Marqués de Salisbury, Lord Cecil, Lord del Sello Privado (los Cecil han sido considerados una de las tres familias gobernantes de Inglaterra desde la edad media); Lord Leathers, Barón de Purfleet, Ministro de Transporte en la Guerra 1941-45, presidente de grupo de compañías William Cory; Sir W.H. Coates y W.J. Worboys de Imperial Chemical Industries (el DuPont inglés); Earl of Dudley, presidente de British Iron & Steel, Sir W. Benton Jones, presidente de United Steel y muchas otras compañías siderúrgicas; Sir G.E. Schuster, Bank of New Zealand; East India Coal Company; A. d'Awillis, Ashanti Goldfields y muchos bancos, compañías de té y otras empresas; V.W. Yorke, presidente de Mexican Railways Ltd.

Richardson, ex presidente de Schroder con una tenencia subsidiaria de acciones en New York del Banco de la Reserva Federal de New York, fue reemplazado por el presidente del Nacional Westminster, con una subsidiaria en New York que tiene acciones del Banco de la Reserva Federal de New York. Robert Leigh Pemberton, director de Equitable Life Assurance Society (J.P. Morgan), casado con la hija del Marqués de Exeter (familia Cecil de Burghley). Por eso, el control de la Conexión Londres constantemente permanece en efecto.

La lista de directores presentes de J. Henry Schroder Bank and Trust muestra la influencia internacional continua desde la Primera Guerra Mundial. George A. Braga también es director de Czarnikow-Rionda Company, vicepresidente de Francisco Sugar Company, presidente de Manati Sugar Company y vicepresidente de Nueva Tuinicui Sugar Company. Su pariente, Rionda B. Braga, es presidente de Francisco Sugar Company y vicepresidente de Manati Sugar Company.

El control Schroder del azúcar se remonta a la U.S. Food Administration bajo Herbert Hoover y Lewis L. Strauss de Kuhn, Loeb Company durante la Primera Guerra Mundial. Los abogados de Schroder son de la empresa Sullivan y Cromwell. John Foster Dulles de esta empresa estaba presente en el acuerdo histórico para financiar a Hitler, y más tarde fue Secretario de Estado en la administración Eisenhower.

Alfred Jaretzki, Jr, de Sullivan y Cromwell también es director de Manati Sugar Company y Francisco Sugar Company.

Otro director de J. Henry Schroder es Norris Darrell, Jr., nacido en Berlín, Alemania, socio de Sullivan y Cromwell, y director de Schroder Trust Company.

Bayless Manning, socio de la firma jurídica en Wall Street de Paul, Weiss, Rifkind & Wharton, también es director de J. Henry Schroder. Él era presidente del Council on Foreign Relations desde 1971-1977, y editor en jefe de la Yale Law Review.

Paul H. Nitze, prominente "negociador de desarme" por el gobierno de Estados Unidos, es director de Schroder Inc. Él se con casó Phyllis Pratt, de la fortuna de Standard Oil cuyo padre le dio la mansión familiar Pratt House que aloja al Council on Foreign Relations.

CAPÍTULO OCHO

LA PRIMERA GUERRA MUNDIAL.

"El dinero es el peor de todos los contrabandos'. - William Jennings Bryan

E s ahora claro que no podría haber habido ninguna Guerra Mundial sin Sistema de la Reserva Federal. Una sucesión extraña de eventos ninguno de los cuales fueron accidentales, había ocurrido. Sin la candidatura "Alce Macho", de Theodore Roosevelt, el popular Presidente Taft habría sido reelegido, y Woodrow Wilson vuelto a la oscuridad.[99] Si Wilson no hubiera sido elegido, nosotros no podríamos haber tenido ningún Acto de la Reserva Federal, y la Primera Guerra Mundial podría haber sido evitada. Las naciones europeas habían sido llevadas a mantener grandes ejércitos en pie como política de los bancos centrales que dictaron sus decisiones de gobierno. En abril, 1887, el Quarterly Journal of Economics había señalado:

"Una revista detallada de las deudas públicas de Europa muestra pagos de intereses y fondos de 5,343 millones anuales (cinco y uno-tercio mil millones). La conclusión de M. Neymarck es muy como la de Mr. Atkinson. Las finanzas de Europa están tan comprometidas que los gobiernos pueden preguntar si la guerra, con todas sus terribles posibilidades, no es preferible al mantenimiento de tal incierta y costosa paz. Si los preparativos militares de Europa no acaban en

---

[99] NOTA: P.34. *"House me reveló en un momento secreto: 'Wilson fue elegido por Teddy Roosevelt"*. The Strangest Friendship in History, Woodrow Wilson and Col. House, George Sylvester Viereck, Liveright, N.Y. 1932.

guerra, ellos pueden acabar bien en la quiebra de los Estados. O, si tales tonterías no llevan ni a guerra ni a ruina, entonces ciertamente apuntan a la revolución industrial y económica".

De 1887 a 1914, este sistema incierto de pesadamente armadas pero arruinadas naciones europeas soportó, mientras Estados Unidos continuó siendo una nación deudora y pidiendo prestado dinero al extranjero, pero haciendo pocos préstamos internacionales, porque no teníamos un banco central o *"movilización de crédito"*.

El sistema de préstamos nacionales desarrollado por los Rothschild sirvió para financiar luchas europeas durante el decimonono siglo, porque se extendieron de las sucursales de Rothschild en varios países. Para 1900, era obvio que los países europeos no podían permitirse el lujo de una guerra mayor. Tenían grandes ejércitos en pie, servicio militar universal y armas modernas, pero sus economías no podrían apoyar los enormes gastos.

El Sistema de la Reserva Federal empezó operaciones en 1914, obligándole al pueblo americano a que prestara veinticinco mil millones de dólares que no se reembolsaron a los Aliados, aunque se pagó interés considerable a los banqueros de New York. El pueblo americano fue llevado a hacer la guerra al pueblo alemán con quien no teníamos ninguna riña política o económica concebible. Es más, los Estados Unidos eran la nación más grande en el mundo compuesta de alemanes; casi la mitad de sus ciudadanos eran descendientes de alemanes, y por margen estrecho, el alemán no se había votado como idioma nacional.[100] El Embajador alemán en Turquía, barón Wangeheim le preguntó al Embajador americano en Turquía, Henry Morgenthau, por qué los Estados Unidos pensaron hacer la guerra a Alemania.

---

[100] 1787 Constitutional Convention.

"Nosotros los americanos", contestó Morgenthau y hablando por el grupo de Harlem de operadores en bienes raíces de los que él era la cabeza: *"vamos a guerrear por un principio moral"*.

J.P. Morgan recibió los beneficios del Primer Préstamo de Libertad para pagar $400.000.000 qué él adelantó a Gran Bretaña al comienzo de la guerra. Se habían emitido $68.000.000 en notas bajo las provisiones del Aldrich-Vreeland Act para las notas emitidas contra bonos para cubrir este préstamo, la única vez que esta provisión fue empleada. Las notas fueron retiradas en cuanto los Bancos de la Reserva Federal empezaron la operación, y reemplazadas por Notas de la Reserva Federal.

Durante 1915 y 1916, Wilson guardó la fe con los banqueros que habían comprado la Casa Blanca para él, continuando haciendo préstamos a los Aliados. Su Secretario de Estado, William Jennings Bryan, constantemente protestó y declaraba que *"el Dinero es el peor de todos los contrabandos"*. Para 1917, los Morgan y Kuhn, Loeb Company había fletado mil quinientos millones de dólares en préstamos a los Aliados. Los banqueros también financiaron organizaciones proyectistas de "paz" que trabajaron para conseguir involucrarnos en la Guerra Mundial. La Comisión para Alivio en Bélgica fabricó historias de atrocidades contra los alemanes, mientras una organización de Carnegie, The League to Enforce Peace, agitó en Washington por nuestra entrada en guerra. Esta más tarde se volvió la Carnegie Endowment for International Peace que durante los años cuarenta fue encabezada por Alger Hiss. Un escritor[101] dijo que nunca había visto ningún "movimiento de paz" qué no acabara en guerra.

El Embajador americano en Gran Bretaña, Walter Hines Page, se quejó que él no podía permitirse el lujo de la posición, y

---

[101] NOTA: Emmett Tyrell, Jr., Richmond Times Dispatch, Feb. 15, 1983 *"cada movimiento de paz de este siglo ha sido seguido por la guerra"*.

se le dieron veinticinco mil dólares al año por Cleveland H. Dodge, presidente del National City Bank. H.L. Mencken abiertamente acusó a Page en 1916 de ser agente británico, lo que era injusto. Page era mero 'agente de banqueros'.

El 5 de marzo de 1917, Page le envió una carta secreta a Wilson. *"Yo pienso que la presión de esta crisis que se acerca ha ido más allá de la capacidad de la Agencia Financiera Morgan por los gobiernos británico y francés... La más grande ayuda que podríamos dar a los Aliados sería un crédito. A menos que vayamos a la guerra con Alemania, nuestro Gobierno, por supuesto, no puede hacer tal concesión directa de crédito".*

Los Rothschild eran cautos sobre la capacidad de Alemania de continuar en guerra, a pesar del caos financiero causado por sus agentes, los Warburg que estaban financiando al Káiser y el hermano de Paul Warburg, Max que, como cabeza del Servicio Secreto alemán, autorizó el tren de Lenin para atravesar las líneas y dirigir la Revolución bolchevique en Rusia.

Según el Subsecretario de Armada, Franklin D. Roosevelt, la industria pesada de América había estado preparándose para la guerra durante un año. En los Departamentos del Ejército y Armada habían estado comprando suministros de guerra desde temprano y en cantidades grandes en 1916. Cordell Hull comenta en sus Memorias: *"El conflicto forzó el desarrollo extenso del principio del impuesto a los ingresos. Apuntando, como lo hizo, a una gran fuente de rédito sin ingreso, la ley del ingreso al impuesto se había promulgado en el momento crucial para reunir las demandas de guerra. Y el conflicto también ayudaba al jugar el efecto del Sistema de la Reserva Federal, igualmente en el momento crucial".* [102]

---

[102] Cordell Hull, *Memoirs*, Macmillan, New York, 1948, v.1, página 76.

¿Uno puede preguntar, en el momento crucial para quien? Ciertamente no para el pueblo americano que no tenía necesidad de *"movilización de crédito"* para una guerra europea, o promulgar un impuesto al ingreso para financiar una guerra. La declaración de Hull se permite el lujo de un vislumbre raro en las maquinaciones de nuestros *"servidores públicos"*.

Las Notas del Journal of Political Economy, octubre, 1917, dicen: *"El efecto de la guerra sobre el negocio de los Bancos de la Reserva Federal ha requerido un inmenso desarrollo del personal de estos bancos, con aumento correspondiente en gastos. Sin, por supuesto, poder anticiparse tan temprano y extenso en una demanda por sus servicios en esta conexión, los forjadores del Acto de la Reserva Federal han previsto que los Bancos de la Reserva Federal debían actuar como agentes fiscales del Gobierno"*.

Los banqueros habían estado esperando desde 1887 para que Estados Unidos promulgue un plan de banco central así podían financiar una guerra europea entre las naciones a quienes ya habían arruinado con programas de armamento y "defensa".

La función más exigente del mecanismo del banco central es finanzas de guerra. El 13 de octubre de 1917, Woodrow Wilson hizo una discurso mayor y declaró: *"Es manifiestamente imperativo que debe haber una movilización completa de las reservas bancarias de los Estados Unidos. La carga y el privilegio (de los préstamos Aliados) debe compartirse por cada institución bancaria en el país. Yo creo que la cooperación por parte de los bancos es un patriótico deber en este momento, y que las membresía en el Sistema de la Reserva Federal es una evidencia distinta y significativa de patriotismo"*.

E.W. Kemmerer escribe que: *"Como agentes fiscales del Gobierno, los bancos de la Reserva Federal dieron a las naciones servicios de valor incalculable después de nuestra entrada en la guerra. Ayudaron grandemente en la conservación de los recursos de nuestro oro, en la regulación de nuestros intercambios externos y en la centralización de nuestro energías financieras. Uno se estremece cuando piensa lo que podría haber pasado si la guerra nos había encontrado con nuestro anterior sistema bancario descentralizado y anticuado"*. Los temblores Mr. de Kemmerer ignoran el hecho que si hubiéramos mantenido: *"nuestro sistema bancario anticuado"* no habríamos podido financiar la Guerra Mundial o entrar como participantes.

El propio Woodrow Wilson no creyó que su cruzada salvó al mundo para la democracia. Él escribió después que *"La Guerra Mundial era cuestión de rivalidad económica"*. Al ser cuestionado por el Senador McCumber sobre las circunstancias de nuestra entrada en guerra, le preguntó a Wilson: *"¿piensa usted si Alemania no había cometido ningún acto de guerra o ningún acto de injusticia contra nuestros ciudadanos que nosotros habríamos entrado en esta guerra?"*

"Yo pienso así", contestó Wilson.

"¿Usted piensa sin embargo que nosotros habríamos entrado?" siguió McCumber.

"Yo lo pienso", dijo Wilson.

En el Mensaje de Guerra de Wilson en 1917, incluyó un tributo increíble a los comunistas de Rusia que estaba matando diligentemente la clase media en ese país infortunado. *"Se ha agregado convicción a nuestra esperanza por la paz futura del mundo por las maravillosas y alentadoras cosas que han estado pasando en las últimas semanas en Rusia. Aquí está un socio del ataque en una Liga de Honor"*.[103]

---

[103] *Public Papers of Woodrow Wilson*, Dodd & Baker, v.5, p. 12-13.

El pean de Wilson a un régimen sanguinario que ha asesinado sesenta y seis millones de habitantes subsecuentemente en la manera más bárbara, expone sus verdaderas simpatías y sus verdaderos apoyos, los banqueros que habían financiado la purga sangrienta en Rusia. Cuando la Revolución comunista parecía en duda, Wilson envió a su emisario personal, Elihu Root, a Rusia con cien millones de dólares del Fondo de Guerra de Emergencia Especial para salvar el régimen bolchevique en peligro.

La documentación de Kuhn, Loeb Company del compromiso del establecimiento de Comunismo en Rusia es muy extensa para ser citada aquí, pero incluimos una mención breve, típica de la literatura en este asunto. En su libro, Zarismo y Revolución, el General Arsene de Goulevitch escribe: *"Mr. Bakmetiev, último Embajador Imperial ruso en los Estados Unidos, nos dice que los bolcheviques, después de la victoria, transfirieron 600 millones de rublos en oro entre los años 1918-1922 a Kuhn, Loeb Company"*.

Después de nuestra entrada en el Primera Guerra Mundial, Woodrow Wilson se volvió al gobierno de Estados Unidos sobre un triunvirato de sus apoyos de campaña: Paul Warburg, Bernard Baruch y Eugene Meyer.

Baruch fue nombrado cabeza de la War Industries Board, con poderes de vida y muerte sobre cada fábrica en los Estados Unidos. Eugene Meyer fue nombrado cabeza de la War Finance Corp., a cargo del programa del préstamo que financió la guerra. Paul Warburg estaba en control del sistema bancario de la nación.[104]

[104] NOTA: New York Times, 10 de agosto de 1918; *"Mr. (Paul) Warburg fue el autor del plan que organizó la War Finance Corp."*.

Sabiendo que el sentimiento aplastante del pueblo americano durante 1915 y 1916 había sido anti-británico y pro-alemán, nuestros aliados británicos vieron con alguna trepidación la prominencia de Paul Warburg y Kuhn, Loeb Company en la prosecución de la guerra. Ellos estaban intranquilos sobre su alta posición en la Administración porque su hermano, Max Warburg, estaba en ese momento sirviendo como cabeza del Servicio Secreto alemán. El 12 de diciembre de 1918, el Informe del United States Naval Secret Service sobre Mr. Warburg era como sigue: "*WARBURG, PAUL: New York City. Ciudadano alemán, naturalizado, 1911. Fue condecorado por el Káiser en 1912, fue vicepresidente de la Mesa de la Reserva Federal. Las grandes sumas manejadas salieron por Alemania para Lenin y Trotsky. Tiene un hermano que es líder del sistema del espionaje en Alemania*".

Extrañamente, este informe que se debía haber compilado mucho más temprano mientras estábamos en guerra con Alemania, no es datado hasta el 12 de diciembre de 1918. DESPUÉS QUE el Armisticio había sido firmado. Tampoco, contiene la información que Paul Warburg renunció de la Mesa de la Reserva Federal en mayo, 1918 que indican que se compiló antes de mayo, 1918, cuando Paul Warburg habrían sido teóricamente abiertas a un cargo de traición debido al comando de su hermano del Servicio del Secreto de Alemania.

El hermano Felix de Paul Warburg en New York era director del Prussian Life Insurance Company de Berlín, y quizás no le habría gustado ver demasiados de sus asegurados muertos en la guerra.

El 26 de septiembre de 1920, The New York Times menciona en su obituario de Jacob Schiff en referencia a Kuhn, Loeb & Co.: "*Durante la Guerra mundial ciertos de sus miembros estaba en contacto constantes con el Gobierno en capacidad asesora. Compartió las conferencias que tuvieron con respecto a la organización y formación del Sistema de la Reserva Federal*".

El obituario 1920 de Schiff reveló por primera vez que Jacob Schiff, como los Warburg, también tenían dos hermanos en Alemania durante la Primera Guerra Mundial, Philip y Ludwig Schiff, de Frankfurt-am-Main, ¡que también estaban activos como banqueros del Gobierno alemán! Ésta no era una circunstancia para ser tomada ligeramente, ni en este lado del Atlántico era banqueros los individuos oscuros que no tenían influencia en la conducción de la guerra. Al contrario, los socios de Kuhn, Loeb tuvieron puestos del Gobierno más altos en los Estados Unidos durante la Primera Guerra Mundial, mientras en Alemania, Max y Fritz Warburg, y Philip y Ludwig Schiff, entraban en los concilios más altos del gobierno. De las Memorias de Max Warburg: *"El Káiser tumbó la mesa violentamente y gritó, ¿Debe usted siempre tener razón? pero luego escuchó cuidadosamente el punto de vista de Max en materias financieras"*.[105]

En junio, 1918, Paul Warburg le escribió una nota privada a Woodrow Wilson: *"yo tengo dos hermanos en Alemania que son banqueros. Ellos naturalmente sirven su país ahora en su capacidad suma, como yo sirvo el mío"*.[106] Ni Wilson ni Warburg vieron la situación como de preocupación y Paul Warburg sirvió su término en la Mesa de Gobernadores de la Reserva Federal, mientras la Primera Guerra Mundial continuaba furiosa.

El antecedente de Kuhn, Loeb & Company había sido expuesto en "Truth Magazine", editada por George Conroy: *"Mr. Schiff es cabeza de la gran casa bancaria privada de Kuhn, Loeb & Cía. que representa a los Intereses Rothschild en este lado del Atlántico. Él ha sido descrito como un estratega financiero y ha sido durante años el ministro financiero del gran poder impersonal conocido como Standard Oil. Él era como mano-en-el-guante con los Harriman, Gould y Rockefeller, en todas sus empresas de ferrocarril, y*

---

[105] Max Warburg, *Memoirs of Max Warburg*, Berlin, 1936.
[106] David Farrar, *The Warburg*, Michael Joseph, Ltd., London, 1974.

se ha vuelto el poder dominante en el mundo del ferrocarril y financiero en América.

Louis Brandeis, debido a su gran habilidad como abogado y por otras razones que aparecerán después, fue seleccionado por Schiff como instrumento a través del cual Schiff esperó lograr su ambición en Nueva Inglaterra. Su trabajo era continuar una agitación que minaría la confianza pública en el sistema de New Haven y causar una disminución en el precio de sus seguridades, así, forzando el mercado para demoledores de casas para comprar".[107]

Nosotros mencionamos al abogado de Schiff, Brandeis, aquí porque el primer nombramiento disponible en la Corte Suprema de los Estados Unidos que a Woodrow Wilson le fue permitido llenar se la dio al abogado de Kuhn, Loeb; Brandeis. No sólo era la U.S. Food Administation manejada por el director de Hoover, Lewis Lichtenstein Strauss que entró en Kuhn Loeb Company, casándose Alice Hanauer, la hija del socio Jerome Hanauer, sino en el campo más crítico, la inteligencia militar, Sir William Wiseman, jefe del Servicio Secreto británico, era socio de Kuhn, Loeb & Company. Él trabajó estrechamente con el alter ego de Wilson, el Coronel House. *"Entre House y Wiseman hubo pronto pocos secretos políticos, y de su mutua comprensión resultó en gran medida nuestra cooperación privada con los británicos"*.[108]

Un ejemplo de cooperación de House con Wiseman fue un acuerdo secreto que House negoció empeñando a los Estados Unidos a entrar en la Primera Guerra Mundial del lado de los Aliados. Diez meses antes de la elección que devolvió Wilson a la Casa Blanca en 1916 '*porque él nos mantuvo fuera de la guerra*', el

---

[107] "Truth Magazine", George Conroy, editor, Boston, issue of December 16, 1912.

[108] Edward M. House, *The Intimate Papers of Col. House*, edited by Charles Seymour, Vol. II, p. 399.

Coronel House negoció un acuerdo secreto con Inglaterra y Francia en nombre de Wilson, que empeñaba a los Estados Unidos para intervenir del lado de los Aliados.

El 9 de marzo de 1916, Wilson sancionó formalmente lo prometido.[109] Nada podría ilustrar la duplicidad de la naturaleza de Woodrow Wilson más enérgicamente que su campaña nacional en el eslogan: *"Él nos dejó fuera de la guerra"*, como él había empeñado diez meses antes para involucrarnos en la guerra del lado de Inglaterra y Francia. Esto explica por qué fue considerado con tal desprecio por los que estudiaron los hechos de su carrera. H.L. Mencken escribió que Wilson era *"modelo perfecto de cristiano sinvergüenza"*, y que hemos de *"excavar a sus huesos y hacer dados de ellos"*.

Según The New York Times, la carta de renuncia de Paul Warburg declaraba que ninguna objeción había sido hecha porque tenía un hermano en el Servicio Secreto suizo. The New York Times nunca ha corregido esta falsedad ruidosa, quizás porque Kuhn, Loeb Company poseyó un interés controlante de sus acciones. Max Warburg no era suizo, y aunque quizás había entrado en contacto con el Servicio Secreto suizo durante su término de oficina como cabeza del Servicio Secreto alemán, ningún editor responsable del The New York Times podría estar desprevenido del hecho que Max Warburg era alemán, y que su casa bancaria familiar estaba en Hamburgo, y que tuvo varias posiciones altas en el Gobierno alemán. Él representó a Alemania en la Conferencia de Paz de Versalles, y permaneció apaciblemente en Alemania hasta 1939, en un periodo cuando estaban persiguiéndose a personas de su religión. Para evitar lesión durante la guerra cercana, cuando las bombas lloverían sobre Alemania, a

---

[109] George Sylvester Viereck, *The Strangest Friendship in History, Woodrow Wilson and Col. House*, p. 106.

Max Warburg le fue permitido navegar a New York, con sus fondos intactos.

Al comienzo de la Primera Guerra Mundial, Kuhn, Loeb Company había figurado en el traslado de intereses de fletes alemanes a otro control. Sir Cecil Spring-Rice, Embajador británico en los Estados Unidos, en carta a Lord Grey escribió: *"Otra materia es la cuestión del traslado de bandera a las naves del Hamburg Amerika. La Compañía es prácticamente un asunto Gubernamental alemán. Las naves se usan para propósitos del Gobierno, el Emperador es un gran accionista, y así lo es la gran casa bancaria de Kuhn, Loeb Company. Un miembro de esa casa (Warburg) ha sido nombrado en una muy responsable posición en New York, aunque sólo es naturalizado.*

Él está interesado en el negocio con el Secretario de la Tesorería que es el yerno del Presidente. Es él quién está negociando en nombre de Hamburg Amerika Shipping Company".[110]

El 13 de noviembre de 1914, en carta a Sir Valentine Chirol, Spring-Rice escribió, (pág. 241, v. 2): *"Me dijeron hoy que The New York Times ha sido prácticamente adquirido por Kuhn, Loeb y Schiff, el protégé especial del Emperador (alemán). Warburg, cercano y relacionado a Kuhn Loeb y Schiff es hermano del bien conocido Warburg de Hamburgo, el socio de Ballin (Línea Hamburg-Amerika), es miembro de la Mesa de la Reserva Federal o más bien EL miembro. Él controla prácticamente la política financiera de la Administración, y Paish & Blackett (Inglaterra) tenía principalmente que negociar con él. Por supuesto, es como negociar exactamente con Alemania. Todo lo que se dijo era propiedad alemana"*.

El Coronel Garrison escribió sobre Roosevelt, Wilson y la Ley de la Reserva Federal que *"Por la Casa bancaria Kuhn Loeb*

---

[110] *Letters and Friendships of Sir Cecil Spring-Rice*, p. 219-220.

Company, una arma poderosa se habría puesto en manos del Káiser alemán sobre el destino de los negocios y ciudadanos americanos".[111]

Garrison estaba refiriéndose al asunto Hamburg Amerika. Parecía extraño que Woodrow Wilson sentía necesario poner la nación en manos de tres hombres cuya historia personal era de especulación cruel y demanda de ganancia personal, o que durante la guerra con Alemania, él encontró como personas de confianza suprema a un inmigrante alemán naturalizado en 1911, el hijo de un inmigrante de Polonia y el hijo de un inmigrante de Francia.

Bernard Baruch llamó primero la atención en Wall Street en 1890 mientras trabajaba para A.A. Housman & Co. En 1896 él unió las seis principales compañías de tabaco de los Estados Unidos en la Consolidated Tobacco Company, forzando a James Duke y la American Tobacco Trust a entrar en esta combinación. El segundo gran Trust establecido por Baruch llevó la industria del cobre a manos de la familia Guggenheim que lo ha controlado desde entonces.

Baruch trabajó con Edward H. Harriman que era pantalla de Schiff controlando el sistema de vías férreas de América para la familia Rothschild. Baruch y Harriman también combinaron sus talentos para ganar el control del sistema de tránsito de la Ciudad de New York que ha estado desde entonces en condición financiera peligrosa.

En 1901, Baruch formó la empresa Baruch Brothers, banqueros, con su hermano Herman, en New York. En 1917, cuando Baruch fue nombrado Presidente de War Industries Board, el nombre se cambió a Hentz Brothers.

---

[111] Col. Elisha Garrison, *Roosevelt, Wilson and the Federal Reserve Law*, Christopher Publishing House, Boston, 1931, p. 260.

Testificando ante el Comité Nye el 13 de septiembre de
1937, Bernard Baruch declaró que *"Todas las guerras son
económicas en su origen"*. Tanto para las de discordancias religiosos
y políticas, las cuales se habían aclamado especialmente como la
causa de las guerras.[112]

Un perfil en la revista "New Yorker" informó que Baruch
hizo una ganancia de setecientos cincuenta mil dólares en un día
durante la Primera Guerra Mundial, después que el falso rumor de
paz se plantó en Washington. En "Who's Who", Baruch
menciona que era miembro de la Comisión que manejó toda
compra para los Aliados durante la Primera Guerra Mundial. De
hecho, Baruch ERA la Comisión. Él gastó dinero de los
contribuyentes americanos a razón de diez mil millones de dólares
anuales, y también era miembro dominante de Munitions Price-
Fixing Committee. Él puso los precios quienes el Gobierno
compraba material de guerra. Sería ingenuo presumir que las
órdenes no fueron a empresas en las que él y sus socios tenían más
de un interés político dictado sobre los fabricantes americanos.[113]
En las audiencias del Comité Nye en 1935, Baruch testificó: *"El
Presidente Wilson me dio una carta autorizando que yo tomara
cualquier industria o planta. Estaba Judge Gary, Presidente de
United States Steel, estábamos teniendo problemas, y cuando yo le
mostré esa carta, él dijo, 'supongo que tendremos que arreglar esto', y
él lo arregló"*.

Algunos miembros del Congreso estaban curiosos sobre las
calificaciones de Baruch para ejercer el poder de vida y muerte

[112] NOTA: Baruch también declaró en este testimonio: *"yo llevé durante la guerra
tres inversiones mayores, Alaska Juneau Gold Mining Company* (con socio Eugene
Meyer), *Texas Gulf Sulphur, y Atolia Mining Company* (tungsteno)". El
Representante Mason, Illinois, dijo a la Cámara el 21 de febrero de 1921 que
Baruch hizo más de $50 millones en cobre durante la guerra.

[113] Baruch escogió como Presidente Auxiliar de War Industries Board a un socio
especulador de Wall Street, Clarence Dillon (Lapowitz). Vea biografías.

LOS SECRETOS DE LA RESERVA FEDERAL

sobre la industria americana en tiempo de guerra. Él no era industrial y nunca había estado en una fábrica. Como él se llamó ante un Comité del Congreso, Bernard Baruch declaró que su profesión era "Especulador". Una jugador de Wall Street había sido hecho Zar de la Industria americana.

El socio del principio de Baruch, Eugene Meyer, (Alaska-Juneau Gold Mining Co.), después dijo que Baruch era un novato, y que Meyer, con sus conexiones bancarias familiares (Lazard Freres), había guiado la carrera de inversión de Baruch. Estas demanda aparecía en la quincuagésima edición aniversaria de The Washington Post, página editorial, el 4 de junio de 1983, con una separata del editor de Meyer, Al Friendly, que *"Cada periodista en Washington, Meyer incluido, supo que Bernard M. Baruch era un engaño auto-agrandado"*.

El tercer miembro del Triunvirato, Eugene Meyer, era hijo del socio en la casa bancaria internacional Lazard Freres, de París y New York. En "My Own Story" Baruch explica cómo Meyer se puso a la cabeza de la War Finance Corp.. *"Al comienzo de la Primera Guerra Mundial"*, dice, *"yo busqué a Eugene Meyer, Jr... quién era un hombre de la integridad más alta con un deseo perspicaz de estar al servicio público"*.[114]

La nación ha padecido personas que desearon mucho ser del servicio público, porque sus deseos fueron a menudo considerablemente más allá de su pasión por la oficina. De hecho, Meyer y Baruch habían operado una ventura, Alaska-Juneau Gold Mining Company en 1915, y habían trabajado juntos en otros esquemas financieros.

---

[114] Bernard Baruch, *My Own Story*, Henry-Holt Company, New York, 1957, p. 194.

La familia Meyer de la casa Lazard Freres se especializó en movimientos internacionales de oro. La mayordomía de Eugene Meyer de la War Finance Corp. comprende parcialmente uno de los operaciones financieros más asombrosos jamás registrados en este país. Decimos *"parcialmente"*, porque las investigaciones subsecuentes del Congreso revelaron que cada noche, los libros estaban alterándose antes de llevarse a investigación del próximo día. Louis McFadden, Presidente del Comité de la Cámara en Banca y Dinero, figuró en dos investigaciones de Meyer, en 1925, y de nuevo en 1930, cuando Meyer fue propuesto como Gobernador de la Mesa de la Reserva Federal.

El Comité Selecto para Investigar la Destrucción de Bonos del Gobierno, sometió, el 2 de marzo de 1925, "la Preparación y Destrucción de Bonos Del Gobierno - 68 Congreso, 2d Sesión, Informe No. 1635: p.2. *"Bonos dobles que suman a 2314 pares y cupones dobles que suman 4698 pares yendo en denominaciones de $50 a $10,000 se han reembolsado al 1 de julio de 1924. Algunas de estas duplicaciones han sido resultado de error y alguna del fraude"*.

Estas investigaciones pueden explicar por qué, al final de la Primera Guerra Mundial, Eugene Meyer pudo comprar el control de Allied Chemical y Dye Corp., y después, el periódico más influyente de la nación, The Washington Post. La duplicación de bonos, *"una para el gobierno, una para mi"* en denominaciones en la cantidad de $10,000 cada uno, produjo una suma ordenada en pág. 6 de estos Audiencias: *"Estas transacciones de Tesorería prior al 20 de junio de 1920 (incluyendo pagos por compras y ventas), ejecutada por la War Finance Corp. (Eugene Meyer, director gerente), era principalmente dirigida por el director gerente de la War Finance Corporación, y los pagos con la Tesorería fueron hechos principalmente por él con el Secretario Auxiliar de la Tesorería, y los libros muestran que la base de precio pagada por el Gobierno por más de $1,894 valor de millones de bonos ($1.894.000.000.00), qué la Tesorería compró a la War Finance Corp. no era el precio del mercado y no era el costo del bono más interés, y los elementos que* *entran en el pago no son descubiertos por la correspondencia. El director gerente de la War Finance Corp. declaró que él y un Secretario Auxiliar de la Tesorería (Jerome J. Hanauer, socio de Kuhn, Loeb Co., cuya hija se casó con Lewis L. Strauss) aceptaba el precio, y simplemente era una figura arbitraria puesta por el Secretario Auxiliar de la Tesorería acerca de los bonos así comprados por la War Finance Corp.".*

"Durante el periodo de estas transacciones y hasta una reciente fecha el director gerente de la War Finance Corp., Eugene Meyer, Jr., en su capacidad privada tuvo oficina en No. 14 - Wall Street, Ciudad de New York, y para la War Finance Corp. vendió casi $70 millones en bonos al Gobierno, y también compró para la War Finance Corp. casi $10 millones en bonos, y aceptó los proyectos para la mayoría, si no todos, de estas bonos en su capacidad oficial como director gerente de War Finance Corp.. En cuando a estas transacciones, sólo se refirió, se descubrió al comité en audiencia abierta, el director gerente".

"Mientras simultáneamente el examen era hecho por el comité, los contadores públicos certificados, hasta aquí referidos, llevando su examen continuando eran cambios nocturnos, fue descubierto por su comité que las alteraciones y cambios que estaban haciéndose en los libros de registro que cubren estas transacciones, y cuando al mismo fue llamado la atención del tesorero de War Finance Corp., él admitió al comité que estaban haciéndose cambios. Hasta qué punto estos libros se han alterado durante el proceso, el comité no ha podido determinar. Después de junio, 1921, casi $10 billones de valores en seguridades fueron destruidos"

Fue The Washington Post de Eugene Meyer, (bajo la dirección de su hija, Katherine Graham) qué llegó más tarde a echar al Presidente de los Estados Unidos de la Casa Blanca en la base que él tenía conocimiento de un robo. Que somos nosotros para pensar de las revelaciones de duplicaciones de centenares de millones de valores de dólares de bonos.[115]

La cabeza del Banco de Inglaterra desde 1973, Sir Gordon Richardson, Gobernador del Banco de Inglaterra (controlado por la Casa de Rothschild), era presidente de J. Henry Schroder, New York, y Schroder Banking Corp., New York, así como el Banco Lloyd's de Londres, y Rolls Royce. Él tiene residencia en Sutton Place en la Ciudad de New York, y como cabeza de la "conexión Londres", puede decirse que es solo banquero más influyente en el mundo. La dirigencia de Meyer de la War Finance Corp., la alteración de los libros durante una investigación del Congreso, y el hecho que Meyer salió de esta situación con muchos millones de dólares con qué él procedió comprar Allied Chemical Corp., The Washington Post y otras propiedades? A propósito, Lazard Brothers, casa bancaria de la familia de Meyer, personalmente maneja las fortunas de muchos de nuestros luminares políticos, incluso la fortuna familiar Kennedy.

Además estos hombres, Warburg, Baruch, y Meyer, un organizador de J.P. Morgan Co., y Kuhn, Loeb Co., socios, empleados, y satélites vinieron a Washington después de 1917 para administrar el destino del pueblo americano. Los Liberty Loans, Préstamos de la Libertad, que vendieron bonos a nuestros ciudadanos estaban nominalmente en la jurisdicción de la Tesorería de Estados Unidos, bajo la dirección del Secretario de la Tesorería de Wilson, William G. McAdoo quien Kuhn, Loeb Co.

---

[115] El mapa de J. Henry Schroder Banking Company abarca toda la historia entera del vigésimo siglo y abraza como hace el programa (Comisión de Alivio belga) qué aprovisionó Alemania en 1915-1918 y disuadió a Alemania de buscar paz en 1916; financiando a Hitler en 1933 para hacer una Segunda Guerra del Mundo posible; respaldando la campaña Presidencial de Herbert Hoover; e igual en la actualidad y tiene dos de sus ejecutivos mayores de su empresa subsidiaria, Bechtel Corp. que sirve como Secretario de Defensa y Secretari de Estado en la Administración Reagan.

había puesto en cargo de la Hudson-Manhattan Railway Co. en 1902. Paul Warburg tenía la mayoría de Kuhn, Loeb Co. con él en Washington durante la Guerra.

Los dos Sub-secretarios de la Tesorería durante la Guerra eran S. Parker Gilbert y Roscoe C. Leffingwell. Gilbert y Leffingwell vinieron a la Tesorería de la firma de abogados Cravath y Henderson, y volvieron a esa empresa cuando ellos habían cumplido su misión para Kuhn, Loeb Co. en la Tesorería.[116] Cravath y Henderson fueron seguidamente abogados para Kuhn Loeb Co. y Gilbert and Leffingwell recibieron sociedades en J.P. Morgan Co.

Kuhn, Loeb Company, los dueños más grandes de la nación en propiedades de ferrocarril en este país y México, protegieron sus intereses durante la Primera Guerra Mundial teniendo a Woodrow Wilson prepararon una Administración de Ferrocarril de Estados Unidos. El Director-general era William McAdoo, Interventor de Dinero. Warburg reemplazó este preparado en 1918 con una organización más firme que llamó Concilio de Transporte Federal. El propósito de los dos organizaciones era prevenir huelgas contra Kuhn, Loeb Company durante la Guerra, en caso de que los obreros ferroviarios intentaran lograr sueldos de algunos de los millones de dólares en ganancias de tiempo de guerra que Kuhn, Loeb recibió del Gobierno de Estados Unidos.

Entre los importante banqueros presentes en Washington durante la Guerra estaba Herbert Lehman, de la empresa rápidamente creciente de Lehman Brothers, Bankers, New York,

---

[116] La carta Peabody-Morgan muestra la Conexión Londres de estas empresas banca prominentes que han tenido cuartel en Londres desde su principio. La fortuna Peabody preparó un Fondo Educativo en 1865 que fue después absorbido por John D. Rockefeller en la General Educational Board en 1905 qué, a su vez, fue absorbida por la Fundación Rockefeller en 1960.

que Lehman puso rápidamente en el Estado Mayor del Ejército, y le fue dado el grado de Coronel.

Los Lehman habían tenido una experiencia anterior *"sacando ganancias de la guerra"*, un doble sentido y una de las frases favoritas de Baruch. En Hombres Que Gobiernan América, Arturo D. Howden Smith escribe de los Lehman durante la Guerra Civil: *"Eran a menudo agentes para ambos lados, intermediarios para comunicaciones secretas y negociantes de muchas transacciones ilícitas en algodón y drogas para la Confederación, proveedores de información para el Norte. Los Lehman, con Mayer en Montgomery, la primera capital de la Confederación, Henry en Nueva Orleans y situaron a Emanuel en New York con suerte para aprovechar de cada oportunidad de ganancia que aparecía. Ellos parecen haber perdido pocas oportunidades"*.[117]

Otros nombramientos durante la Primera Guerra Mundial eran como sigue: J.W. McIntosh, director del frigorífico Armour Trust, nombrado Jefe de Subsistencia por el Ejército de Estados Unidos en 1918. Él fue Interventor del Dinero después durante la Administración Coolidge, y miembro ex-officio de la Mesa de la Reserva Federal. Él hizo su parte como Director de Finanzas para United States Shipping Board durante la Administración Harding, cuando la Mesa vendió naves a Dollar Lines por una centésima parte de su costo y luego permitió a Dollar Lines el default por sus pagos. Después de dejar el servicio público, J.W. McIntosh se volvió socio en J.W. Wollman Co., New York Stockbrokers.

W.P.G. Harding, Gobernador de la Mesa de la Reserva Federal, también fue director gerente de War Finance Corp. bajo Eugene Meyer.

---

[117] Arthur D. Howden Smith, *Men Who Rule America*, Bobbs Merrill, N.Y. 1935, p. 112.

Federal Reserve Directors: A Study of Corporate and Banking Influence *

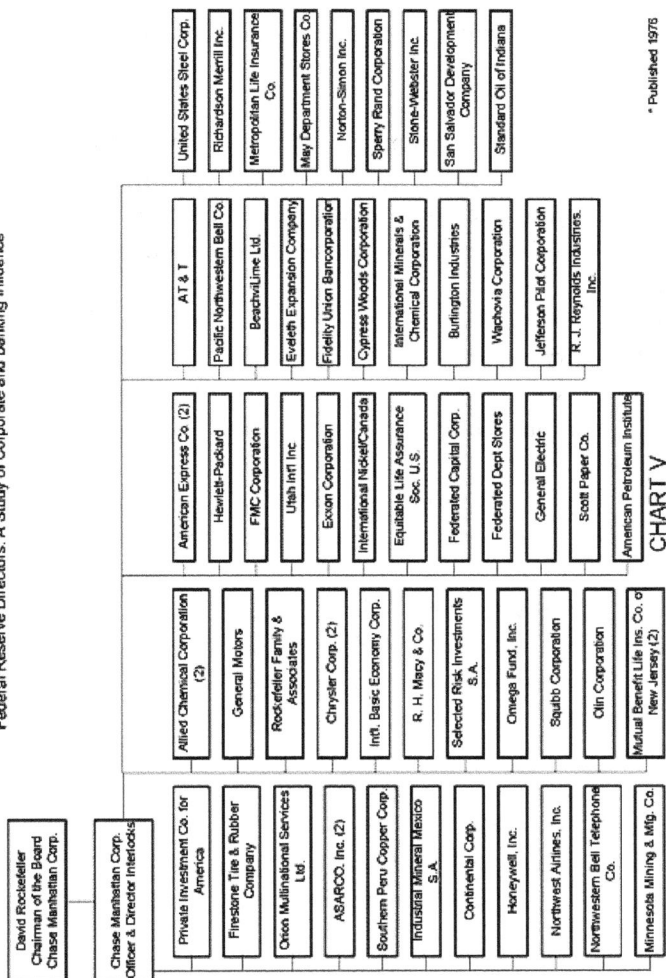

* Published 1976

David Rockefeller
Chairman of the Board
Chase Manhattan Corp.

Chase Manhattan Corp.
Officer & Director Interlocks

- Private Investment Co. for America
- Firestone Tire & Rubber Company
- Orion Multinational Services Ltd.
- ASARCO, Inc. (2)
- Southern Peru Copper Corp.
- Industrial Mineral Mexico S.A
- Continental Corp.
- Honeywell, Inc.
- Northwest Airlines, Inc.
- Northwestern Bell Telephone Co.
- Minnesota Mining & Mfg. Co.

- Allied Chemical Corporation (2)
- General Motors
- Rockefeller Family & Associates
- Chrysler Corp. (2)
- Int'l. Basic Economy Corp.
- R. H. Macy & Co.
- Selected Risk Investments S.A.
- Omega Fund, Inc.
- Squibb Corporation
- Olin Corporation
- Mutual Benefit Life Ins. Co. of New Jersey (2)

- American Express Co. (2)
- Hewlett-Packard
- FMC Corporation
- Utah Int'l Inc
- Exxon Corporation
- International Nickel/Canada
- Equitable Life Assurance Soc. U.S
- Federal Capital Corp.
- Federated Dept Stores
- General Electric
- Scott Paper Co.
- American Petroleum Institute

CHART V

- AT & T
- Pacific Northwestern Bell Co.
- BeachvilLime Ltd.
- Eveleth Expansion Company
- Fidelity Union Bancorporation
- Cypress Woods Corporation
- International Minerals & Chemical Corporation
- Burlington Industries
- Wachovia Corporation
- Jefferson Pilot Corporation
- R. J. Reynolds Industries. Inc.

- United States Steel Corp.
- Richardson Merrill Inc.
- Metropolitan Life Insurance Co.
- May Department Stores Co.
- Norton-Simon Inc.
- Sperry Rand Corporation
- Stone-Webster Inc.
- San Salvador Development Company
- Standard Oil of Indiana

CARTA V.

La Carta de David Rockefeller muestra el eslabón entre el Banco de la Reserva Federal de New York, Standar Oil Indiana, General Motors Allied Chemical Corp. (familia Eugene Meyer) y Equitable Life (J.P. Morgan).

George R. James, miembro de la Mesa de la Reserva Federal en 1923-24, había sido Principal de la Sección Algodón de la War Industries Board.

Henry P. Davison, socio mayoritario en J.P. Morgan Co., fue nombrado cabeza de la Cruz Roja americana en 1917 para conseguir el control de trescientos setenta millones de dólares cobrados y reunidos por el pueblo americano en donaciones.

Ronald Ransom, banquero de Atlanta, y Gobernador de la Mesa de la Reserva Federal bajo Roosevelt en 1938-39, había sido Director a Cargo de Personal para el Servicio Extranjero para la Cruz Roja americana en 1918.

John Skelton Williams, Interventor del Dinero, fue nombrado Tesorero Nacional de la Cruz Roja americana.

El Presidente Woodrow Wilson, el gran liberal que firmó el Acto de la Reserva Federal y declaró la guerra contra Alemania, tenía una carrera impar para un hombre que estaba comprometido ahora como defensor de las gente común. Su partidario principal en ambas campañas para la Presidencia fue Cleveland H. Dodge de Kuhn Loeb, quien controlaba National City Bank de New York. Dodge también era Presidente de Winchester Arms Company y Remington Arms Company. Él estuvo muy cerca del Presidente Wilson a lo largo de la carrera política del gran demócrata.

Wilson levantó embargo el embarque de armas a México el 12 de febrero de 1914, así Dodge pudo enviar un millón de dólares en valor de armas y munición a Carranza y podría promover la Revolución mexicana. Kuhn, Loeb Co. que poseyó Mexican National Railways System, estaba descontento con la administración de Huerta y se lo había echado a puntapiés.

Federal Reserve Directors: A Study of Corporate and Banking Influence *

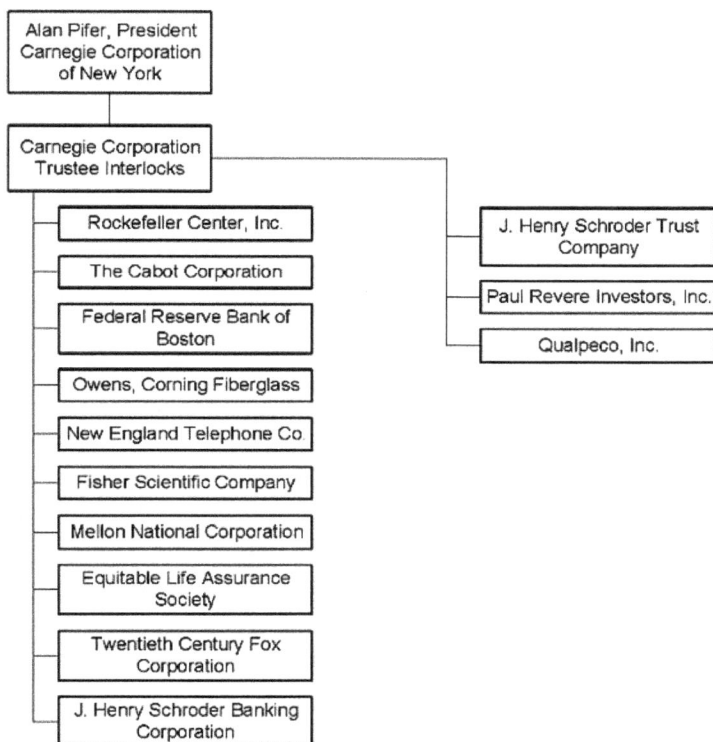

```
┌─────────────────────────┐
│ Alan Pifer, President    │
│ Carnegie Corporation     │
│ of New York              │
└─────────────────────────┘
┌─────────────────────────┐
│ Carnegie Corporation     │
│ Trustee Interlocks       │
└─────────────────────────┘
```

- Rockefeller Center, Inc.
- The Cabot Corporation
- Federal Reserve Bank of Boston
- Owens, Corning Fiberglass
- New England Telephone Co.
- Fisher Scientific Company
- Mellon National Corporation
- Equitable Life Assurance Society
- Twentieth Century Fox Corporation
- J. Henry Schroder Banking Corporation

- J. Henry Schroder Trust Company
- Paul Revere Investors, Inc.
- Qualpeco, Inc.

*Published 1976

CHART VI

CARTA VI.

Este mapa muestra los entrecruces entre el Banco de la Reserva Federal de New York, J. Henry Schroder Banking Corp., J. Henry Schroder Trust Co., Rockefeller Center, Inc., Equitable Life Assurance Society (J.P. Morgan), y el Banco de la Reserva Federal de Boston.

———

Cuando el auxiliar naval británico Lusitania se hundió en 1915, estaba cargado con munición de las fábricas de Dodge.

Dodge se hizo Presidente de la Fundación "Sobrevivientes de Víctimas del Lusitania" que hizo tanto por despertar al público contra Alemania. Dodge también era notorio por usar gángsters profesionales contra huelguistas en sus plantas, aún el liberal Wilson no parece haber sido perturbado alguna vez por esto.

Otra pista de la marca peculiar de liberalismo de Wilson será encontrada en el libro de Chaplin Woobly, quien relata cómo Wilson garrapateó la palabra "Rehusado" en la apelación por clemencia enviada por el envejecido y enfermo Eugene Debs que había sido enviado a la Prisión de Atlanta por *"hablar y escribir contra la guerra"*. El cargo del que Debs fue declarado culpable era *"hablar y escribir denuncia de guerra"*. Esto era traición para la dictadura de Wilson, y Debs fue encarcelado. Como cabeza del Partido Socialista, Debs hizo campaña para la Presidencia desde la Prisión de Atlanta, el único hombre jamás en hacerlo así, y registró más de un millón de votos. Era irónico que la dirección de Debs del Partido Socialista que en ese momento representaba los deseos de muchos americanos por un gobierno honrado, debiera caer en las manos enfermizas de Norman Thomas, un ex estudiante y admirador de Woodrow Wilson en la Universidad de Princeton. Bajo Thomas la dirección del Partido Socialista ya no simbolizaba nada, y sufrió un declive firme en influencia y prestigio.

Wilson continuó profundamente involucrado en la Revolución bolchevique, como lo estaban House y Wiseman. Vol. 3, pág. 421 de Papeles Íntimos de House archiva un cable de Sir William Wiseman a House desde Londres, el 1 de mayo de 1918, haciendo pensar en una intervención aliada a invitación de los Bolcheviques, para ayudar a organizar las fuerzas bolcheviques. El Teniente Coronel Norman Thwaites, en sus memorias, Terciopelo y Vinagre dice: *"A menudo durante los años 1917-20 cuando debieron ser hechas decisiones delicadas, yo consulté con Mr. (Otto) Kahn cuyo juicio tranquilo y previsión casi misteriosa cuando las tendencias políticas y económicas se demostraron más útiles. Otro hombre notable con quien yo he estado estrechamente asociado es Sir*

William Wiseman que era consejero sobre asuntos americanos en la comisión británica en la Conferencia de la Paz, y funcionario de enlace entre los gobiernos americanos y británicos durante la guerra. Él era bastante más del Coronel House de este país en sus relaciones con Downing Street".[118]

En el verano de 1917, Woodrow Wilson nombró al Coronel House para encabezar la Misión de Guerra americana en la Conferencia Inter Aliada de Guerra, la primera misión americana en un concilio europeo en la historia. House fue criticado por nombrar a su yerno, Gordon Auchincloss, como su ayudante en esta misión. Paul Cravath, abogado por Kuhn, Loeb Company, era tercero a cargo de la Misión de Guerra americana. Sir William Wiseman guió la Misión de Guerra americana en sus conferencias. En "La Amistad más Extraña en la Historia", Viereck escribe: *"Después que América entró en Guerra, Wiseman, según Northcliffe, era el único hombre que tenía acceso en todo momento al Coronel y la Casa Blanca. Wiseman alquiló un apartamento en la casa donde el Coronel vivía. David Lawrence se refirió a la casa de Calle 53 (Ciudad de New York) bromeando como el Downing Street 10 americano...*

El Coronel House tenía un código especial sólo usado con Sir William Wiseman. El Coronel House era Bush, los Morgan eran Haslam y Trotsky era Keble".[119] Así estos dos "extraoficiales" consejeros a los gobiernos británicos y americanos tenían un código solamente para nosotros, qué nadie más pudiera entender. Aun extraño era el hecho que el aparato de espionaje comunista internacional durante muchos años usó el libro del Coronel House, Philip Dru, Administrador, como libro de código oficial. Francois Coty escribe: *"Gorodin, el agente de Lenin en China, se*

---

[118] Lt. Col. Norman Thwaites, *Velvet and Vinegar*, Grayson Co., London, 1932.
[119] George Sylvester Viereck, *The Strangest Friendship in History, Woodrow Wilson and Col. House*, Liveright, N.Y. 1932, p. 172.

alegó por tener con él una copia del libro publicada por el Coronel House, Philip Dru, Administrador y un experto de códigos que vivió en China le dijo a este escritor que el propósito de tener acceso constante a este libro por Gorodin era usarlo por codificar y descifrar mensajes". [120]

---

[120] Francois Coty, *Tearing Away the Veil*, Paris, 1940.

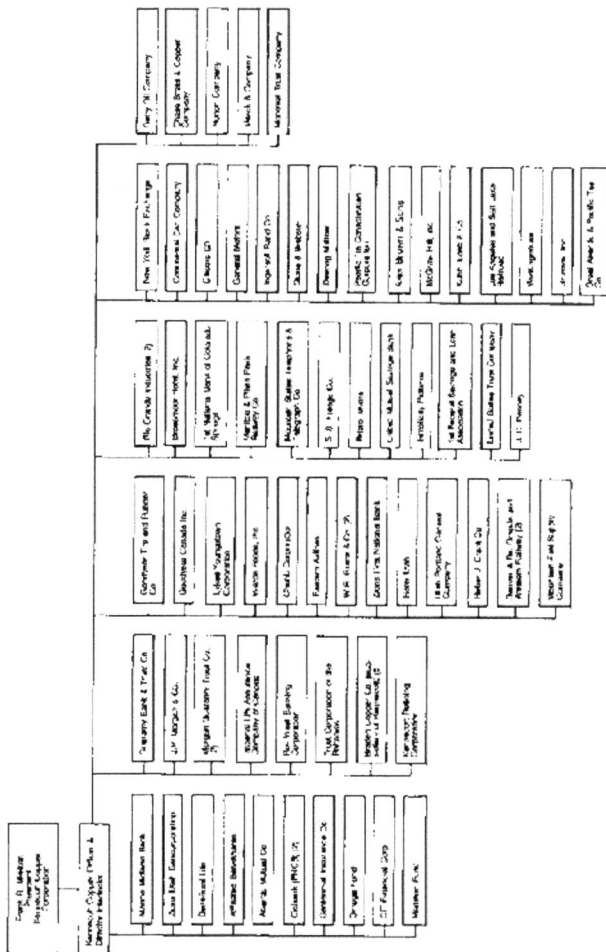

CHART VII

CARTA VII.

Esta carta muestra los enclaves del Banco de la Reserva Federal de New York con Citibank, Guaranty Bank and Trust Co. (J.P. Morgan), J.P. Morgan Co., Morgan Guaranty Trust Co., Alex Brown & Sons (Brown Brothers Harriman), Kuhn Loeb & Co., Los Angeles and Salt Lake RR (controlado por Kuhn Loeb Co.), y Westinghouse (controlado por Kuhn Loeb Co.).

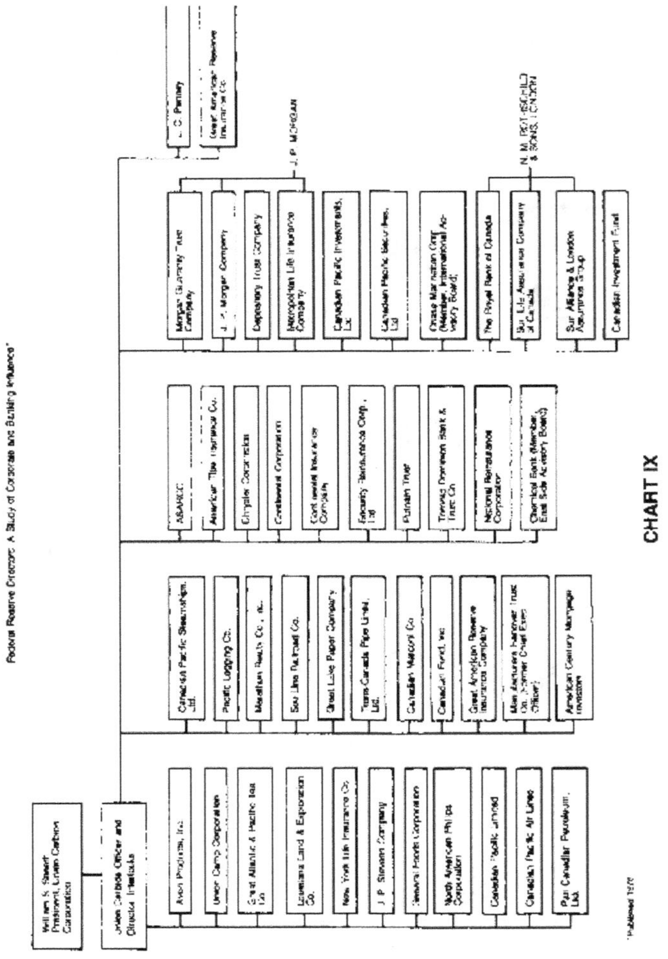

CHART IX

CARTA IX

Este mapa muestra los enclaves entre el Banco de la Reserva Federal de New York y J.P. Morgan Co., Morgan Guaranty Trust Co., y los afiliados de Rothschild de Royal Bank of Canada, Sun Life Assurance Co. of Canada, Sun Alliance y London Assurance Group.

Después del Armisticio, Woodrow Wilson congregó a la Comisión americana a la Conferencia de la Paz, y se embarcó para París. Era, en general, un grupo más análogo, consistente en los banqueros que siempre habían guiado las políticas de Wilson. Él estaba acompañado por Bernard Baruch, Thomas W. Lamont de J.P. Morgan Co., Albert Strauss de J & W Seligman, banqueros que habían sido escogidos por Wilson para reemplazar a Paul Warburg en la Mesa de Gobernadores de la Reserva Federal, J.P. Morgan, y los abogados de Morgan, Frank Polk y John W. Davis.

Acompañándolos estaban Walter Lippmann, Felix Frankfurter, el Juez Brandeis, y otras partes interesadas. La biografía de Mason de Brandeis dice que *Brandeis se encontró con tales amigos como Paul Warburg, el Coronel House, Sir Balfour, Louis Marshall y Barón Edmond de Rothschild en París en junio de 1919".*

De hecho, el Barón Edmond de Rothschild sirvió como el genial organizador para los miembros principales de la Comisión americana, e incluso destinó su mansión de París para ellos, aunque los miembros menores tenían el elegante Hotel Crillon con el Coronel House y su personal de 201 sirvientes.

Baruch testificó después ante el Comité Graham del Senado, el Comité de Relaciones Extranjeras: *"yo era consejero económico con la misión de la paz.*

GRAHAM: *¿Aconsejó usted frecuentemente al Presidente mientras estaba allí?*

BARUCH: *Siempre que él preguntó mi consejo yo lo di. Yo tenía algo que ver con las cláusulas de las indemnizaciones. Yo era el Comisionado americano a cargo de lo que llamaron la Sección Económica. Yo era miembro del Concilio Económico Supremo en cargo de metales crudos.*

GRAHAM: *¿Se sentaba usted en el concilio con los señores que estaban negociando el tratado?*

BARUCH: *Sí, señor, alguna vez.*

GRAHAM: *¿Exceptuando todas las reuniones en que participaron por los Cinco?*

(Los Cinco eran los líderes de las cinco naciones aliadas).

BARUCH: *Y frecuentemente aquéllas también".*

Paul Warburg acompañó a Wilson en la Comisión Americana Para Negociar la Paz como su consejero financiero principal. Él estaba agradablemente sorprendido por encontrar a la cabeza de la comisión alemana su hermano, Max Warburg que trajo a Carl Melchior también de M.M. Warburg Company, William Georg von Strauss, Franz Urbig y Mathias Erzberger.

Thomas W. Lamont declara en sus memorias impresas privadamente, "Por las Fronteras Mundiales": *"La comisión alemana incluyó a dos banqueros alemanes de la empresa Warburg a quienes yo pasé por conocer ligeramente con quien me alegraba de hablar informalmente, porque parecían estar esforzándose seriamente por ofrecer alguna composición de las indemnizaciones que podrían ser aceptable para los Aliados".* [121]

Lamont también estaba con agradado por ver a Sir William Wiseman, consejero principal de la comisión británica. Los banqueros de la conferencia convencieron a Wilson que necesitaban que un gobierno internacional facilitara sus operaciones monetarias internacionales. Vol. IV, pág. 52, Papeles Íntimos de Coronel House cita un mensaje de Sir William

---

[121] Thomas W. Lamont, *Across World Frontiers*, (Privately printed) 1950, p. 138.

Wiseman a Lord Reading, 16 de agosto de 1918: "*El Presidente tiene dos principios en vista; debe haber una Liga de Naciones y debe ser viril*". Wilson que parece haber vivido en un mundo de fantasía estaba asustado cuando los ciudadanos americanos lo abuchearon durante su campaña para hacerles firmar sobre su independencia duramente ganada, lo que aparecía para muchos ser una dictadura internacional. Él cayó rápidamente en depresión, y se retiró a su alcoba. Su esposa inmediatamente cerró las puertas de la Casa Blanca contra el Coronel House, y del 25 de septiembre de 1919 al 13 de abril de 1920, ella gobernó los Estados Unidos con ayuda de un amigo cercano, su "ayudante militar", el Coronel Rixey Smith. Como todos estaban fuera de sus deliberaciones, ninguno alguna vez supo quien del par funcionaba como Presidente, y quien era el vicepresidente.

Los admiradores de Woodrow Wilson fueron dirigidos durante décadas por Bernard Baruch quien declaró que Woodrow Wilson era el más grande hombre que él conoció jamás. Los nombramientos de Wilson a la Mesa de la Reserva Federal, y la responsabilidad de ese cuerpo por financiar la Primera Guerra Mundial, así como Wilson entregó los Estados Unidos al triunvirato inmigrante durante la Guerra, lo hizo ver ser el perpetrador individual de la ruina más importante en la historia americana. No maravilla que después de su viaje abortado a Europa, donde él fue abucheado y silbado en las calles por el pueblo francés, y se rieron de él disimuladamente en los vestíbulos de Versailles, Orlando y Clemenceau, Woodrow Wilson volvió a casa para meterse en cama. La vista de destrucción y muerte en Europa de la que él era directamente responsable, era quizás un shock de ruina más de lo que podía sobrellevar. El Ministro italiano Pentaleoni expresó los sentimientos de los pueblos europeos cuando él escribió que: "*Woodrow Wilson es un tipo de Pecksniff que está desaparecido ahora en medio de execración universal*".

Es el infortunio de América que nuestra prensa subvencionada y el sistema educativo se han consagrado a encubrir a un hombre que conspiró causando tanta muerte y aflicción a lo largo del mundo.

El cartel financiero sólo sufrió retrocesos menores en esos años cruciales. El 12 de febrero de 1917, The New York Times informó que *"se acusó a los cinco miembros de la Mesa de la Reserva Federal en el piso de la Cámara por el Representante Charles A. Lindbergh, miembro Republicano del Comité de la Cámara en Banca y Dinero. Según Mr. Lindbergh, 'la conspiración empezó en 1906' cuando el viejo J.P Morgan, Paul M. Warburg, miembro actual de la Mesa de la Reserva Federal, el National City Bank y otras empresas bancarias 'conspiraron' para obtener la legislación del dinero en interés de los grandes negocios y el nombramiento de una mesa especial para administrar tal ley y crear la esclavitud industrial de masas, los conspiradores mencionados conspiraron y están conspirando ahora para tener la administración de la Mesa de la Reserva Federal para permitir a los conspiradores coordinar todo tipo de grandes negocios y mantenerse en el control de los grandes negocios para amalgamar todos los trusts en un gran Trust en refrenar y controlar el comercio".* La resolución de acusación no se actuó por la Cámara.

The New York Times informó el 10 de agosto de 1918: *"el término de Mr. Warburg ha expirado, él se retiró voluntariamente de la Mesa de la Reserva Federal".* Así la intimación anterior que Mr. Warburg dejó la Mesa de la Reserva Federal porque tenía un hermano en el Servicio Secreto de un país extranjero, a saber, Alemania con quien estábamos en la guerra, no fue la causa de su jubilación. En todo caso, no dejó la Administración de la Reserva Federal, cuando él tomó inmediatamente el asiento de J.P. Morgan en el Concilio Asesor Federal desde el cual continuó administrando el Sistema de la Reserva Federal durante los próximos diez años.

Federal Reserve Directors: A Study of Corporate and Banking Influence'

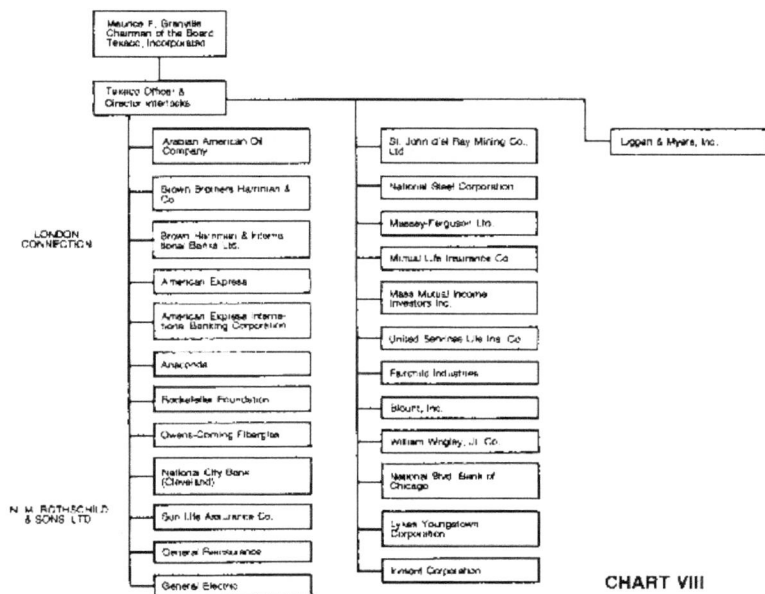

CHART VIII

CARTA VIII

Este mapa muestra el eslabón entre el Banco de la Reserva Federal de New York, Brothers Harriman, Sun Life Assurance Co. (N.M.Rothschild and Sons), y Rockefeller Foundation.

CAPÍTULO NUEVE

LA DEPRESIÓN AGRÍCOLA

Cuando Paul Warburg renunció a la Mesa de Gobernadores de la Reserva Federal en 1918, su lugar lo tomó Alberto Strauss, socio en la casa bancaria internacional de J & W Seligman. Esta casa bancaria tenía grandes intereses en Cuba y América del Sur, y jugó una parte prominente financiando muchas revoluciones en esos países. Su publicidad más notoria vino durante la investigación del Comité de Finanzas de Senado en 1933, cuando salió a luz que J & W Seligman le había dado un soborno de $415,000 a Juan Leguía, hijo del Presidente de Perú, para conseguir que esa nación aceptara un préstamo. Una lista parcial de las dirigencias de Alberto Strauss, según "Who's Who", muestras que él era: Presidente del Directorio de Cuba Cane Sugar Corp.; director de Brooklyn Manhattan Transit Co., Coney Island Brooklyn RR, New York Rapid Transit, Pierce-Arrow, Cuba Tobacco Corp. y Eastern Cuba Sugar Corp..

El Gobernador Delano renunció en agosto, 1918, para ser comisionado Coronel del Ejército. La guerra acabó el 11 de noviembre de 1918. William McAdoo fue reemplazado en 1918 por Carter Glass como Secretario de la Tesorería. Strauss y Glass estaban presentes en la reunión secreta de la Mesa de la Reserva Federal el 18 de mayo de 1920, cuando se hizo posible la Depresión Agrícola de 1920-21.

Uno de las mentiras principales sobre el Acto de la Reserva Federal cuando estaba siendo propagandizada en 1913, era su promesa de cuidar al granjero. En realidad, nunca ha cuidado de alguien sino de los cinco grandes banqueros. El Prof. O.M.W. Sprague, economista de Harvard, escribiendo en Quarterly Journal of Economics de febrero, 1914, dijo: *"El propósito primario del Acto de la Reserva Federal es asegurarse que habrá siempre suministro disponible de dinero y crédito en este país para reunir requisitos bancarios inusuales"*. No hay nada en esa redacción para ayudar al granjero.

La Primera Guerra Mundial había introducido en este país una prosperidad general, como revelaron las acciones de la industria pesada en el New York Exchange en 1917-1918, por el aumento en la cantidad de dinero circulante y por los enormes de clearing de bancos durante todo 1918. Era el deber asignado del Sistema de la Reserva Federal devolver la inmensa cantidad de dinero y crédito que había escapado a su control durante este tiempo de prosperidad. Esto fue hecho por la Depresión Agrícola de 1920-21.

Los operaciones del Comité de Mercado Abierto de la Reserva Federal en 1917-18, mientras Paul Warburg todavía era Presidente, muestra un tremendo aumento en compras de banqueros y aceptaciones de comercio. Había también un gran aumento en compra de seguridades del Gobierno de Estados Unidos, bajo la dirección del capaz Eugene Meyer Jr. Gran parte de la especulación accionaria del mercado en 1919, al final de la Guerra cuando el mercado era muy incierto, se financió con fondos pedidos prestados a los Bancos de la Reserva Federal con seguridades del Gobierno como colaterales. Así el juego de Sistema de Reserva Federal a la Depresión, primero causando inflación, y levantando la tasa de descuento y haciendo entonces estimado al dinero.

En 1914, las tasas del Banco de Reserva Federal se habían dejado caer de 6% a 4%, había ido a una extensa debajo de 6% en 1916 y habían quedado en ese nivel hasta 1920. La razón para la tasa de interés baja era la necesidad de hacer flotar los Préstamos de Libertad de mil millones de dólares. Al principio de cada Envío del Préstamo de Libertad, la Mesa de la Reserva Federal puso cien millones de dólares en el mercado de dinero New York para sus operaciones de mercado abierto por mantener un ímpetu de marcha del dinero en efectivo. El papel más importante de las Bonos de la Libertad era empapar el aumento de la circulación del medio de intercambio (íntegro de cuenta) provocado por la gran cantidad de dinero y crédito colocado al público durante la guerra. Se pagó a los obreros altos sueldos y los granjeros recibieron los precios más altos por su producto que habían conocido alguna vez. Estos dos grupos acumularon los millones de dólares de dinero en efectivo que no pusieron en los Bonos de Libertad. Ese dinero estaba eficazmente fuera de las manos del grupo Wall Street que controlaba el dinero y crédito de los Estados Unidos. Ellos lo quisieron de vuelta y es por eso qué tuvimos la Depresión Agrícola de 1920-21. Mucho del dinero se depositó en pequeños bancos del país en el Medio Oeste y Oeste que se habían negado a tener cualquier parte del Sistema de la Reserva Federal, los granjeros y rancheros de esas regiones que no veían ninguna buena razón por la qué debían dar al grupo de financieros internacionales el control de su dinero. El trabajo principal del Sistema de la Reserva Federal era quebrar estos pequeños bancos rurales y recobrar el dinero que se había pagado a los granjeros durante la guerra, en efecto, arruinarlos y es lo que se procedió a hacer.

En primer lugar, el Federal Farm Loan Board (Mesa Federal de Préstamo de Granja) fue establecido y animó a que los granjeros invirtieran su dinero aumentado en tierras en plazos largo de préstamos, que los granjeros estaban ávidos de hacer. Entonces se permitió a la inflación tomar su curso en este país y en Europa en 1919 y 1920. El propósito de la inflación en Europa era cancelar una porción grande de deudas de guerra debidas por los Aliados al pueblo americano, y su propósito en este país era atraer las monedas en exceso que habían distribuido al pueblo trabajador en forma de sueldos más altos y pagas extras por producción.

Cuando los precios fueron más y más altos, el dinero que los obreros habían acumulado se volvió de un valor cada vez menor e infligió sobre ellos un drenaje injusto, mientras las clases propietarias fueron enriquecidas por la inflación debida al aumento enorme de valor de la tierra y se bienes fabricados. Los obreros fueron empobrecidos así eficazmente, pero los granjeros que eran como una clase más económica y quienes era más autosuficientes, tuvieron que ser manipulados más bruscamente.

G.W. Norris, en ''Collier's Magazine'' del 20 de marzo de 1920, dijo: *"El rumor es que dos miembros de la Mesa de la Reserva Federal tuvieron una charla franca con algunos banqueros y financieros de New York en diciembre, 1919. Inmediatamente después, hubo una notable caída de transacciones en el mercado accionario y un cese de promociones de compañías. Es entendido que acciones en la misma dirección general ya se han tomado en otras secciones del país, como aparecía en evidencia del abuso del Sistema de la Reserva Federal para promover la especulación en tierras y artículos"*.

El Senador Robert L. Owen, Presidente del Comité del Senado en Banca y Dinero, testificó en los Audiencias Silver del Senado en 1939 que: *"En la parte temprana de 1920, los granjeros eran sumamente prósperos. Ellos estaban pagando hipotecas y comprando mucha nuevas tierras, a instancias del Gobierno - habían pedido prestado dinero para hacerlo - y entonces fueron arruinados por una reducción súbita del crédito y dinero que tuvo lugar en 1920. Lo que tuvo lugar en 1920 era justo la marcha atrás de lo que debía haber estado tomando lugar. En lugar de liquidar el exceso de créditos creados por la guerra por un periodo de años, la Mesa de la Reserva Federal se encontró en una reunión que no se descubrió al público. Ellos se encontraron el 18 de mayo, 1920 y fue una reunión secreta. Ellos pasaron en conferencia todo el día; las minutas hicieron sesenta páginas impresas, y ellos aparecen en el Documento Senado 310 del 19 de febrero de 1923.*

Los Directores Clase A, Concilio Asesor de la Reserva Federal, estaban presente, pero los Directores de Clase B que representaban negocios, comercio y agricultura no estaban presentes. Los Directores de Clase C, representando al pueblo de los Estados Unidos, no estaba presente y no fueron invitados a estarlo. Sólo los grandes banqueros estaban allí, y su trabajo de ese día producía una reducción de crédito qué tuvo el efecto al próximo año de reducir el ingreso nacional en quince mil millones dólares, millones dejando al pueblo sin empleo y reduciendo el valor de las tierras y ranchos por veinte mil millones de dólares".

Carter Glass, miembro de la Mesa en 1920 como Secretario de la Tesorería, escribió en su autobiografía, "Aventuras en Finanzas Constructivas" publicada en 1928; *"Los reporteros no estaban presentes, por supuesto, como no deben de haber estado y como nunca están en ninguna mesa de banco del mundo que se reúne".* [122]

Era Carter Glass quien se había quejado que, si una enmienda sugerida por el Senador LaFollette fuera pasada, en el Acto de la Reserva Federal de 1913, al efecto de que ningún miembro de la Mesa de la Reserva Federal debe ser funcionario o director o accionista de cualquier banco, Trust, o compañía de seguros, nosotros terminaríamos teniendo mecánicos y obreros de granja en la Mesa. Por cierto los mecánicos y obreros de granja no podrían causar más daño al país del que hicieron Glass, Strauss, y Warburg en la reunión secreta de la Mesa de la Reserva Federal.

El Senador Brookhart de Iowa testificó que en ese secreto encuentro Paul Warburg, también Presidente del Concilio Asesor Federal, tenía una resolución pasada de enviar un comité de cinco

---

[122] Carter Glass, *Adventure in Constructive Finance*, Doubleday, N.Y. 1928.

a la Comisión de Comercio Interestatal y pedir un aumento en tasas de ferrocarril. Como cabeza de Kuhn, Loeb Co. que poseyó la mayoría de la distancia en millas de vía férrea en los Estados Unidos, él ya estaba extrañando las grandes ganancias que el Gobierno de Estados Unidos había pagado durante la guerra y quiso infligir nuevos aumentos de precios sobre el pueblo americano.

El Senador Brookhart también testificó que: *"Yo entré en la oficina de Myron T. Herrick en París, y le dije que fui a estudiar allí banca cooperativa. Él me dijo: 'cuando usted revisa los países de Europa, usted encontrará que los Estados Unidos son el único país civilizado del mundo que por ley está prohibiendo a su pueblo organizar un sistema cooperativo'. Yo subí a New York y hablé con casi doscientas personas. Después de hablar de cooperación y estando en espera por mi tren - yo no mencioné banca cooperativa específicamente, era en general cooperación - un hombre me llamó a un lado y dijo, 'yo pienso que Paul Warburg es el más grande financiero que hemos producido alguna vez. Él cree mucho más de sus ideas cooperativas de lo que usted piensa y si usted quiere consultar a alguien sobre el negocio de cooperación, él es el hombre para consultar, porque él cree en usted, y usted puede confiar en él'. Unos minutos después yo me dirigí contra el propio Mr. Warburg, y él me dijo, 'Usted tiene razón sobre esta idea cooperativa. Yo quiero dejarle saber que los banqueros grandes están con usted. Yo quiero permitirle saber que ahora, así usted no empiece nada en cooperativa bancaria y se los ponga contra usted'.*

Yo dije: 'Mr. Warburg, yo ya he preparado y mañana yo voy a ofrecerle una enmienda al Proyecto Lant que autoriza el establecimiento de bancos nacionales cooperativos'. Que era el acto de crédito intermedio que estaba entonces pendiente para autorizar el establecimiento de bancos nacionales cooperativos. Ésa era la magnitud de mi conversación con Mr. Warburg, y nosotros no hemos tenido ninguno nunca".

Mr. Wing testificó que en abril, mayo, junio y julio de 1920, a los fabricantes y comerciantes se les permitió un aumento muy grande en créditos. Esto era una marea para ellos por la reducción de crédito que se pensaba que arruinaba a los granjeros americanos que, durante este periodo, se les negó todo el crédito.

En las Audiencias del Senado en 1923, Eugene Meyer, Jr. puso su dedo en una razón primaria para la acciones de la Mesa de la Reserva Federal levantando la tasa de interés a 7% sobre lo agrícola y ganado: *"Yo creo"*, él dijo, *"que mucho problema se habría evitado si un número más grande de bancos no-miembros elegibles habían sido miembros del Sistema de la Reserva Federal"*. Meyer estaba correcto señalando esto. El propósito de la acciones de la Mesa era romper aquéllos bancos de Estados y bancos accionarios que se habían negado a rendir su libertad a la dictadura de banqueros que firmemente prepararon por el Sistema.

Kemmerer en "ABC del Sistema de la Reserva Federal" había escrito en 1919 que: *"La tendencia será hacia la unificación y simplicidad que serán provocadas por las instituciones del estado, números crecientes, accionistas adecuados y depositantes en los bancos de la reserva"*. Sin embargo, los bancos estatales no habían respondido.

Los Audiencias del Senado de 1923 - investigar las causas de la Depresión Agrícola de 1920-21 - habían sido exigidas por el pueblo americano. El registro completo de la reunión secreta de la Mesa de la Reserva Federal el 18 de mayo de 1920 había sido impreso en "Fabricantes del Registro" de Baltimore, Maryland, una revista consagrada a los intereses de los pequeños fabricantes del Sur. Benjamín Strong, Gobernador del Banco de la Reserva Federal de New York, y amigo de Montagu Norman, Gobernador del Banco de Inglaterra, dijo a estas Audiencias: *"El Sistema de la Reserva Federal ha hecho más para el granjero de lo que él ha empezado a comprender todavía"*.

Emmanuel Goldenweiser, Director de Investigación de la Mesa de Gobernadores, dijo que la tasa del descuento se levantó puramente como medida anti-inflacionista, pero no explicó por qué era un aumento apuntado solo a granjeros y obreros, mientras al mismo tiempo el Sistema protegió a los fabricantes y comerciantes asegurándolos créditos en aumento. La declaración final sobre la culpa de la Mesa de la Reserva Federal causando la Depresión Agrícola de 1920-21 fue hecha por William Jennings Bryan. En "Hearst's Magazine" de noviembre, 1923, él escribió: *"El Banco de la Reserva Federal que debía haber sido la más grande protección del granjero se ha vuelto su más grande enemigo. La deflación de los granjeros fue un crimen cometido deliberadamente"*.

CAPÍTULO DIEZ

LOS CREADORES DE DINERO

La página editorial de The New York Times, 18 de
enero de 1920, llevó un comentario interesante sobre
el Sistema de la Reserva Federal. El escritor no
identificado, quizás Paul Warburg, declaró: "*La Reserva Federal es
una fuente de crédito, no de capital*". Esta una de las declaraciones
más reveladoras jamás hecha sobre el Sistema de la Reserva
Federal. Dice que el Sistema de la Reserva Federal nunca agregará
algo a nuestra estructura de capital, o a la formación de capital,
porque se organiza para producir crédito, crear dinero para dinero
de crédito y especulaciones, en lugar de mantener fondos
importantes para la mejora del comercio e industria. Simplemente
declarado, la capitalización significaría proporcionar notas
respaldadas por metal precioso u otros artículos. Las notas de la
reserva son papel sin respaldo, prestado a interés.

El 25 de julio de 1921, el Senador Owen declaró en la página
editorial de The New York Times: "*La Mesa de la Reserva Federal
es el poder financiero más gigantesco en todo el mundo. En lugar de
usar este gran poder como el Acto de la Reserva Federal pensó que
debe, la mesa....delegó este poder a los bancos, tiró el peso de su
influencia hacia el apoyo de la política de la inflación alemana*". El
senador cuyo nombre estaba en el Acta dijo que no estaba
realizando lo prometido.

Después de la Depresión Agrícola de 1920-21, la Mesa de
Gobernadores de la Reserva Federal se estableció en ocho años de
proporcionar rápida expansión del crédito de los banqueros de

New York, una política que culminó en la Gran Depresión de 1929-31 y ayudó a paralizar la estructura económica del mundo. Paul Warburg había renunciado en mayo, 1918, después que el sistema monetario de los Estados Unidos se había cambiado de dinero asegurado por bono a un dinero basado en papel comercial y acciones de los Bancos de la Reserva Federal. Warburg volvió a su trabajo de quinientos mil dólares al año con Kuhn, Loeb Company, pero él continuó determinando la política del Sistema de la Reserva Federal, como Presidente del Concilio Asesor Federal y como Presidente del Comité Ejecutivo del Concilio de Aceptación americano.

De 1921 a 1929, Paul Warburg organizó tres de los más grandes trusts en los Estados Unidos, el International Acceptance Bank, el banco de aceptación más grande en el mundo, Agfa Ansco Film Corp., con oficina principal en Bélgica, e I.G. Farben Corp. cuya rama americana la estableció Warburg como I.G. Chemical Corp.. Westinghouse Corp. también es una de sus creaciones.

En los tempranos 1920, el Sistema de la Reserva Federal jugó un rol firme en la re-entrada de Rusia en la estructura internacional de finanzas. Winthrop y Stimson continuaron siendo corresponsales entre rusos y banqueros americanos, y Henry L. Stimson hizo negociaciones que concluyeron en nuestro reconocimiento de los soviéticos tras la elección de Roosevelt en 1932. Éste fue un anti-clímax, porque tuvimos desde mucho tiempo antes, relaciones de intercambio reasumidas con financieros rusos.

El Sistema de la Reserva Federal empezó comprando oro ruso en 1920 y dinero ruso se aceptaba en los Intercambios. Según el Coronel Ely Garrison, en su auto-biografía, y según los Estados Unidos el Informe del United States Naval Secret Service sobre Paul Warburg, la Revolución rusa había sido financiada por los Rothschild y Warburg, con un miembro de la familia de Warburg que llevó los fondos reales usados por Lenin y Trotsky en Estocolmo en 1918.

Un artículo en la publicación mensual inglesa "Fortnightly", julio, 1922, dice: *"En el último año, prácticamente cada sola institución sistema capitalista se ha restaurado. Esta es la verdad del Banco Estatal, banca privada, Bolsa de Valores, derecho a poseer dinero en cantidad ilimitada, el derecho de herencia, proyecto de sistema de intercambio, y otras instituciones y prácticas involucradas en la conducta de la industria y el comercio privado. Una gran parte de las Ex nacionalizadas industrias se encuentran ahora en trusts semi-independientes".*

La organización de trusts poderosos en Rusia bajo la guisa de comunismo hizo posible el recibo de grandes cantidades de ayuda financiera y técnica de los Estados Unidos. La aristocracia rusa había sido barrida porque era demasiado ineficaz para manejar un estado industrial moderno. Los financieros internacionales tuvieron fondos para Lenin y Trotsky para derrocar al régimen zarista y mantener a Rusia en la Primera Guerra Mundial. Peter Drucker, portavoz por la oligarquía en América, declaró en un artículo en el Saturday Evening Post en 1948, que: "RUSIA ES EL IDEAL DE LA ECONOMÍA DIRIGIDA HACIA LA QUE NOSOTROS NOS ESTAMOS MOVIENDO".

En Rusia, la emisión de dinero suficiente para manejar las necesidades de su economía ocurrió sólo después que un gobierno se había puesto en poder, el cual tenía control absoluto del pueblo. Durante los años veinte, Rusia emitió grandes cantidades de "dinero de inflación" llamado, dinero dirigido. El mismo artículo (julio, 1922) de "Fortnightly" observó que: *"Como presión económica produjo un 'sistema de dimensiones astronómicas' de dinero; nunca puede destruirlo. Tomado exclusivamente, el sistema es auto-contenido, lógicamente perfeccionado, incluso inteligente. Y sólo pueda perecer por el derrumbe o destrucción del edificio político que decora".* "Fortnightly" también comentó, en 1929, que: *"Desde*

1921, la vida diaria del ciudadano soviético no es diferente a la del ciudadano americano y el sistema soviético de gobierno es más barato".

El almirante Kolchak, líder de los ejércitos rusos blancos, fue apoyado por los banqueros internacionales que enviaron tropas británicas y americanas a Siberia para tener un pretexto por imprimir los rublos de Kolchak. A la vez en 1920, los banqueros estaban manipulando en el London Exchange los viejos rublos zaristas, rublos de Kerensky y rublos de Kolchak, los valores de los tres fluctuaban según los movimientos de las tropas aliadas que ayudaban a Kolchak.

Kolchak también estaba en posesión de cantidades considerables de oro que habían sido tomadas por sus ejércitos. Después de su derrota, un tren cargado de este oro desapareció en Siberia. A los Audiencias del Senado en 1921 el Sistema de la Reserva Federal, se sacó que el Sistema había estado recibiendo este oro. El Diputado Dunbar cuestionó al Gobernador W.P.G. Harding de la Mesa de la Reserva Federal como sigue:

DUNBAR: *"¿En otras palabras, Rusia está enviando mucho oro a los países europeos que a su vez nos lo envían?"*

HARDING: *"Esto se hace para pagar por el material comprado en este país y para crear intercambio de dólares".*

DUNBAR: *"¿Al mismo tiempo, ese oro vino de Rusia a través de Europa?"*

HARDING: *"Se piensa que algo de él es oro de Kolchak, viniendo por Siberia, pero no es algo del negocio de Bancos de la Reserva Federal. El Secretario de la Tesorería ha emitido instrucciones a la oficina de recursos para no tomar oro que no lleve la nueva de acuñación de una nación amistosa".*

Simplemente qué significó para el Gobernador Harding *"una nación amistosa"* no está claro. En 1921, no estábamos en guerra con ningún país, pero el Congreso ya estaba empezando a cuestionar los tratos de oro internacionales del Sistema de la Reserva Federal. El Gobernador Harding pudo muy bien encogerse de hombros y decir que no era negocio de la Reserva Federal Banca *'de donde vino el oro'.* El Oro no conoce nacionalidad o raza. Los Estados Unidos por ley habían cesado de estar interesados de donde su oro vino en 1906, cuando el Secretario del Tesoro Shaw hizo arreglos con algunos de los más grandes bancos de New York (unos en el que él tenía intereses) para comprar oro con adelantos de dinero en efectivo de la Tesorería de Estados Unidos que compraría luego oro de estos bancos. La Tesorería podría exigir que no supo donde vino su oro de desde que su oficina sólo registra el banco del que hizo la compra. Desde 1906, la Tesorería no ha sabido que los comerciantes internacionales de oro estaban comprando su oro.

Los tratos de oro internacionales del Sistema de la Reserva Federal, y su apoyo activo ayudando la Liga de Naciones para forzar a todas las naciones de Europa y América del Sur a volver al Patrón Oro para beneficio de los comerciantes internacionales de oro como Eugene Meyer Jr. y Alberto Strauss, está demostrado mejor por un incidente clásico, el crédito esterlina de 1925.

J.E. Darling escribió, en la revista inglesa, "Spectator", el 10 de enero de 1925 que: *"Obviamente, es de primera importancia para los Estados Unidos inducir a Inglaterra a reasumir el Patrón Oro lo más pronto posible. Un Patrón Oro controlado por los americanos, los cuales deben inevitablemente resultar que los Estados Unidos se vuelvan el poder financiero supremo del mundo, haciendo de Inglaterra un tributario y satélite y New York, el centro financiero del mundo".*

Mr. Darling no señala que el pueblo americano tienen poco que ver con esto como el pueblo británico y esa reasunción del

Patrón Oro por Gran Bretaña beneficiaría sólo a ese grupo pequeño de comerciantes internacionales de oro que poseen el oro del mundo. No es ninguna maravilla que "Banker's Magazine" comentó alegremente en julio, 1925 que: *El evento excelente del último medio año en el mundo bancario era la restauración del patrón oro*".

La Primera Guerra Mundial cambió el status de Estados Unidos de nación deudora a la posición de la más grande nación acreedora del mundo, un título antes ocupado por Inglaterra. Puesto que deuda es dinero, según el Gobernador Marriner Eccles de la Mesa de la Reserva Federal, esto también nos hizo la nación más rica del mundo. La guerra también causó la remoción del cuartel general del mercado de aceptación del mundo desde Londres a New York, y Paul Warburg se hizo el banquero de aceptación de comercio más poderoso en el mundo.

El soporte principal de los financieros internacionales, sin embargo, era el mismo. El Patrón Oro todavía era la base del intercambio extranjero, y el pequeño grupo de internacionales que poseyeron oro controlaba el sistema monetario de las naciones Occidentales. El Profesor Gustav Cassel escribió en 1928: "*El dólar americano, no el Patrón Oro, es la norma monetaria del mundo. La Mesa de la Reserva Federal tiene el poder para determinar el poder adquisitivo del dólar haciendo cambios en la tasa de descuento, y así controla la norma monetaria del mundo*".

Si esto fuera verdad, los miembros de la Mesa de la Reserva Federal serían los financieros más poderosos en el mundo. De vez en cuando su membresía incluye tales hombres influyentes como Paul Warburg o Eugene Meyer, Jr. pero normalmente son un sello de goma del Concilio Asesor Federal y los banqueros de Londres.

En mayo, 1925, el Parlamento británico aprobó el Acto del Patrón Oro y volvió a poner a Gran Bretaña en el Patrón Oro. El papel mayor del Sistema de la Reserva Federal en este evento salió el 16 de marzo de 1926, cuando George Seay, Gobernador del Banco de la Reserva Federal de Richmond, testificó ante el Comité de la Cámara en Banca y Dinero que: *"Un entendimiento verbal confirmado por correspondencia, que a Gran Bretaña se extendieron doscientos millones de dólares en oro en préstamo o crédito. Todas las negociaciones se dirigieron entre Benjamín Strong, Gobernador del Banco de la Reserva Federal de New York y Mr. Montagu Norman, Gobernador del Bank of England. El propósito de este préstamo era ayudar a Inglaterra a volver al Patrón Oro, y el préstamo se sería reunido por inversión de fondos de la Reserva Federal en proyectos de intercambio y bonos extranjeros"*.

El Boletín de la Reserva Federal de junio, 1925, declaró: *"Bajo su arreglo con el Banco de Inglaterra, el Banco de la Reserva Federal de New York emprende vender oro a crédito al Banco de Inglaterra de vez en cuando, durante los próximos dos años, sino para no exceder $200,000,000 excedentes en cualquier un momento"*.

Un crédito de doscientos millones de oro en dólares había sido colocado por un entendimiento verbal entre los banqueros internacionales, Benjamín Strong y Montagu Norman. Era claro esta vez que el Sistema de la Reserva Federal tenía otros intereses en el fondo que las necesidades financieras de negocio e industria americana. El retorno de Gran Bretaña al Patrón Oro fue facilitado por el préstamo de oro adicional de cien millones de dólares de J.P. Morgan Company. Winston Churchill, Canciller británico del Fisco, se quejó después que el costo para el gobierno británico de este préstamo era $1.125.000 el primer año, esta suma que representa la ganancia a J.P. Morgan Company en ese tiempo.

El cambio de la tasa de descuento, por ejemplo, nunca se ha explicado satisfactoriamente. La encuesta a la Mesa de la Reserva Federal en Washington sacó la respuesta que *"la condición del mercado de dinero es la primera consideración detrás de los cambios en la tasa"*. Puesto que el mercado de dinero está en New York, no es imaginación deducir que los banqueros de New York pueden estar interesados en cambios de tasa y a menudo puede intentar influirlas.

Norman Lombard, en revista "World's Work" escribe que: "*En su consideración y disposición de cambios propuestos de política, la Mesa de la Reserva Federal deba seguir el procedimiento y ética observadas por nuestra corte de ley. Sugerencias que allí deba haber un cambio de tasa o que los Bancos de la Reserva deben comprar o vender seguridades que pueden venir de cualquiera y sin formalidad o argumento escrito. La sugerencia puede hacerse a un Gobernador o Director del Sistema de la Reserva Federal por teléfono o en su club en la mesa de almuerzo, o puede hacerse en el curso de una llamada casual a un miembro de la Mesa de la Reserva Federal.*

El interés de los que proponen la necesidad de cambio no son revelados, y su nombre y cualquier sugerencia que él hace normalmente se mantiene en secreto. Si involucra la materia de operaciones del mercado abierto, el público, no tiene ninguna decisión hasta que la declaración semanal regular aparece y muestra cambios en las tenencias de los Bancos de la Reserva Federal. Entretanto no hay ninguna discusión pública, no hay declaración de las razones para la decisión, o de los nombres de esos contrarios o favoreciéndola".

Las oportunidades del ciudadano medio para encontrar al Gobernador del Sistema de la Reserva Federal en su club también son ligeras. Los Audiencias de la Cámara sobre Estabilización del Poder Adquisitivo del Dólar en 1928 demostraron concluyentemente que la Mesa de la Reserva Federal trabajó en cooperación privada con las cabezas de bancos centrales europeos, y que se planeó la Depresión de 1929-31 en un almuerzo secreto de la Mesa de la Reserva Federal y esas cabezas de bancos centrales europeos en 1927. La Mesa nunca se ha hecho responsable ante el público por sus decisiones o acciones. Los balances y chequeos constitucionales parecen no operar en finanzas.

La verdadera obediencia de los miembros de la Mesa de la Reserva Federal siempre ha sido a los banqueros centrales. Los tres rasgos del banco central, su propiedad por accionistas privados que reciben renta y ganan por su uso del crédito de la nación, el control absoluto de los recursos financieros de la nación, y movilización del crédito de la nación para financiar a los extranjeros, todos fueron demostrados por el Sistema de la Reserva Federal durante los primeros quince años de sus operaciones.

Más demostración de los propósitos internacionales del Acto de la Reserva Federal de 1913 es proporcionada por la "Enmienda Edge" de 24 de diciembre de 1919 por la que autoriza la organización de corporaciones expresamente *comprometiendo en operaciones de financieros internacionales o bancos extranjeros y otros extranjeros internacionales, incluso el trato en oro u oro en lingotes, y la tenencia de acciones en corporaciones extranjeras*".

Haciendo un comentario sobre esta enmienda, E.W. Kemmerer, economista de la Universidad de Princeton, comentó que: "*El sistema de la reserva federal está demostrando ser una gran influencia en la internacionalización del comercio y las finanzas americanas*". El hecho que esta internacionalización del comercio y las finanzas americanas ha sido una causa directa para involucrarnos en dos guerras mundiales, no perturba a Mr. Kemmerer. Hay evidencia suficiente para mostrar cómo Paul Warburg usó el Sistema de la Reserva Federal como instrumento para conseguir adoptar la aceptación de comercio en una escala ancha por hombres de negocios americanos.

El uso de aceptaciones de comercio (dinero de comercio internacional), por banqueros y corporaciones en Estados Unidos prior a 1915 era prácticamente desconocido. El ascenso del Sistema de la Reserva Federal parangona exactamente el aumento en el uso de aceptaciones en este país, ni es esto una coincidencia. Los hombres que quisieron el Sistema de la Reserva Federal eran los hombres que prepararon la aceptación bancaria y ganaron por el uso de las aceptaciones. Ya en 1910, la Comisión Monetaria Nacional empezó a emitir folletos y otra propaganda insistiendo a banqueros y hombres de negocios en este país para adoptar aceptaciones de comercio en sus transacciones. Por tres años la Comisión continuó esta campaña, y el Plan Aldrich incluyó una provisión ancha que autoriza la introducción y uso de las aceptaciones de banqueros en el sistema americano de papeles de comercio.

El Acto de la Reserva Federal de 1913 como pasó por el Congreso no autorizó específicamente el uso de aceptaciones, pero la Mesa de la Reserva Federal en 1915 y 1916 definió *"aceptación de comercio"*, más definida por la Regulación Serie A de 1920, y más definida por Serie 1924. Uno de los primeros actos oficiales de la Mesa de Gobernadores en 1914 era conceder aceptaciones una tasa preferencial baja de descuento en los Bancos de la Reserva Federal. Puesto que no estaban usándose aceptaciones en este país en ese momento, ninguna explicación de exigencia comercial podría adelantarse para estas acciones. Era claro que alguien en poder en la Mesa de Gobernadores quiso adoptar las aceptaciones.

El Acto de Banca Nacional de 1864 que era autoridad financiera determinante de Estados Unidos hasta noviembre 1914, no permitió a los bancos prestar su crédito. Por consiguiente, el poder de los bancos para crear dinero estaba muy limitado. Nosotros no teníamos un banco de emisión, es decir, un banco central que podría crear dinero. Para conseguir un banco central, los banqueros causaron pánico de dinero tras pánico de dinero sobre la gente comercial de los Estados Unidos, enviando oro fuera del país, creando escasez de dinero e importándolo luego de vuelta. Después que conseguimos nuestro banco central, el Sistema de la Reserva Federal, no hubo más necesidad de pánico de dinero, porque los bancos pudieron crear dinero. Sin embargo, se usó el pánico como instrumento de poder sobre la comunidad comercial y financiera de nuevo en dos ocasiones importantes, en 1920, causando la Depresión Agrícola, porque los bancos estatales

y las Compañías Trust se habían negado a unirse al Sistema de la
Reserva Federal, y en 1929, causando la Gran Depresión que
centralizó casi todo el poder en este país en manos de grandes
Trusts.

Una aceptación de comercio es un proyecto firmado por el
vendedor de bienes sobre el comprador, y aceptado por el
comprador, con un tiempo de expiración estampado en él. El uso
de aceptaciones de comercio en el mercado de mayoreo
proporciona crédito a corto plazo, seguro para llevar bienes en
proceso de producción, almacenamiento, tránsito y venta al
público. Facilita comercio doméstico y extranjero. Aparentemente,
entonces, los banqueros que desearon reemplazar el sistema de
cuenta de libro abierto con el sistema de aceptación de comercio
eran hombres progresistas que desearon ayudar al comercio de
importación-exportación americano. Mucha propaganda se emitió
a ese efecto, pero ésta realmente no era la historia. El sistema de
libro abierto, hasta aquí usado completamente por personas de
negocios americanas, permitió un descuento por dinero en
efectivo. El sistema de aceptación descorazona el uso de dinero en
efectivo, permitiendo un descuento el crédito. El sistema del libro
abierto también permitió los términos mucho más fáciles de pago,
con extensiones liberales sobre la deuda. La aceptación no permite
esto, desde que es un crédito a corto plazo con el tiempo-fecha
estampado en él.

Está fuera de las manos del vendedor, y en manos de un
banco, normalmente un banco de aceptación que no permite
cualquier extensión de tiempo. Así, la adopción de aceptaciones
por hombres de negocios americanos durante los 1920's facilitó
grandemente la dominación y tragando al negocio pequeño en
trusts grandes que aceleraron la caída de 1929.

Habían sido usadas aceptaciones de comercio en alguna
magnitud en los Estados Unidos antes de la Guerra Civil. Durante
esa guerra, las exigencias de comercio habían destruido la

aceptación como medio de crédito, y no había vuelto al favor en este país, nuestra gente que prefiere la simplicidad y generosidad del sistema del libro abierto. Las cuentas de libro abierto son un papel comercial a solo-nombre y llevan sólo el nombre del deudor. Las aceptaciones son papel de dos-nombres y llevan el del deudor y el acreedor. Así se volvieron artículos para ser comprados y vendidos por bancos. Para el acreedor, bajo el sistema del libro abierto, la deuda es una obligación. Para el banco de aceptación que celebra una aceptación, la deuda es un recurso. Los hombres que prepararon la aceptación bancaria en este país, bajo la dirección de Paul Warburg, aseguraron el control de billones de dólares de crédito que existen como cuentas abiertas en los libros de hombres de negocios americanos. El Gobernador Marriner Eccles de la Mesa de la Reserva Federal declaró ante el Comité de la Cámara de Banca y Dinero que: *"La deuda es la base para la creación de dinero"*.

Los grandes poseedores de aceptaciones de comercio consiguieron el uso de billones en valores de dólares de crédito-dinero, además de la tasa de interés cobrada en la propia aceptación. Es obvio por qué Paul Warburg debe haber consagrado tanto tiempo, dinero, y energía a conseguir aceptaciones adoptadas por la maquinaria bancaria de este país. El 4 de septiembre de 1914, el National City Bank aceptó el primer proyecto de tiempo utilizado un banco nacional bajo las provisiones del Acta de la Reserva Federal de 1913. Éste fue el principio del fin del sistema de cuenta de libro abierto como un factor importante en comercio de mayoreo. Beverly Harris, vicepresidente del National City Bank de New York, emitió un folleto en 1915 declarando que: *"Los comerciantes que usan el sistema de cuenta abierto están usurpando las funciones de los banqueros"*.

En The New York Times el 14 de junio de 1920, Paul Warburg, Presidente del Concilio de Aceptación americano, dijo: *"A menos que la Mesa de la Reserva Federal ponga el corazón y alma detrás del destrabado desarrollo de aceptaciones como una primera inversión para los bancos de los Bancos de la Reserva Federal el futura se expondrá y salvará el desarrollo legítimo del sistema"*. Ésta era una declaración del propósito de Warburg y su manojo que quisieron "reforma monetaria" en este país. Ellos para conseguir el control de todo el crédito en los Estados Unidos y lo consiguieron, por medio del Sistema de la Reserva Federal, el sistema de aceptación y la falta de preocupación por los ciudadanos. La Primera Guerra Mundial fue una expansión a la introducción de aceptaciones de comercio, y el volumen saltó a cuatrocientos millones de dólares en 1917 y creció para los años veinte a más de un mil millones dólares al año que culminó en una cresta alta sólo antes de la Gran Depresión de 1929-31. Los mapas del Banco de la Reserva Federal de New York muestran que su uso de aceptaciones alcanzó una cresta en noviembre, 1929, el mes de la caída del mercado accionaria, y cayó agudamente después de esto. La gente de aceptación por entonces había conseguido lo que ellos quisieron, era el control del negocio e industria americano.

"Fortune Magazine" en febrero de 1950 señaló que: *"El volumen de aceptaciones cayó de $1,732 millón en 1929 a $209 millón en 1940, porque de la concentración de aceptación bancaria en unas manos, y el bajo-interés de la política de la Tesorería que hizo a los préstamos directos más barato que la aceptación. Ha habido una alza ligera subsecuentemente a la guerra, pero es a menudo más barato para las Compañías grandes financiar importaciones de sus propios cofres"*. En otras palabras, las "Compañías grandes" más con precisión, las grandes trusts, ahora tenías el control del crédito y no han necesitado aceptaciones. Además de la barrera de propaganda emitida por el propio Sistema de la Reserva Federal, la National Association of Credit Men Asociación, American Bankers' Association y otras organizaciones fraternales de banqueros de New York consagraron mucho tiempo y dinero a distribuir propaganda de aceptación. Incluso su diluvio de conferencias y folletos se demostró insuficiente, y en 1919 Paul

Warburg organizó el American Acceptance Council que estaba completamente consagrado a la propaganda de aceptación.

La primera convención sostenida por esta asociación en Detroit, Michigan, el 9 de junio de 1919, coincidió con la convención anual de la National Association of Credit Men, mantenida esa fecha allí, así *"los observadores interesados pueden con facilidad participar en las conferencias y reuniones de ambos grupos"*, según un folleto emitido por el Concilio de Aceptación americano. Paul Warburg fue elegido Presidente de esta organización, y después se hizo presidente del Comité Ejecutivo del Concilio de Aceptación americano, una posición que él tuvo hasta su muerte en 1932. El Concilio publicó listas de corporaciones que usan aceptaciones de comercio, todos ellos negocios en los que Kuhn, Loeb Co. o sus afiliados tuvieron control. Las conferencias dadas antes del Concilio o por miembros del Concilio eran atractivamente publicadas y distribuidas gratis por el National City Bank de New York a los hombres de negocios del país.

Louis T. McFadden, Presidente del Comité de la Cámara en Banca y Dinero, acusó en 1922 que el Concilio de Aceptación americano era influencia indebida ejercida sobre la Mesa de la Reserva Federal y requirió una investigación Del Congreso, pero el Congreso no estaba interesado. A la segunda convención anual del Concilio de Aceptación americano, en New York el 2 de diciembre de 1920, el Presidente Paul Warburg declaró: *"Es una gran satisfacciones informar que durante el año bajo la revisión fue posible por el Concilio de Aceptación americano para adelantar el desarrollo y fortalecimiento de sus relaciones con el Federal Reserve Board"*.

Durante los 1920, Paul Warburg que había renunciado a la Mesa de la Reserva Federal después de tener una posición como Gobernador durante un año en tiempo de guerra para ejercer influencia personal directa sobre la Mesa de la Reserva Federal, continuó encontrándose con la Mesa como Presidente del

Concilio Asesor Federal y como Presidente del Concilio de Aceptación americano. Él era, desde su organización en 1920 hasta su muerte en 1932, Presidente de la Mesa del Banco de Aceptación Internacional de New York, el banco de aceptación más grande en el mundo. Su hermano, Felix M. Warburg, también socio en Kuhn, Loeb Co., era director del Banco de Aceptación Internacional y el hijo de Paul, James Paul Warburg, era Vicepresidente. Paul Warburg también era director en otra aceptación importante banca en este país, como Westinghouse Acceptance Bank que fue organizado en los Estados Unidos inmediatamente a la Guerra Mundial cuando la oficina principal del mercado de aceptación internacional se movió desde Londres a New York, y Paul Warburg se hizo el banquero de aceptación más poderoso del mundo.

Paul Warburg se volvió una figura aun más legendaria por su memoria como "Papá Warbucks" en la tira cómica, "Pequeña Huérfana Annie". La tira celebró a una granuja sin casa ni hogar y su perro quienes son adoptados por "el hombre más rico en el mundo", Papá Warbucks, tomado de "Warburg", quién tiene poderes casi mágicos y puede lograr todo por el poder de su riqueza ilimitada. Aquéllos en el conocimiento se han reído disimuladamente cuando "Annie", la versión de la comedia musical de esta historia, tuvo una carrera muy exitosa de varios años en Broadway, porque la inmensa mayoría del público no tenía ninguna idea que éste era meramente otra operación de Warburg.

Fue la transferencia del mercado de aceptación desde Inglaterra a este país que dio lugar al discurso extático de Thomas Lamont ante la Academia de Ciencia Política en 1917 que: "*El dólar, no la libra, es ahora la base para el intercambio internacional*". Los americanos estaban orgullosos oír eso, pero no comprendieron a que precio.

La prueba visible de la influencia indebida del Concilio de Aceptación americano en la Mesa de la Reserva Federal de la que Diputado McFadden se quejó, es el mapa que muestra la tasa-modelo del Banco de la Reserva federal de New York durante los años veinte. La tasa de descuento oficial del Banco sigue exactamente durante nueve años la tasa de aceptación de los banqueros a noventa-días, y el Banco de la Reserva Federal de New York establece la tasa del descuento para el resto de los Bancos de la Reserva.

A lo largo de los años veinte la Mesa de Gobernadores retuvo a dos de sus primeros miembros, C.S. Hamlin y Adolph C. Miller. Estos hombres encontraron sus carreras como árbitros de la política monetaria de la nación. Hamlin estuvo en la Mesa desde 1914 hasta 1936, cuando fue nombrado en el Consejo Especial a la Mesa, mientras Miller sirvió de 1914 hasta 1931. A estos dos hombres les fue permitido quedarse en la Mesa tantos años porque eran hombres sumamente respetables que dieron un cierto prestigio a la Mesa a los ojos del público. Durante estos años un banquero importante después de otro vino a la Mesa, sirvió por un rato y siguió para mejores cosas. Ni Miller ni Hamlin alguna vez objetaron a algo que los banqueros de New York quisieron. Ellos cambiaron la tasa de descuento y realizaron operación de mercado abierto con seguridades Del Gobierno siempre que Wall Street quiso.

Detrás de ellos la figura de Paul Warburg que ejerció una influencia continua y dominante como Presidente del Concilio Asesor Federal en el que él tenía tales hombres de intereses comunes con él como Winthrop Aldrich y J.P. Morgan. Warburg nunca se estuvo tan ocupado también con sus deberes de organizar grandes trusts internacionales para dirigir las estructuras financieras de la nación. Su influencia desde 1902, cuando él llegó a este país como inmigrante de Alemania, hasta 1932, año de su muerte, era dependiente en su alianza europea con el cartel bancario.

El hijo de Warburg, James Paul Warburg, continuó ejerciendo tal influencia, nombrado el Director de Presupuesto de Franklin D. Roosevelt cuando ese gran hombre asumió oficina supuesta en 1933, y preparando la Oficina de Información de Guerra, nuestra agencia de propaganda oficial durante la Segunda Guerra Mundial.

En Lucha por Supremacía Financiera, Paul Einzig, escritor editorial para el London Economist, escribió que: *"Casi inmediatamente después de la Primera Guerra Mundial una cooperación privada se estableció entre el Banco de Inglaterra y las autoridades de la Reserva Federal, y más sobre todo con el Banco de la Reserva Federal de New York.*[123] *Esta cooperación era principalmente debida a las relaciones cordiales existentes entre Mr. Montagu Norman del Banco de Inglaterra y Mr. Benjamín Strong, Gobernador del Banco de la Reserva Federal de New York hasta 1928. En varias ocasiones la política de tasa de descuento del Banco de la Reserva Federal de New York fue guiada por un deseo de ayudar al Banco de Inglaterra. Ha habido cooperación privada fijando tasas de descuento entre Londres y New York".*[124]

---

[123] William Boyce Thompson (operador Wall Street) comentó a Clarence Barron, Nov. 27, 1920, *"¿por qué debe tener el Banco de la Reserva Federal los cables privados por el país y debe hablar diariamente por cable con el Banco de Inglaterra?"* pág. 327"They Told Barron".

[124] Paul Einzig, *The Fight For Financial Supremacy*, Macmillan, 1931.

CAPÍTULO ONCE

LORD MONTAGU NORMAN

La colaboración entre el Benjamín Strong y Lord Montagu Norman es uno de los más grandes secretos del vigésimo siglo. Benjamín Strong se casó con la hija del presidente de Bankers Trust en New York, y seguidamente tuvo lo sucedió en su presidencia. Carroll Quigley, en Tragedy and Hope dice: *"Strong se hizo Gobernador del Banco de la Reserva Federal de New York en 1914 como candidato de la unión de Morgan y Kuhn, Loeb Company"*.[125]

Lord Montagu Norman es el único hombre en historia que tuvo su abuelo materno y paterno como Gobernadores del Banco de Inglaterra. Su padre estaba con Brown, Shipley & Co., la Rama de Londres de Brown Brothers (ahora Brown Brothers Harriman). Montagu Norman (1871-1950) vino a New York para trabajar para los Brown Brothers en 1894, donde él fue favorecido por la familia Delano, y por James Markoe, de Brown Brothers. Él volvió a Inglaterra, y en 1907 fue nombrado en la Corte del Banco de Inglaterra. En 1912, él tuvo una depresión nerviosa, y fue a Suiza para ser tratado por Jung, como era la moda entre el grupo poderoso que él representaba.[126]

---

[125] Carroll Quigley, *Tragedy and Hope*, Macmillan, New York, p. 326.

[126] Cuando la gente de esta clase está herida por sentimientos de culpa mientras complotan guerras mundiales y las depresiones económicas que traerán miseria, sufrimiento y muerte a millones de habitantes del mundo, a veces tienen náuseas.

EUSTACE MULLINS

Lord Montagu Norman fue Gobernador del Banco de Inglaterra desde 1916 a 1944. Durante este periodo, él participó en las conferencias de bancos centrales que prepararon la Caída de 1929 y una depresión mundial.

En Política de Dinero por Brian Johnson, él escribe, *"los íntimos amigos Strong y Norman, pasaron sus vacaciones juntos en Bar Harbour y el Sur de Francia"*. Johnson dice: *"Norman por consiguiente se volvió el alter ego de Strong... Las políticas de dinero fácil de Strong en el dinero mercado de New York de 1925-28 eran el cumplimiento de su acuerdo con Norman para mantener las tasas de interés de New York debajo de las de Londres. Por causa de la cooperación internacional, Strong tuvo parte sosteniendo tasas de interés altas de New York hasta que fue demasiado tarde. El Dinero Fácil en New York había animado la estampida americano surgiendo de los finales 1920s, con sus alturas fantásticas de especulación"*.[127]

Benjamín Strong murió de repente en 1928. El New York el obituario de Oct. 17, 1928, describen la conferencia entre los directores de los tres grandes bancos centrales en Europa en julio, 1927: *"Mr. Norman, Banco de Inglaterra, Strong del Banco de la Reserva Federal de New York y el Dr. Hjalmar Schacht del Reichsbank, en su reunión se refirieron en su momento como una reunión del club más exclusivo del mundo. Ningún informe público se hizo jamás sobre conferencias extranjeras que eran totalmente informales pero que encubrían muchas preguntas importantes de los movimientos de oro, estabilidad del comercio y la economía mundial"*.

Estas náuseas son burlas de sus pares como "fracaso nervioso". Después de un rato con sus psiquiatras, ellos devuelven a su trabajo con gusto renovado, sin muchas digresiones de piedad por "gentes pequeñas" quienes serán sus víctimas.
[127] Brian Johnson, *The Politics of Money*, McGraw Hill, New York, 1970, p. 63.

Las reuniones en que el futuro de la economía del mundo se decide siempre se informan como *"totalmente informales"*, fuera del registro, ningún informe se hizo al público y en las ocasiones raras cuando ultrajados Diputados convocan a estas misteriosas figuras para testificar sobre sus actividades meramente rastrean el contorno de los pasos tomados y no desarrollan información sobre lo que realmente se dijo o decidió. En los Audiencias del Senado sobre el Sistema de la Reserva Federal en 1931, H. Parker Willis, uno de los autores y Primer Secretario de la Mesa de la Reserva Federal desde 1914 hasta 1920, el Gobernador George Harrison significativamente preguntado, sucesor Strong como Gobernador del Banco de la Reserva Federal de New York: *"¿Cual es la relación entre el Banco de la Reserva Federal de New York y el comité de dinero de la Bolsa de Valores?"*

"No hay ninguna relación", contestó el Gobernador Harrison.

"¿No hay ninguna ayuda o cooperación fijando la tasa de forma alguna?", preguntó Willis.

"No", dijo el Gobernador Harrison, *"aunque en varias ocasiones nos aconsejan del estado de la situación del dinero, y lo que ellos piensan que la tasa deba ser"*. Ésta era una contradicción absoluta de su declaración *"no hay ninguna relación"*. El Banco de la Reserva Federal de New York puso la tasa de descuento para los otros Bancos de la Reserva, realmente tuvo un enlace cercano con el comité de dinero de la Bolsa de Valores. Los Audiencias de Estabilización de la Cámara de 1928 demostraron concluyentemente que los Gobernadores del Sistema de la Reserva Federal habían estado de acuerdo en las conferencias con cabezas de los grandes bancos centrales europeos. Incluso si los Diputados hubieran conocido los detalles del complot que culminaría en la Gran Depresión de 1929-31, no habría habido nada que ellos podrían hacer para detenerlo. Los banqueros internacionales que controlaron los movimientos de oro podrían infligir su voluntad

en cualquier país, y los Estados Unidos estaban tan desvalidos como cualquier otro.

Las notas de éstas Audiencias de la Cámara siguen:

MR. BEEDY: *"Yo noto en su mapa que se encuentran las líneas que producen las fluctuaciones más violentas bajo las 'Tasas de Dinero en New York. Como las tasas de dinero suben y caen en grandes ciudades, los préstamos que se hacen en inversiones parecen abusar de ellos, en la actualidad, un cambio bastante violento, mientras la industria en general no parece aprovechar estos cambios violentos, y esa línea es bastante moderada, no habiendo ningún gran ascenso o declive.*

GOBERNADOR ADOLPH MILLER: *Estos eran más o menos todos los intereses de la situación internacional. Ellos vendieron los créditos de oro en New York para balances de esterlinas en Londres.*

REPRESENTANTE STRONG: (Ninguna relación con Benjamín): *¿Tiene la Mesa de la Reserva Federal el poder de atraer oro a este país?*

E.A. GOLDENWEISER, director de investigación para la Mesa: *La Mesa de la Reserva Federal podría atraer oro a este país ganando dinero a tasa más alta.*

GOBERNADOR ADOLPH MILLER: *Yo pienso que estamos muy cerca del punto donde cualquier solicitud extensa de nuestra parte para problemas monetarios de Europa puede alterarse. La Mesa de la Reserva Federal el verano pasado, 1927, puso una política de compras de mercado abierto, seguido en curso por la reducción en la tasa del descuento a los Bancos de la Reserva, para aliviar la situación del crédito y abaratar el costo del dinero. Las razones oficiales para esa salida en política de crédito eran que ayudaría a estabilizar el intercambio internacional y estimular la exportación de oro.*

PRESIDENTE MCFADDEN: *¿Nos dirá usted brevemente cómo esa materia se trajo a la Mesa de la Reserva Federal y lo que eran las influencias que entraron en la determinación final?*

GOBERNADOR ADOLPH MILLER: *Usted está pidiendo una pregunta imposible de contestar.*

PRESIDENTE MCFADDEN: *Quizás puedo clarificarlo ¿De dónde vino la sugerencia que causó esta decisión del cambio de tasas el verano pasado?*

GOBERNADOR ADOLPH MILLER: *Los tres bancos centrales más grandes en Europa habían enviado representantes a este país. Estaba el Gobernador del Banco de Inglaterra, Mr. Hjalmar Schacht, y el Profesor Rist, Diputado Gobernador del Banco de Francia. Estos señores estaban en conferencia con funcionarios del Banco de la Reserva Federal de New York. Después de una semana o dos, ellos aparecían en Washington por la mayor parte del día. Ellos bajaron la tarde de un día y eran invitados de los Gobernadores de la Mesa de la Reserva Federal el día siguiente, y salieron esa tarde para New York.*

PRESIDENTE MCFADDEN: *¿Estaban presente los miembros de la Mesa en este almuerzo?*

GOBERNADOR ADOLPH MILLER: *Oh, sí, los Gobernadores de la Mesa con el propósito de reunirnos a todos nosotros.*

PRESIDENTE MCFADDEN: *¿Era un asunto social, o se discutieron materias de importancia?*

GOBERNADOR MILLER: *Yo diría que era principalmente un asunto social. En lo personal, yo tuve una conversación larga con el Dr. Schacht justo antes del almuerzo, y también uno de longitud considerable con el Profesor Rist. Después del almuerzo yo empecé una conversación con Mr. Norman a la que se unió el Gobernador Strong de New York.*

PRESIDENTE MCFADDEN: *¿Era esa una reunión formal de la Mesa?*

GOBERNADOR ADOLPH MILLER: *No.*

PRESIDENTE MCFADDEN: *¿Era solo una discusión informal de las materias que ellos habían estado discutiendo en New York?*

GOBERNADOR MILLER: *Yo lo asumo así. Era principalmente una ocasión social. Lo que yo dije era principalmente de la naturaleza de generalidades. Las cabezas de estos bancos centrales también hablaron de generalidades.*

MR. KING: *¿Qué querían ellos?*

GOBERNADOR MILLER: *Ellos eran muy francos en respuestas a las preguntas. Yo quise tener una charla con Mr. Norman, y nosotros dos nos quedamos detrás después del almuerzo, y se unieron los otros representantes extranjeros y funcionarios del Banco Reserva New York. Estos señores estaban todos bastante involucrados con la forma en que el Patrón Oro estaba funcionando. Ellos estaban por consiguiente deseosos de ver un mercado de dinero fácil en New York y las tasas más bajas que detendrían al oro de moverse desde Europa a este país. Eso estaría muy en el interés de la situación de dinero internacional que entonces existía.*

MR. BEEDY: *¿Hubo entendimiento a que se llegó entre los representantes de estos bancos extranjeros y la Mesa de la Reserva Federal o el Banco de la Reserva Federal New York?*

GOBERNADOR MILLER: *Sí.*

MR. BEEDY: *¿No fue informado formalmente?*

GOBERNADOR MILLER: *No. Después, allí vino una reunión del Comité de Política de Mercado Abierto, el comité de política de inversión del Sistema de la Reserva Federal, por el cual y al cual se hicieron ciertas recomendaciones. Mi recolección es que se compró casi ochenta millones de dólares de seguridades en agosto, consistente con este plan.*

PRESIDENTE MCFADDEN: *¿Hubo alguna conferencia en el extranjero entre los miembros del Comité del Mercado Abierto y esos banqueros?*

GOBERNADOR MILLER: *Ellos se pueden haber encontrado como individuos, pero no como comité.*

MR. KING: *¿Cómo consigue el Comité Mercado Abierto sus ideas?*

GOBERNADOR MILLER: *Ellos se sientan y hablan sobre eso. Yo no sé de quien fue esta idea. Era una época distinta en que había espíritu cooperativo de trabajo.*

PRESIDENTE MCFADDEN: *Usted ha perfilado aquí negociaciones de importancia muy grande.*

GOBERNADOR MILLER: *Yo debo decir conversaciones más bien.*

PRESIDENTE MCFADDEN: *¿Tuvo lugar algo de un carácter muy definido?*

GOBERNADOR MILLER: *Sí.*

PRESIDENTE MCFADDEN: *Un cambio de política por parte de todo nuestro sistema financiero que ha producido una de las*

*situaciones más raras que ha confrontado jamás financieramente este
país (estampido de especulación del mercado accionario de 1927-
1929). Me parece que una materia de esa importancia se debe de
haber hecho materia de registro en Washington.*

GOBERNADOR MILLER: *Yo estoy de acuerdo con usted.*

REPRESENTANTE STRONG: *¿No habría sido una cosa
buena si hubiera habido una dirección que esos poderes dados al
Sistema de la Reserva Federal que debiera usarse para la
estabilización continua del poder adquisitivo del dólar americano en
lugar de haber sido influenciado por los intereses de Europa?*

GOBERNADOR MILLER: *Yo hago excepción a ese término
"influencia." No hay ninguna tal cosa además, como estabilizar el
dólar americano sin estabilizar cada otra moneda de (patrón) oro.
Ellas están unidas por el Patrón Oro. Otros hombres eminentes que
vienen aquí son muy diestros sabiendo acercarse a la gente que
constituye el personal de la Mesa de la Reserva Federal.*

MR. STEAGALL: *¿La visita de estos banqueros extranjeros
producía dinero que es más barato en New York?*

GOBERNADOR MILLER: *Sí, exactamente.*

PRESIDENTE MCFADDEN: *Me gustaría poner en registro
todos los que asistieron a ese almuerzo en Washington.*

GOBERNADOR MILLER: *Además de los nombres que he
dado, estaba también presente uno de los hombres más jóvenes del
Banco de Francia. Yo pienso que todos los miembros de la Mesa de la
Reserva Federal estaban allí. El Sub Secretario del Tesoro Ogden
Mills estaba allí, y el Secretario Auxiliar de la Tesorería, Mr.
Schuneman, también, dos o tres hombres del Departamento de Estado
y Mr. Warren de la Departamento Extranjero del Banco de la*

Reserva Federal de New York. Oh sí, el Gobernador Strong estaba presente.

PRESIDENTE MCFADDEN: *Esta conferencia, por supuesto, con todos estos banqueros extranjeros simplemente no pasó. ¿Los banqueros prominentes de Alemania, Francia e Inglaterra vinieron aquí a su sugerencia?*

GOBERNADOR MILLER: *Una situación había sido creada que estaba avergonzando distintamente a Londres por causa del retiro inminente de cierta cantidad de oro que había sido recuperado por Francia y que había sido enviado originalmente y había depositado en el Banco de Inglaterra por el Gobierno francés como crédito de guerra. Allí estaba consiguiendo haber un poco de tensión mental en Europa porque Francia estaba empezando a poner su casa en orden para un retorno al Patrón Oro. Esta situación era una que requirió un poco de influencia moderadora.*

MR. KING: *¿Quién era el espíritu "movedor" que consiguió juntar a esas personas?*

GOBERNADOR MILLER: *Ése es un detalle con el que yo no estoy familiarizado.*

REPRESENTANTE STRONG: *¿No sería justo decir que los socios que quisieron el oro eran los que instigaron la reunión?*

GOBERNADOR MILLER: *Ellos vinieron aquí.*

REPRESENTANTE STRONG: *El hecho es que vinieron aquí, tenían una reunión, banquetearon, hablaron, consiguieron la Mesa de la Reserva Federal para bajar la tasa de descuento, y para hacer el mercado abierto a las compras, y consiguieron el oro.*

MR. STEAGALL: *¿Es verdad que la acción estabilizó las monedas europeas y perturbó la nuestra?*

GOBERNADOR MILLER: *Sí, eso era lo que se pensaba que hacía.*

PRESIDENTE MCFADDEN: *Permítame llamar su atención a la reciente conferencia en París en que Mr. Goldenweiser, director de investigación para la Mesa de la Reserva Federal, y el Dr. Burgess, Agente de la Reserva Federal auxiliar del Banco de la Reserva Federal de New York, están en consulta con los representantes de otros bancos centrales. ¿Quién llamó la conferencia?*

GOBERNADOR MILLER: *Mi información es que fue llamada por el Banco de Francia.*

GOBERNADOR YOUNG: *No, era la Liga de Naciones que los llamaron a unirse".*

La reunión secreta entre los Gobernadores de la Mesa de la Reserva Federal y cabezas de los bancos centrales europeos no fue llamada a estabilizar nada. Fue sostenida para discutir la mejor manera de conseguir devolver el oro desde Estados Unidos por el Sistema de vuelta a Europa para forzar a las naciones de ese continente de vuelta al Patrón Oro. La Liga de Naciones todavía no había tenido éxito haciendo eso, el objetivo por el que ese cuerpo fue asentado en primer lugar, porque el Senado de los Estados Unidos se había negado a permitir a Woodrow Wilson traicionarnos ante una autoridad monetaria internacional. Tomó la Segunda Guerra Mundial y Franklin D! Roosevelt para hacer eso.

Entretanto, Europa tenía que tener nuestro oro y el Sistema de la Reserva Federal se lo dio, quinientos millones de dólares. La salida de ese oro de Estados Unidos causó desinflar el estampido accionario, el fin de la prosperidad comercial de los años veinte y la Gran Depresión de 1929-31, la peor calamidad que ha ocurrido a esta nación alguna vez. Es completamente lógico decir que el pueblo americano sufrió esa depresión como castigo por no unirse a la Liga de Naciones.

Los banqueros supieron lo que pasaría cuando esos quinientos millones de dólares oro se enviaron Europa. Ellos quisieron la Depresión porque puso a los negocios y finanzas de los Estados Unidos en sus manos. Los Audiencias continúan:

MR. BEEDY: "*Mr. Ebersole del Departamento del Tesoro concluyó sus comentarios en la cena a la que asistimos anoche, diciendo que el Sistema de la Reserva Federal, el hombre de negocios americano no querían la estabilización. Ellos quieren la fluctuaciones en precios, no sólo en seguridades sino en materias primas y productos agrícolas, en comercio generalmente, porque aquéllos quienes están ahora en el control, están haciendo ganancias de esa misma inestabilidad. Si el control de estas personas no entra en una forma legítima, puede haber un esfuerzo por producirla por ascensos generales como han caracterizado la sociedad en días pasados. Las revoluciones han sido promovidas por descontento con las condiciones existentes, el control que está en manos de pocos y muchos pagando los proyectos.*

PRESIDENTE MCFADDEN: *Yo tengo aquí una carta de un miembro de la Mesa de la Reserva Federal que fue convocado para aparecer aquí. Me gustaría poner en el registro. Es del Gobernador Cunningham:*

Estimado Sr. Presidente: Durante las últimas semanas yo he estado confinado en mi casa por causa de enfermedad y me he estado preparando a pasar unas semanas lejos de Washington con el propósito de acelerar la convalecencia. Edward H. Cunningham.

Esto es en respuesta a una invitación extendida para aparecer ante nuestro Comité. Yo también tengo una carta de George Harrison, Diputado Gobernador del Banco de la Reserva Federal de New York.

Mí estimado Sr. Congresista: El Gobernador Strong viajó a Europa la semana pasada. Él no había estado bien en absoluto desde el primero de año, y, mientras aparecía ante su Comité el pasado marzo, sólo seguía brevemente que sufrió un ataque muy severo de cálculos que han atormentado sus nervios penosamente. George L. Harrison, 19 de mayo de 1928,

Yo también deseo poner en el registro una declaración en el New York Journal of Commerce, fechado el 22 de mayo de 1928, de Washington: 'que se declara aquí en bien-informados círculos que el tema principal para ser tomado por el Gobernador Strong del Banco de la Reserva Federal de New York en su visita presente a París el arreglo de la estabilización de créditos para Francia, Rumania y Yugoslavia. Una segunda pregunta vital al Sr. Strong es la cantidad de oro de Francia para deducir de este país ".

Cuestionado por el Presidente McFadden sobre la extraña enfermedad de Benjamín Strong traída al testimonio siguiente del Gobernador Charles S. Hamlin de la Mesa de la Reserva Federal el 23 de mayo de 1928: *"Todos lo que yo sé es que el Gobernador Strong ha estado muy enfermo, y él ha ido principalmente a Europa, Yo lo entiendo, como una materia de salud. Por supuesto, él conoce bien las varias oficinas de los bancos centrales europeo y indudablemente llamará de ellos".*

El Gobernador Benjamín Strong murió unas semanas después de su retorno de Europa, sin aparecer ante el Comité. El propósito de estas audiencias antes el Comité de la Cámara en Banca y Dinero en 1928 era investigar la necesidad de aprobar el proyecto Strong, presentado por el Representante Strong (ninguna relación con Benjamín, el banquero internacional), qué tendría que dar poder al Sistema de la Reserva Federal, que fue autorizado para estabilizar el poder adquisitivo del dólar. Ésta había sido una de las promesas hechas por Carter Glass y Woodrow Wilson cuando ellos presentaron el Acto de la Reserva Federal ante el Congreso en 1912, y tal provisión realmente había sido puesta en

Acta por el Senador Robert L. Owen, pero Carter Glass del Comité de la Cámara en Banca y Dinero la había sacado. Los comerciantes y especuladores no quisieron que el dólar se vuelva estable porque ya no podrían hacer ganancias. Se había llevado a los ciudadanos de este país a jugar en el mercado accionario en los años veinte porque los comerciantes habían creado una condición nacional de inestabilidad.

El Proyecto Strong de 1928 fue derrotado en el Congreso. La situación financiera en Estados Unidos durante los años veinte sólo fue caracterizada por una inflación de valores especulativos. Era una situación comercialmente hecha.

Los precios de las materias primas y artículos agrícolas permanecían bajos, a pesar del sobre-precio de las seguridades en el intercambio. Los compradores no esperaron sus seguridades para pagar dividendos. La idea era tenerlas por un rato y venderlas con ganancia. Tenía que detenerse en alguna parte, como Paul Warburg comentó en marzo, 1929. Wall Street no le permitió detenerse hasta que el pueblo había puesto sus ahorros en estas seguridades sobre-preciadas.

Nosotros teníamos los anteojos del Presidente de los Estados Unidos, Calvin Coolidge, actuando como títere para los operadores del mercado de acciones cuando él recomendó al pueblo americano que continuara comprando en el mercado en 1927.

Había inquietud sobre la condición inflada del mercado, y los banqueros mostraron su poder consiguiendo del Presidente de los Estados Unidos, del Secretario de la Tesorería, y del Presidente de la Mesa de Gobernadores del Sistema de la Reserva Federal, emitir declaraciones que los préstamos de los corredores no eran demasiado altos y que la condición del mercado accionario era legítima.

Irving Fisher nos advirtió en 1927 que la carga de estabilizar precios por el mundo caería pronto en los Estados Unidos. Uno de los resultados de la Segunda Guerra Mundial fue el establecimiento del Fondo Monetario Internacional para hacer simplemente eso. El Profesor Gustav Cassel comentó el mismo año que: *"El movimiento descendente de los precios no ha sido resultado espontáneo de fuerzas más allá de nuestro control. Es el resultado deliberado de una política ideada para derrumbar precios y dar más alto valor a la unidad monetaria".*

El Partido Demócrata, después de pasar el Acto de la Reserva Federal y llevarnos a la Primera Guerra Mundial, se puso en el rol de partido de oposición durante los años veinte. Ellos estaban fuera del cerco político, y estaban apoyados durante en esos años de escasez por folletos liberales de Bernard Baruch, según su biografía. Cuan lejos del poder estaban y cuan poca oportunidad tenían en 1928, es mostrado por un tablón en la plataforma oficial del Partido Demócrata adoptado en Houston el 28 de junio de 1928: *"La administración del Sistema de la Reserva Federal para ventaja de especuladores del mercado de acciones debe cesar. Debe administrarse para beneficio de los granjeros, asalariados, comerciantes, fabricantes y otros comprometidos en negocios constructivos".*

Este idealismo aseguró la derrota para su protagonista, Al Smith que fue nominado por Franklin D. Roosevelt. La campaña contra Al Smith también era marcada por apelaciones a la intolerancia religiosa, porque él era católico. Los banqueros avivaron sentimiento anti-católico por el país para lograr la elección de su prometido de la Primera Guerra Mundial, Herbert Hoover.

En lugar de usarse para promover la estabilidad financiera del país, como había sido prometido por Woodrow Wilson cuando el Acto fue pasado, la inestabilidad financiera ha sido promovida firmemente por la Mesa de la Reserva Federal. Un memorando oficial emitido por la Mesa el 13 de marzo de 1939, declaró que: *"La Mesa de Gobernadores del Sistema de la Reserva Federal se opone a cualquier proyecto que proponga un nivel de precios estables"*.

Políticamente, la Mesa de la Reserva Federal fue usada para adelantar candidatos a 'elección de los banqueros' durante los años veinte. El "Literary Digest" el 4 de agosto de 1928, dijo, en ocasión de la Mesa de la Reserva Federal que levantó la tasa a 5% en año Presidencial: *"Esto invierte la política de dinero barato políticamente deseable desde 1927, y da condiciones llanas en el mercado accionario"*.

Fue atacado por Peoples' Lobby de Washington, D.C. que dijo: *"Este aumento en un momento cuando granjeros necesitaron dinero barato para financiar la siega de sus cosechas fue un golpe directo a los granjeros que habían empezado a levantarse sobre sus pies después de la Depresión agrícola de 1920-21"*.

"The New York World" dijo en esa ocasión: *"La crítica a la política de la Mesa de la Reserva Federal por muchos inversores no está basada en su esfuerzo para desinflar el mercado accionario, sino en el cargo que la propia Mesa, por la política del último año, es completamente responsable por tal inflación del mercado de acciones como existe hoy"*.

Un estudio condenatorio de los primeros quince años del Sistema de la Reserva Federal aparece en "North American Review" de mayo, 1929, por H. Parker Willis, economista profesional que era uno de los autores del Acta y Primer Secretario de la Mesa desde 1914 hasta 1920. Él expresa completa desilusión. *"Mi primera charla con el Presidente electo Wilson fue en 1912. Nuestra conversación se relacionó completamente a la reforma bancaria. Yo pregunté si él se sentía seguro que podríamos afianzar la administración de una ley conveniente y cómo debemos aplicarla y ponerla en vigencia. Él contestó: 'Nosotros debemos contar con el Idealismo comercial americano'. Él buscó por algo en el que podría confiarse para permitirse el lujo de dar una oportunidad al Idealismo americano.*

Sirvió para financiar la Guerra Mundial y revisar las prácticas bancarias americanas. El elemento idealismo que el Presidente prescribió y creyó que podíamos seguir el principio de nobleza obliga de los banqueros y hombres de negocios americanos, no estaba allí. Desde la inauguración del Acto de la Reserva Federal hemos sufrido una de las más serias depresiones financieras y revoluciones jamás conocidas en nuestra historia desde 1920-21".

"Nosotros hemos visto nuestro paso desde la agricultura por un periodo largo de sufrimiento e incluso de revolución, durante el cuál, millones de granjeros dejaron sus granjas, debido a las dificultades con el precio de la tierra y el estado impar de las condiciones del crédito. Nosotros hemos sufrido la era más extensa de caídas de bancos conocida en este país alguna vez. Cuatro mil quinientos bancos han cerrado sus puertas desde que el Sistema de la Reserva empezó a funcionar. En algunos pueblos del Oeste ha habido tiempos cuando todos los bancos en esa comunidad quebraron, y dados los bancos que han fallado una y otra vez. Ha habido poca diferencia en obligación al fracaso entre los miembros y no-miembros del Sistema de la Reserva Federal".

"La elección de Wilson de los primeros miembros de la Mesa de la Reserva Federal no fue especialmente feliz. Ellos representaron un grupo compuesto y escogido para el propósito expreso de aplacar este, ese u otro gran interés. No era extraño que los designados usaran sus puestos para pagar deudas. Cuando la mesa estaba considerando una resolución al efecto que los miembros futuros del sistema de la reserva deben ser nombrados solamente por mérito, debido a la incompetencia demostrada de alguno de sus miembros. El Interventor John Skelton Williams se movió para golpear la palabra 'solamente' y en esto él era apoyado por la Mesa".

La inclusión de ciertos elementos (Warburg, Strauss, etc.) en la Mesa dio oportunidad para alimentar intereses especiales que estaban por probar después ser desastrosos. *"El Presidente Wilson erró, como él erró a menudo, suponiendo que la tenencia de una oficina importante transforma al titular y revive su patriotismo. La Mesa de la Reserva alcanzó el bajo menguante del periodo Wilson con el nombramiento de un miembro que era escogido de su habilidad de conseguir delegados para el candidato Demócrata para la Presidencia. Sin embargo, este nivel no eran las heces alcanzadas bajo el Presidente Harding. Él nombró un viejo camarada, D.R. Crissinger, como Gobernador de la Mesa, y nombró a varios otros políticos super-serviles a otros lugares. Antes de su muerte él había hecho lo sumo para corromper la tarea entera. El Sistema cayó firmemente en pendiente desde entonces".*

"Los Bancos de la reserva apenas habían asumido su primera forma cuando se puso claro que los banqueros locales habían buscado usarlos como medio de cuidado de la toma de 'hijos favoritos', es decir, personas por tenían sentido común se han vuelto un tipo de cargo general en la comunidad bancaria, o ineficientes de varias clases. Cuando directores de la reserva serían escogidos, los banqueros rurales se negaron a menudo a votar o, cuando votaron, poner sus papeletas de voto como dirigidos por la ciudad correspondiente.

En éstos circunstancias que el control popular o democrático de los bancos de la reserva estaba fuera de cuestión. Una razonable eficacia podría haber sido asegurada si los hombres honrados reconocen su deber público y habían asumido el poder. Si tales hombres existieran, ellos no siguieron en la Mesa de la Reserva Federal. En un banco de la reserva hoy la dirección principal está en las manos de un hombre que nunca trabajó un día de banca real en su vida, mientras en otra institución de la reserva Gobernador y Presidente están las ex cabezas de bancos ahora difuntos.

Ellos tienen naturalmente un alto registro de fracaso en su distrito. En la mayoría de los distritos la norma de actuación como juzgada por buenas normas bancarias es vergonzosamente baja entre los funcionarios ejecutivos de la reserva.

La política del Banco de la Reserva Federal de Filadelfia es conocida en el Sistema como los 'Bancos Amigos y Relacionados'. "Fue mientras hacían ganancias de guerra en cantidades considerables, alguien concibió la idea de usar las ganancias para proporcionarse edificios fenomenalmente costosos. Hoy los bancos de la Reserva constantemente deben mantener meramente mil millones dólares plenos de su dinero en trabajo para pagar sus propias expensas en tiempos normales".

"La mejor ilustración de lo que el Sistema ha hecho y no ha hecho es ofrecida por la experiencia qué el país estaba teniendo con especulación, en mayo, 1929. Tres de los años priores a eso, el mercado alcista del presente simplemente estaba en marcha. En el otoño de 1926 un grupo de banqueros, entre ellos uno de famoso nombre mundial, estaba sentándose en una mesa en un hotel de Washington. Uno de ellos planteó la pregunta si no era probable que las bajas tasas de descuento del Sistema animaran la especulación. "'Sí', contestó el famoso banquero, 'ellos quieren, pero eso no puede ayudarse. Es el precio que debemos pagar por ayudar a Europa'.

"Puede bien cuestionarse si el estímulo de especulación por la Mesa ha sido el precio pagado por ayudar a Europa o si es el precio pagado para inducir a una cierta clase de financieros para ayudar Europa, pero en cualquier caso las condiciones europeas no deben de haber tenido nada que ver con la política de descuento de la Mesa.

El hecho es que los Bancos de la Reserva Federal no entran en contacto con la comunidad. El 'hombre pequeño' de Maine a Texas ha sido llevado gradualmente a invertir sus economías en el mercado de acciones, con el resultado que la marea creciente de especulación, con transacciones llevadas a cabo en una tasa más alta y más alta, de velocidad, ha barrido al negocio legítimo del país.

"En marzo, 1928, Roy A. Young, Gobernador de la Mesa, fue llamado ante un comité del Senado. "¿No piensan los corredores de préstamos que están demasiado altos?', le fue preguntado. Yo no estoy preparado para decir si los corredores de préstamos son demasiado altos o bajos, contestó, sino estoy seguro que son segura y conservadoramente hechos.

"El Secretario del Tesoro Mellon en una declaración formal aseguró el país que ellos no eran demasiado altos, y Coolidge, usando material proporcionado por la Mesa de la Reserva Federal, hizo una declaración plena al país que no eran demasiado altos. La Mesa de la Reserva Federal, cargada con el deber de proteger los intereses del hombre corriente, hizo lo sumo para asegurar al hombre corriente que no debe sentir ninguna alarma sobre sus economías.

"Todavía la Mesa de la Reserva Federal emitió el 2 de febrero de 1929, una carta dirigida a Directores de Banco de Reserva que los avisaba contra el grave peligro de especulación extensa. "¿Que podría esperarse de un grupo de hombres como los que componen la Mesa, un equipo de hombres que está solo interesado en estar no cuando había peligro de fricción y desplegando un apetito bovino y canino por el crédito, sólo ávidos a 'estar junto' con los 'hombres grandes' a quien conocen como los amos de las finanzas y banca americana?"

H. Parker Willis omitió cualquier referencia a Lord Montague Norman y las maquinaciones del Banco de Inglaterra que estaba a punto de producir la Caída de 1929 y la Gran Depresión.

CAPÍTULO DOCE

LA GRAN DEPRESIÓN

R. G. Hawtrey, economista inglés, dijo, en el marzo, 1926, American Economic Review: *"Cuando las franjas externas de inversión externa suministran ahorros generales, el mercado de inversión debe compensar el exceso con dinero prestado de los bancos. Un remedio es el control del crédito por un ascenso en la tasa del banco"*.

La Mesa de la Reserva Federal aplicó este control de crédito, pero no en 1926, ni como medida terapéutica. No se aplicó hasta 1929, y entonces la tasa se levantó como medida punitiva, y no se congeló para todos sino para grandes trusts. El Profesor Cassel, en Quarterly Journal of Economics, agosto 1928, escribió que: *"El hecho que un banco central no levanta su tasa del banco de acuerdo con la situación real del mercado de capital aumenta muchísimo la fuerza del movimiento cíclico de comercio, con todos sus efectos perniciosos en la economía social. Una regulación racional de la tasa de banco yace en nuestras manos, y sólo puede lograrse si percibimos su importancia y decidimos ir en tal política. Con una tasa del banco regulada sobre estas líneas las condiciones para el desarrollo de los ciclos de comercio radicalmente se alterarían, y de hecho, nuestros familiares ciclos de comercio serían una cosa del pasado"*.

Esta la premisa con más autoridad hecha en relación a que nuestras depresiones comerciales se precipitan artificialmente. La ocurrencia del Pánico de 1907, la Depresión Agrícola de 1920, y la Gran Depresión de 1929, los tres en años de buena cosecha y en periodo de prosperidad nacional, sugiere que la premisa no es ninguna conjetura. Lord Maynard Keynes señaló que la mayoría de las teorías del ciclo comercial no relacionaron adecuadamente su análisis al mecanismo de dinero. Cualquier investigación o estudio de una depresión que no listó tales factores como movimientos de oro y presiones en intercambio extranjero serían sin valor, todavía los economistas americanos siempre han salteado este problema.

La Liga de Naciones había logrado su meta de hacer volver a las naciones de Europa al Patrón Oro para 1928, pero tres-cuartos del oro del mundo estaba en Francia y los Estados Unidos. El problema era cómo tener ese oro para países que lo necesitaron como base para el dinero y el crédito. La respuesta eran acciones por el Sistema de la Reserva Federal.

Siguiendo la reunión secreta de la Mesa de la Reserva Federal y las cabezas de los bancos centrales extranjeros en 1927, los Bancos de la Reserva Federal por unos meses doblaron sus tenencias de seguridades del Gobierno y las aceptaciones que se producían en la exportación de quinientos millones de dólares oro para ese año. Las actividades de mercado del Sistema forzaron las tasas call money en la Bolsa de Valores y forzaron al oro a salir del país. Los extranjeros también aprovecharon la oportunidad de comprar pesadamente bonos Del Gobierno debido a la tasa baja de call money. *"El acuerdo entre el Banco de Inglaterra y autoridades de Washington de la Reserva Federal, hace muchos meses era que forzaríamos la salida de 725 millones de oro reduciendo las tasas de banco aquí, ayudando la estabilización de Francia y Europa así y poniendo a Francia sobre una base de oro"*.[128] (20 de abril de 1928)

---

[128] Clarence W. Barron, *They Told Barron*, Harper's Weeklys, New York, 1930, p. 353.

El 6 de febrero de 1929, Montagu Norman, Gobernador del Banco de Inglaterra, vino a Washington y tuvo una conferencia con Andrew Mellon, Secretario de Tesorería. Inmediatamente después de esa visita misteriosa, la Mesa de la Reserva Federal cambió su política abruptamente y siguió una política de tasa de descuento alta y abandonó la política de dinero barato que se había inaugurado en 1927 después de la otra visita de Mr. Norman. Se fijó la caída del mercado accionario y deflación de la estructura financiera del pueblo americano para tener lugar en marzo. Para conseguir hacer rodar la pelota, Paul Warburg les dio la advertencia oficial a los mercaderes para salir del mercado. En su informe anual a los accionistas del International Acceptance Bank, en marzo, 1929, Mr. Warburg dijo: *"Si permiten extenderse a las orgías de especulación libre, el último derrumbe es cierto no sólo por afectar a los especuladores, sino por provocar un depresión general involucrando al país entero"*.

En tres años de *"especulación libre"*, Mr. Warburg no había visto ningún ataque para hacer cualquier comentario sobre la condición de la Bolsa de Valores. Un órgano amistoso, The New York Times, no sólo le dio dos columnas al informe en su página editorial, sino editorialmente hizo un comentario sobre la sabiduría y profundidad de las observaciones de Mr. Warburg. La preocupación de Mr. Warburg era genuina, pero la burbuja del mercado accionario había ido mucho más lejos de lo que se había pensado que fue, y los banqueros temieron las consecuencias si el pueblo comprendiera qué está pasando. Cuando este informe en The New York Times empezó una ola súbita de ventas en el Exchange, los banqueros entraron en pánico, y fue decidido aliviar un poco el mercado. De acuerdo con esto, el National City Bank de Warburg apresuró veinticinco millones de dólares en dinero en efectivo al mercado de call money, y pospuso el día de la caída.

La revelación de la decisión final de la Mesa de la Reserva Federal para activar la Caída de 1929 aparece, bastante increíble, en The New York Times. El 20 de abril de 1929, titular de Times:

"Misterio del Concilio Asesor Federal. Reunión en Washington. Las resoluciones fueron adoptadas por el concilio y transmitidas a la mesa, pero su propósito fue estrechamente silenciado. Se echó una atmósfera de misterio profundo sobre ambos procedimientos de la mesa y el concilio. Todo esfuerzo fue hecho por mantener los procedimientos de esta sesión extraordinaria. Se dieron contestaciones evasivas a corresponsales de periódicos".

Sólo el más profundo concilio de la "conexión Londres" supo que se había decidido en este "encuentro misterioso" para derrumbar la cortina del más grande estallido especulativo en la historia americana. Aquéllos en el conocimiento empezaron a vender todas las acciones especulativas y poner su dinero en bonos del gobierno. Los que estaban privados a esta información secreta, incluso algunos de los hombres más adinerados en América, continuaron teniendo acciones especulativas y perdieron todo lo que tenían.

En "FDR, Mi Suegro Aprovechado", el Coronel Curtis B. Dall que era corredor en Wall Street en ese momento escribe de la Caída: *"Realmente fue una 'esquila calculada' del público por los Poderes-del-Dinero- Mundiales, activado por la planeada escasez súbita del suministro de call money en el mercado de dinero de New York".*[129] De noche, el Sistema de la Reserva Federal había levantado la tasa de call money a 20%. Incapaz para encontrar esta tasa, la única alternativa de los especuladores era saltar de las ventanas.

La tasa del Banco de la Reserva Federal New York que dictaba la tasa nacional de interés fue a 6% el 1 de noviembre de 1929. Después que los inversores habían sido arruinados, dejó caer a 1,5 % el 8 de mayo de 1931. El Diputado Wright Patman en

---

[129] Col. Curtis B. Dall, *F.D.R., My Exploited Father-in-Law*, Liberty Lobby, Wash., D.C. 1970.

"Un tomador sobre Dinero", dice que el suministro de dinero disminuyó en ocho mil millones dólares desde 1929 a 1933 y causó que 11,630 bancos del total de 26,401 en los Estados Unidos, quebraran y cerraran sus puertas. La Mesa de la Reserva Federal ya había advertido a los accionistas de los Bancos de la Reserva Federal a salir del Mercado, el 6 de febrero de 1929, pero no se molestó en decir algo al resto del pueblo. Nadie supo qué estaba pasando excepto los banqueros de Wall Street que estaban dirigiendo el espectáculo. Los movimientos de oro eran completamente inestables. El Quarterly Journal of Economics notó que: *"La cuestión se ha planteado, no sólo en este país, sino en varios países europeos, acerca de si las estadísticas de aduana registran con exactitud los movimientos de metales preciosos, y, cuando la investigación se ha hecho, la confianza en tales Cifras se ha debilitado en lugar de fortalecido. Cualquier movimiento entre Francia e Inglaterra debe registrarse, por ejemplo, en cada país, pero tal comparación muestra una media diferencia anual de cincuenta millones de francos para Francia y ochenta y cinco millones de francos para Inglaterra. Estas diferencias enormes no son consideradas"*.

El Honorable Correcto Reginald McKenna declaró que: *"El estudio de las relaciones entre los intercambios en reservas de oro y movimiento a nivel de precios muestra que debe ser muy obvio, pero por ningún medio reconocido, que el Patrón Oro no es en ningún sentido automático en la operación. El Patrón Oro puede ser, y es, útilmente manejado y controlado para beneficio de un grupo pequeño de comerciantes internacionales"*.

En agosto de 1929, la Mesa de la Reserva Federal levantó la tasa a 6%. El Banco de Inglaterra al próximo mes levantó su tasa de 5,5% a 6,5%. Dr. Friday para septiembre, 1929, editó de Review of Reviews, que no podría encontrar ninguna razón para las acciones de la Mesa: *"La declaración de la Reserva Federal del 7 de agosto de 1929, muestra señales de insuficiencia que para los requisitos de otoño no existen. Los recursos de oro son considerablemente más del año anterior, y el oro continúa instalándose, en la turbación financiera de Alemania e Inglaterra. Las razones para las acciones de la Mesa debe buscarse en otra parte. Al público se le ha dado sólo la indirecta que 'Este problema ha presentado dificultades debido a ciertas peculiares condiciones'. Cada razón que el Gobernador Young adelantó para bajar la tasa del banco el año pasado ahora existe. Aumentar la tasa significa que no sólo están en peligro el oro en el extranjero, sino que las importaciones de metal amarillo han estado en marcha durante los últimos cuatro meses. Hacer algo para acentuar esto es tomar la responsabilidad por sacar una deflación del crédito mundial".*

Así no sólo encontramos que fue el Sistema de la Reserva Federal responsable por la Primera Guerra Mundial que hizo posible permitir a Estados Unidos que financiaran a los Aliados, sino sus políticas provocaron la depresión mundial de 1929-31. El Gobernador Adolph C. Miller declaró a la Investigación del Senado de la Mesa de la Reserva Federal en 1931 que: *"Si no hubiéramos tenido un Sistema de la Reserva Federal, yo no pienso que habríamos tenido como malo una situación especulativa como teníamos, para empezar"*.

Carter Glass contestó: *"Usted le ha hecho aclarar que la Mesa de la Reserva Federal proporcionó una terrífica expansión del crédito por estas transacciones del mercado abierto"*. Emmanuel Goldenweiser dijo: *"En 1928-29 la Mesa Federal estaba comprometida en un esfuerzo por refrenar el aumento rápido en préstamos de seguridades y en especulación del mercado de acciones. La continuidad de esta política de refrenamiento, sin embargo, fue interrumpida por reducción en tasas por el otoño de 1928 y el verano de 1929"*.

Ambos J.P. Morgan y Kuhn, Loeb Co. tenían *"listas preferidas"* de hombres a quienes enviaron anuncios adelantados de acciones aprovechables. Se permitió a los hombres en estas listas preferidas comprar estas acciones al costo, es decir, en cualquier parte de 2 a 15 puntos una acción menos de lo que se vendió al público.

Los hombres en estas listas eran banqueros socios, industriales prominentes, poderosos políticos de ciudad, hombres de comité de los Partidos Republicanos y Demócratas, y gobernantes de países extranjeros. Se notificó a los hombres en estas listas de la próxima caída, y no vendieron acciones llamadas filo-doradas: General Motors, Dupont, etc. Los precios en estas acciones también se hundieron bajo, pero ellos subieron después y pronto. Cómo los banqueros grandes operaron en 1929 es revelado por una historia de Newsweek el 30 de mayo de 1936, cuando una persona designada de Roosevelt, Ralph W. Morrison, renunció de la Mesa de la Reserva Federal: *"El acuerdo general de opinión es que la Mesa de la Reserva Federal ha perdido un hombre capaz. Él vendió sus utilidades (empresas de servicios públicos), de Texas a Insull por diez millones de dólares, y en 1929 llamó a una reunión y ordenó a sus bancos cerrar todos los préstamos en seguridades para el 1 de septiembre. Como resultado, ellos montaron la depresión con colores volantes".*

Bastante predecible, todos los banqueros grandes montaron la depresión *"con colores volantes"*. El pueblo que sufrió eran los obreros y granjeros que habían invertido su dinero en acciones para-conseguir-riquezas, después del Presidente de los Estados Unidos, Calvin Coolidge, y el Secretario de la Tesorería, Andrew Mellon, los había persuadido de hacerlo.

Había habido algunas advertencias de la caída cercana en Inglaterra que los periódicos americanos nunca vieron. The London Statist el 25 de mayo de 1929 dijo: *"Las autoridades bancarias en Estados Unidos, al parecer quieren un pánico comercial para refrenar la especulación".*

The London Economist el 11 de mayo de 1929, dijo: *"Los eventos del último año han visto los principios de una nueva técnica que, mantenida y desarrollada, puede tener éxito en 'racionar al especulador sin dañar al comerciante"*. El Gobernador Charles S. Hamlin citó esta declaración a las audiencias del Senado en 1931 y dijo, en corroboración de esto: *"Ése era el sentimiento de ciertos miembros de la Mesa, para remover el crédito de la Reserva Federal a los especuladores sin dañar a los comerciantes"*. El Gobernador Hamlin no se molestó en señalar que los "especuladores" que estaba quebrando maestros de escuela y pequeños comerciantes del pueblo que habían puesto sus economías en el mercado accionario, o que los "comerciantes" que él estaba intentando proteger eran grandes operadores de Wall Street: Bernard Baruch y Paul Warburg.

Cuando el Banco de la Reserva Federal de New York levantó su tasa a 6% el 9 de agosto de 1929, las condiciones de mercado empezaron lo qué culminó en tremendas órdenes de venta del 24 de octubre en noviembre que limpiaron ciento y sesenta mil millones de dólares de valores de seguridad. Eso era ciento y sesenta billones que los ciudadanos americanos tenían un mes y no tenían el próximo. Una idea de la calamidad puede tenerse si recordamos que nuestro enorme desembolso de dinero y bienes en la Segunda Guerra Mundial no sumaban mucho más de doscientos billones de dólares, y mucho eso permanecía como seguridades negociables en la deuda nacional. La caída del mercado accionario es el más gran infortunio que los Estados Unidos han sufrido alguna vez.

La Academia de Ciencia Política de Universidad de Columbia en su reunión anual en enero, 1930, tuvo un postmortem a la Caída de 1929. El Vice-Presidente Paul Warburg la habría presidido y el Director Ogden Mills habría jugado una parte importante en la discusión. Sin embargo, estos dos señores no se presentaron. El Profesor Oliver M.W. Sprague de la Universidad de Harvard comentó de la caída: *"Nosotros tenemos aquí un bonito caso del laboratorio del mercado accionario que se está dejando caer al parecer desde su propio peso"*.

Fue puntualizado que fuera eso no había agotamiento del crédito, como en 1893, ni hambre de dinero, como en el Pánico de 1907, cuando los certificados de la casa de clearing fueron recurridos, ni derrumbe de precios de productos agrícolas como en 1920. ¿Qué entonces, había causado la caída? La gente había comprado acciones a precios altos y esperó que los precios continuaran subiendo. Los precios tenían que bajar y lo hicieron. Era obvio para los economistas y banqueros recogidos sobre su coñac y puros en el Hotel Astor que el pueblo estaba en falta. Ciertamente el pueblo había cometido un error comprando seguridades sobre-preciadas, pero les habían hablado sobre esto por cada ciudadano principal desde el Presidente de los Estados Unidos en adelante y hacia abajo. Cada revista de circulación nacional, cada gran periódico y cada banquero, economista, y político prominente, se habían unido al juego de los grandes Trust para instar al pueblo a que comprara esas seguridades sobre-preciadas. Cuando el Banco de la Reserva Federal de New York levantó su tasa a 6%, en agosto de 1929, el pueblo empezó a salir del mercado, y se convirtió en un pánico que tiró los precios de abajo y por debajo de sus niveles naturales. Como en pánicos anteriores, esto permitió a los operadores de Wall Street y extranjeros en el conocimiento, recoger las seguridades "blue-chip" y gilt-filo por una parte de su valor real.

La Caída de 1929 también vio la formación de compañías gigantes de tenencias que recogieron estos bonos y seguridades baratas, como Marine Midland Corp., Lehman Corp. y Equity Corp.. En 1929 J.P. Morgan Company organizó el Trust gigante de comidas: Standard Brands. Había una oportunidad sin igual para los operadores Trust de agrandar y consolidar sus tenencias. Emmanuel Goldenweiser, director de investigación para el Sistema de la Reserva Federal, dijo, en 1947: *"Es claro en mirada retrospectiva que la Mesa debía haber ignorado la expansión especulativa y permitido derrumbarse por su propio peso"*.

Esta admisión de error dieciocho años después del evento era poco consuelo pequeño a las personas que perdieron sus economías en la Caída. La Caída de Wall Street de 1929 era el principio de una deflación del crédito mundial que duró hacia 1932 y del que las democracias Occidentales no se recuperaron hasta que empezaran a rearmarse para la Segunda Guerra Mundial. Durante esta depresión, los operadores de Trust lograron control extenso por su apoyo de tres estafadores internacionales: los hermanos van Sweringen, Samuel Insull e Ivar Kreuger. Estos hombres elevaron las seguridades por valor de billones de dólares a alturas fantásticas. Los banqueros que promovieron e hicieron flotar su emisión de acciones podrían detenerlos en cualquier momento, llamando los préstamos de menos de un millón de dólares, pero les permitieron a estos hombres seguir hasta que hubieran incorporado muchas propiedades industriales y financieras en compañías de holding que los bancos tomaron entonces por nada.

Insull apiló tenencias de utilidades públicas (servicios públicos), a lo largo del Medio Oeste y que los bancos consiguieron para un fragmento de su valor.

Ivar Kreuger estaba respaldado por Lee Higginson Company, supuestamente una de las casas bancarias más honradas de la nación. The Saturday Evening Post lo llamó *"más que un titán financiero"*, y la revista inglesa Fortnightly dijo, en un artículo escrito de diciembre 1931, bajo el título, *"Un Capítulo en Finanzas Constructivas"*: *"Es como un irrigador financiero que Kreuger se ha vuelto de tal importancia vital para Europa"*.[130]

---

[130] NOTA: Ivar Kreuger, podemos recordar, era de vez en cuando el invitado personal de su viejo amigo el Presidente Herbert Hoover, en la Casa Blanca. Hoover parece haber mantenido una relación de cordial con muchos de los estafadores más prominentes del vigésimo siglo y incluye a su socio, Emile

"*Irrigador financiero*" que podemos recordar, era el título dado a Jacob Schiff por Newsweek Magazine, cuando describió cómo Schiff había comprado ferrocarriles americanos con el dinero de Rothschild. New Republic comentó el 25 de enero de 1933, cuando hizo un comentario sobre el hecho que Lee Higginson Company había manejado Kreuger and Toll Securities en el mercado americano: "*Tres-cuartos un mil millones dólares se hicieron. ¿Quién pudo dictar a la política francesa mantener secretas la noticia de este suicidio sumamente importante, durante algunas horas durante en las cuales alguien vendió seguridades de Kreuger en grandes cantidades y salió así del mercado antes del desastre?*"

La Mesa de la Reserva Federal podría verificar la enorme expansión del crédito de Insull y Kreuger investigando los bonos sobre la que sus préstamos se estaban haciendo, pero los Gobernadores nunca hicieron ningún examen de las actividades de estos hombres. El banco moderno con facilidades de crédito se permite el lujo de dar una oportunidad que no había existido previamente para los operadores como Kreuger, de hacer una apariencia de capital abundante con ayuda de capital pedido prestado. Esto le permite al especulador que compre seguridades con seguridades. El único límite a la cantidad a que él puede tener límite es la cantidad en que los bancos lo respaldarán, y, si un especulador ha sido promovido por una honrada casa bancaria, como Kreuger fue promovido por Lee Higginson Company, la única manera en que podría detenerse sería por una investigación de sus recursos financieros reales que en el caso de Kreuger habrían demostrado ser nulos.

El líder del pueblo americano durante la Caída de 1929 y la depresión siguiente era Herbert Hoover. Después de la primera

Francqui. La recepción del mil millones de dólares del Fraude de Kreuger fue manejada por Samuel Untermeyer, ex consejo para audiencias del Comité Pujo.

ruptura del mercado (cinco mil millones dólares en seguridades que desaparecieron el 24 de octubre de 1929) el Presidente Hoover dijo: *"El negocio fundamental del país, es decir, producción y distribución de artículos, está sobre una base fuerte y próspera"*. Su Secretario del Tesoro, Andrew Mellon, declaró el 25 de diciembre de 1929, que: *"El negocio del Gobierno está en condición fuerte"*. Su propio negocio, Aluminum Company of America, no lo estaba haciendo al parecer tan bien, porque había reducido los sueldos de todos los empleados en 10%.

The New York Times informó el 7 de abril de 1931: *"Montagu Norman, Gobernador del Banco de Inglaterra, conferenció con la Mesa de la Reserva Federal aquí hoy. Mellon, Meyer y George L. Harrison, Gobernador del Banco de la Reserva Federal de New York, estaban presentes"*. La Conexión Londres había enviado a Norman esta vez para asegurar que la Gran Depresión estaba procediendo según lo planeado. El Diputado Louis McFadden se había quejado, como informó en The New York Times, 4 de julio de 1930: *"Están reduciéndose los precios de los artículos a niveles de 1913. Los sueldos están siendo reducidos por sobrante obrero de cuatro millones de desempleados. El control Morgan del Sistema de la Reserva Federal se ejerce por control del Banco de la Reserva Federal de New York, la representación mediocre y aquiescencia de la Mesa de la Reserva Federal en Washington"*.

Cuando la depresión se ahondó, el cerrojo del Trust sobre la economía americana se fortaleció, pero ningún dedo estaba apuntando a los partidos que estaban controlando el sistema.

CAPÍTULO TRECE

LOS 1930's

En 1930 Herbert Hoover nombró en la Mesa de la Reserva Federal a un viejo amigo de días del Primera Guerra Mundial, Eugene Meyer Jr., quién tenía un largo registro de servicio público que fechaba desde 1915, cuando entró en sociedad con Bernard Baruch en Alaska-Juneau Gold Mining Company. Meyer había sido Consejero Especial en War Industries Board en Metales No-Ferrosos (oro, plata, etc.); Ayudante Especial en la Secretaria de Guerra en producción de aviones; en 1917 fue nombrado en el Comité Nacional en Ahorros de Guerra y fue Presidente de la War Finance Corp. en 1918-1926. Él fue luego nombrado presidente de Federal Farm Loan Board de 1927-29. Hoover lo puso en la Mesa de la Reserva Federal en 1930, y Franklin D. Roosevelt creó el Reconstruction Bank for Reconstruction and Development en 1946. Meyer debe haber sido un hombre de habilidad excepcional para tener tantos puestos importantes.

Sin embargo, había algunos Senadores que no creyeron él debía tener ninguna oficina Gubernamental, debido a su antecedente familiar como traficante de oro internacional y sus misteriosas operaciones en billones de dólares de seguridades del Gobierno en la Primera Guerra Mundial. Por tanto, el Senado tuvo Audiencias para determinar si Meyer debía estar en la Mesa de la Reserva Federal. En estas Audiencias, el Representante Louis T. McFadden, Presidente del Comité de la Cámara en Banca y Dinero, dijo: *"Eugene Meyer Jr. ha tenido su propia gente con él en el gobierno desde que él empezó en 1917. Su personal de War Finance*

Corp. se tomó del Federal Farm Loan System y casi de inmediato, el Kansas City Join Stock Land Bank y el Ohio Joint Stock Land Bank quebraron".

REPRESENTANTE RAINEY: *Mr. Meyer, cuando él renunció nominalmente como cabeza de Federal Farm Loan Board, realmente no cesó allí sus actividades. Él dejó atrás un cuerpo capaz de "demoledores de casas". Ellos están continuando sus políticas y están consultando con él. Antes de su nombramiento, él estaba frecuentemente en consulta con el Secretario Auxiliar del Tesoro Dewey. Justo antes de su nombramiento, los bonos del Chicago Joint Land Stock Bank, el Dallas Joint Stock Land Bank, el Kansas City Joint Land Stock Bank y el Des Moines Land Bank, se estaban vendiendo a la par. El entonces comisionado de granja tenía un acuerdo con el Secretario Dewey que nada se haría sin consentimiento y aprobación de Federal Farm Loan Board. Unos días después, agente federales de Estados Unidos, con pistolas a sus lados, y a veces con pistolas en mano, entraron en estos cinco bancos y exigieron que los bancos se voltearan entregaran a ellos. El hecho salió por los Estados Unidos, por los periódicos, acerca de lo que había pasado, y estos bancos fueron arruinados. Esto llevó a la brecha con la vieja Mesa de Federal Farm Loan Board, la renuncia de tres de sus miembros y el nombramiento de Mr. Meyer para ser cabeza de esa Mesa.*

SENADOR CAREY: *¿Quién autorizó que los agentes federales tomaran los bancos?*

REPRESENTANTE RAINEY: *El Secretario auxiliar del Tesoro Dewey. Eso empezó la ruina de estos bancos rurales, y los Gianninis los compraron en grandes números".*

El World's Work de febrero de 1931, dijo: *"Cuando la Guerra Mundial empezó para nosotros en 1917, Mr. Eugene Meyer Jr. Fue de los primero en ser llamado a Washington. En abril, 1918, Presidente Wilson lo nombró Director de la War Finance Corp.. Esta corporación prestó 700 millones de dólares a la banca e instituciones financieras".*

Los Audiencias del Senado en Eugene Meyer Jr. continuaron:

REPRESENTANTE MCFADDEN: *"Lazard Freres, la casa bancaria internacional de New York y París, era una casa bancaria de la familia de Meyer. Frecuentemente figura en importaciones y exportaciones de oro, y una de las funciones importantes del Sistema de la Reserva Federal tiene que ver con los movimientos de oro en el mantenimiento de sus propias operaciones. Examinando las minutas de la audiencia que tuvimos el jueves pasado, el Senador Fletcher le había preguntado a Mr. Meyer: '¿Tiene usted alguna conexión con la banca internacional?', que Mr. Meyer había contestado, '¿yo? No personalmente'. Esta última pregunta y respuesta no aparece en la transcripción estenográfica. El Senador Fletcher recuerda preguntar la pregunta y la respuesta. Es una omisión impar".*

SENADOR BROOKHART: *Yo entiendo que Mr. Meyer lo examinó las correcciones.*

REPRESENTANTE MCFADDEN: *Mr. Meyer es cuñado de George Blumenthal, un miembro de la empresa de J.P. Morgan Company, que representa los intereses de Rothschild. Él también es funcionario de enlace entre el Gobierno francés y J.P. Morgan. Edmund Platt que tenía ocho años para seguir en un término de diez años como Gobernador de la Mesa de la Reserva Federal, renunció para hacer sitio a Mr. Meyer. A Platt se le dio una Vice-presidencia de Marine Midland Corp. por el cuñado Alfred A. Cook de Meyer. Eugene Meyer Jr. como cabeza de War Finance Corp., comprometió la colocación de dos mil millones dólares en seguridades del Gobierno, puso primero muchas de esas órdenes con la casa bancaria ahora localizada en 14 Wall Street a nombre de Eugene Meyer, Mr. Meyer Jr. es ahora un gran accionista en la Allied Chemical Corp.. Yo llamo su atención al Informe de la Cámara No. 1635, 68 Congreso, 2da. Sesión que revela que por lo menos veinticuatro millones de dólares en bonos fueron duplicados. Diez mil millones en valor de dólares de bonos se destruyeron clandestinamente.*

Nuestro comité en Banca y Dinero encontró sumamente defectuosos los archivos de la War Finance Corp. bajo Eugene Meyer Jr. Mientras los libros estaban trayéndose ante nuestro comité por la gente que era custodia de ellos y devueltas por la noche a la Tesorería, el comité descubrió que estaban haciéndose alteraciones en los archivos permanentes".

El registro de servicio público no previno a Eugene Meyer Jr. de continuar sirviendo al pueblo americano en la Mesa de la Reserva Federal, como Presidente de la Reconstruction Finance Corp., y como cabeza del International Bank. El Presidente Rand, de Marine Midland Corp., cuestionó sobre su deseo súbito por los servicios de Edmund Platt, dijo: *"Nosotros le pagamos a Mr. Platt $22,000 anuales y tomamos a su secretaria, por supuesto".* Esto significó otros cinco mil al año. El Senador Brookhart mostró que Eugene Meyer Jr. administró la Federal Farm Loan Board contra los intereses del granjero americano, diciendo: *"Mr. Meyer nunca prestó más de 180 millones de dólares de acciones de capital de 500 millones de dólares de la mesa de préstamo de granja, así ayudando a los granjeros él no pudiera ni siquiera usar la mitad del capital".*

MR. MEYER: *El Senador Kenyon me escribió una carta que mostró que yo cooperé con gran ventaja para el pueblo de Iowa.*

SENADOR BROOKHART: *"Usted salió y tomó el lado opuesto de la gente de Wall Street. Ellos siempre mandan a alguien para hacer eso. Yo no he descubierto aún en sus declaraciones mucho interés haciendo préstamos a lo grande a los granjeros, o cualquier esfuerzo real por ayudar su condición. En sus dos años como cabeza de la Federal Farm Loan Board usted hizo muy pocos préstamos comparados a su capital. Usted prestó sólo uno-octavo de la demanda, según su propia declaración".*

A pesar de la evidencia condenatoria destapada en éstas Audiencias del Senado, Eugene Meyer Jr. permanecía en la Mesa de la Reserva Federal. Durante este periodo trágico, el presidente Louis McFadden del Comité de la Cámara en Banca y Dinero continuó su sola cruzada contra la "Conexión Londres" qué había arruinado la nación. El 10 de junio de 1932, McFadden se dirigió la Cámara de Representantes: *"Algunas personas piensan que los bancos de la Reserva Federal son instituciones Del Gobierno de los Estados Unidos. Ellas no son instituciones del Gobierno. Ellos son monopolios privados de crédito privados que pillan al pueblo de Estados Unidos para el beneficio de ellos y sus clientes extranjeros.*

Los bancos de la Reserva Federal son agentes de los bancos centrales extranjeros. Henry Ford ha dicho: Un reclamo de estos financieros es el control mundial por la creación de deudas inextinguibles. La verdad es que la Mesa de la Reserva Federal ha estado usurpando al Gobierno de los Estados Unidos por el monopolio del crédito arrogante que opera la Mesa de la Reserva Federal y los Bancos de la Reserva Federal".

El 13 de enero de 1932, McFadden había introducido una resolución que acusó a la Mesa de Gobernadores de la Reserva Federal por "Conspiración Delictiva": *"Considerando que los acuso, junto y separadamente, con el crimen de haber conspirado traición y actuado contra la paz y seguridad de los Estados Unidos y habiendo conspirado con traición para destruir al gobierno constitucional en los Estados Unidos. Resuelto, que el Comité de la magistratura es autorizado y dirigido en conjunto o por el subcomité para investigar la conducta oficial de la Mesa de la Reserva Federal y agentes para determinar si, en la opinión del dicho Comité, ellos han sido culpables de cualquier crimen mayor o fechoría que en la contemplación de la Constitución que requiere la interposición de los poderes Constitucionales de la Cámara".*

Ninguna acción se tomó en esta Resolución. McFadden regresó el 13 de diciembre de 1932 con un movimiento para acusar al Presidente Herbert Hoover. Sólo cinco Diputados estaban con él en esto, y la resolución falló. El líder de la mayoría Republicana de la Cámara comentó: *"Louis T. McFadden está políticamente muerto"*.

El 23 de mayo de 1933, McFadden presentó la Resolución No. 158, Artículos de Acusación contra el Secretario de la Tesorería, los dos Secretarios Auxiliares de la Tesorería, la Mesa de Gobernadores de la Reserva Federal y funcionarios y directores de los Bancos de la Reserva Federal por su culpa y colusión causando la Gran Depresión. *"Yo los acuso con haber tomado ilegalmente más de 80 mil millones dólares del Gobierno de Estados Unidos en el año 1928, la toma ilegal que consiste en la recreación ilegal de demandas contra la Tesorería de Estados Unidos a la magnitud de más de 80 mil millones dólares en el año 1928, y por cada año subsiguiente, y habiendo robado al Gobierno de Estados Unidos y al pueblo de los Estados Unidos, por su robo y venta de la reserva del oro de los Estados Unidos"*.

La Resolución nunca alcanzó el piso de la Cámara. Una campaña de rumores que McFadden estaba loco, corrió en Washington en las próximas elecciones al Congreso, fue derrotado por los miles de dólares pagados en su distrito de Canton, Pennsylvania.

En 1932, el pueblo americano eligió a Franklin D. Roosevelt presidente de los Estados Unidos. El fue saludado por el pueblo americano como liberando al pueblo americano de la mala influencia que trajo la Gran Depresión, el fin de la dominación de Wall Street y la desaparición de los banqueros de Washington.

Roosevelt debió su carrera política a una circunstancia fortuita. Como Secretario Auxiliar de la Armada durante la Primera Guerra Mundial, debido a viejos lazos de escuela, él había intervenido para prevenir la persecución de un gran círculo de homosexuales en la Armada que incluyó a varios condiscípulos de

Groton y Harvard. Esto lo trajo a la apreciación favorable de un círculo homosexual internacional y adinerado que viajaba de un lado a otro entre New York y París, y qué era presidido por Bessie Marbury, de una muy vieja y prominente familia de New York. La "esposa" de Bessie, quién vivió con ella durante varios años, era Elsie de Wolfe, más tarde Lady Mendl en un "mariage de convenance", el árbitro del círculo internacional.

Ellas reclutaron a la hija más joven de J.P. Morgan, Ana Morgan, en su círculo, y usaron su fortuna para restaurar Villa Trianon en París que se volvió su cuartel general. Durante la Primera Guerra Mundial, se usó como hospital. Bessie Marbury esperaba como premio ser condecorada con la Legión de Honor por el Gobierno francés, pero J.P. Morgan, Jr., quién la despreció por corromper a su hermana más joven, le pidió al Gobierno francés que retuviera el premio y ellos lo hicieron.

Partiendo de este desaire, Bessie Marbury se metió en política, y se volvió un poder en el Partido Demócrata. Ella también había reclutado a Eleanor Roosevelt en su círculo, y, durante una visita a Hyde Park, Eleanor le confió que estaba desesperada por encontrar algo para el *"pobre Franklin"*, porque el estaba confinado a una silla de ruedas y muy deprimido. *"¡Yo sé lo que haremos"*, exclamó Bessie: *"Lo presentaremos para Gobernador de New York!"*. Debido a su poder, ella tuvo éxito en esta meta, y Roosevelt llegó después a Presidente.

Uno de los hombres de Roosevelt llegó con él a New York como Consejero Especial a la Tesorería era Earl Bailie de J & W Seligman Co. que se había vuelto notorio como el hombre que le dio el $415,000 de soborno a Juan Leguía, hijo del Presidente de Perú para conseguir que el Presidente aceptara un préstamo de J & W Seligman Co. Hubo mucho crítica de este nombramiento, y Mr. Roosevelt, siguiendo su nuevo papel como defensor del pueblo, envió a Earl Bailie de vuelta a New York.

El propio Franklin D. Roosevelt era banquero internacional de mala reputación, después de haber lanzado grandes emisiones de bonos extranjeros sobre este país en los años veinte. Estos bonos cayeron en default, y los ciudadanos perdieron millones de dólares, pero todavía quisieron Mr. Roosevelt como Presidente. El Directorio de Directores de New York lista a Mr. Roosevelt como Presidente y Director de United European Investors, Ltd., en 1923 y 1924 que lanzó muchos millones de marcos alemanes sobre este país, todos los cuales predefinieron. El Directorio de Directores de Poor's lo lista como director de The International Germanic Trust Company en 1928. Franklin D. Roosevelt también era consejero en la Federal International Banking Corp., equipo angloamericano que repartía seguridades extranjeras en los Estados Unidos.

La firma de abogados de Roosevelt y O'Connor, durante los años veinte representó muchas corporaciones internacionales. Su socio legal, Basil O'Connor, era director en las corporaciones siguientes: Cuban-American Manganese Corp., Venezuela-Mexican Oil Corp., West Indies Sugar Corp., American Reserve Insurance Corp., Warm Springs Foundation. Él era director en otras corporaciones, y cabeza más tarde de la Cruz Roja americana.

Cuando Franklin D. Roosevelt asumió como Presidente de los Estados Unidos, él nombró como Director del Presupuesto a James Paul Warburg, hijo de Paul Warburg, y vicepresidente de International Acceptance Bank y otras corporaciones.

Roosevelt nombró Secretario de Tesoro a W.H. Woodin, uno de los industriales más grandes en el país, Director de American Car Foundr & Co. y otras numerosas fábricas de locomotoras, Remington Arms, The Cuba Co., Consolidated Cuba Railroads, y otras grandes corporaciones. Woodin fue reemplazado después por Henry Morgenthau, Jr., hijo del operador de bienes raíces en Harlem que había ayudado a poner a

Woodrow Wilson en la Casa Blanca. Con gente como esta, las promesas de Roosevelt de cambios sociales radicales mostraron poca probabilidad de cumplimiento. Uno de las primeras cosas que hizo fue declarar la moratoria de los banqueros, para ayudar a los banqueros a tener sus archivos en orden.

World's Work dice: *"El congreso ha dejado libres a Charles G. Dawes y Eugenio Meyer Jr., por estimar, por sus propios métodos, la seguridad que los prestatarios probables de dos mil millones del dólar de capital, pueda ofrecer".*

Roosevelt también asentó la Securities Exchange Commission, para ver que ninguna nueva cara entrara en Wall Street lo que causó la siguiente conversación en el Congreso:

REPRESENTANTE WOLCOTT: *En audiencias ante este comité en 1933, los economistas mostraron mapas que demostraron más allá de toda la duda que los valores en dólares de las materias primas y productos agrícolas siguieron el nivel del precio de oro. ¿No es así?*

LEON HENDERSON: *No.*

REPRESENTANTE GIFFORD: *¿No se nombró a Joe Kennedy [como presidente de Securities Exchange Committee] por el Presidente Roosevelt porque él era simpático a los grandes negocios?*

LEON HENDERSON: *Yo pienso así. Paul Einzig señaló en 1935 que: "el Presidente Roosevelt fue el primero en declararse abiertamente a favor de una política monetaria que apunte a un ascenso deliberadamente pensado de los precios. En sentido negativo su política tuvo éxito. Entre 1933 y 1935 tuvo éxito reduciendo la deuda privada, pero se hizo a costa de una deuda pública creciente".*

En otras palabras, él alivió la carga de deudas fuera de los ricos hacia los pobres, desde que los ricos son pocos y los pobres muchos. El Senador Robert L. Owen, testificando antes del Comité de la Cámara en Banca y Dinero en 1938, dijo: *"Yo escribí en el proyecto que fue introducido por mí al Senado el 26 de junio de 1913, una provisión que deben emplearse los poderes del Sistema para promover un nivel del precios estables que significaba un dólar de compra estable y poder de pago de deuda. Esto fuera derrotado. Los poderosos intereses de dinero lograron el control de la Mesa de la Reserva Federal Mr. Paul Warburg, Mr. Alberto Strauss y Mr. Adolph C. Miller y que puedan tener ese secreto encuentro del 18 de mayo de 1920, y llevar a tener una reducción del crédito tan violento que eliminó cinco millones de empleo de la gente.*

En 1920 esa Mesa de la Reserva causó el Pánico de 1921 deliberadamente. La misma gente, sin restricciones en el mercado accionario, expandiendo el crédito a gran exceso entre 1926 y 1929, subió el precio de las acciones a un punto fantástico donde posiblemente no pudieran ganar dividendos y cuando la gente comprendió esto, ellos intentaron levantar y producir la Caída del 24 de octubre de 1929"

El Senador Owen no entró en la cuestión de si la Mesa de la Reserva Federal pudiera ser presentada como responsable ante el público. Realmente, no pueden. Ellos son funcionarios públicos que son nombrados por el Presidente, pero sus sueldos son pagados por accionistas privados de los Bancos de la Reserva Federal.

El Gobernador W.P.G. Harding de la Mesa de la Reserva Federal testificó en 1921 que: *"El Banco de la Reserva Federal es una institución poseída por los bancos miembros del capital accionario. El Gobierno no tiene el valor de un dólar en acciones en esta"*. Sin embargo, el Gobierno da el uso de billones de dólares de crédito al Sistema de la Reserva Federal, y esto le da su característica de banco central a la Reserva Federal, el poder para emitir dinero sobre el crédito del Gobierno. No tenemos notas del Gobierno Federal o certificados de oro como dinero. Tenemos notas del Banco de la Reserva Federal, emitidas por Bancos de la Reserva Federal, y cada dólar que ellos imprimen es un dólar en su bolsillo.

W. Randolph Burguess, del Banco de la Reserva Federal de New York, declaró ante la Academia de Ciencia Política en 1930 que: *"En sus mayores principios de operación el Sistema de la Reserva Federal no es diferente de otros bancos de emisión, como el Banco de Inglaterra, el Banco de Francia o el Reichsbank"*.

Estos bancos centrales tienen poder emisor de dinero en sus respectivos países. Así, el pueblo no posee su propio dinero en Europa, ni lo posee aquí. Es impreso privadamente para ganancia privada. El pueblo no tiene soberanía sobre su dinero y no han desarrollado ninguna soberanía sobre otros problemas políticos mayores como política extranjera. Como banco central de emisión, el Sistema de la Reserva Federal tiene detrás toda la riqueza enorme del pueblo americano. Cuando empezó sus operaciones en 1913 fue una amenaza seria para los bancos centrales de los países empobrecidos de Europa. Porque representaba esta gran riqueza, atrajo mucho más oro de lo que era deseable en los años veinte y era claro que pronto todo del oro del mundo se amontonaría en este país. Esto haría una broma al Patrón Oro en Europa, porque no tendrían oro allí para respaldar su emisión de dinero y crédito. Era el objetivo confeso de la Reserva Federal en 1927, después de la reunión secreta con las cabezas de los bancos centrales extranjeros, tener grandes cantidades de oro de vuelta en Europa y sus métodos de hacerlo, la tasa de interés baja y pesadas compras de bonos del Gobierno que crearon inmensas sumas de nuevo dinero, intensificaron la especulación del mercado accionario e hicieron un desastre nacional con la caída del mercado accionario y la depresión resultante.

Puesto que el Sistema de la Reserva Federal era culpable de causar este desastre, podríamos suponer que habrían intentado aliviarlo. Sin embargo, en los años oscuros de 1931 y 1932, los Gobernadores de la Mesa de la Reserva Federal vieron la condición del pueblo americano que empeoraba y no hicieron nada para ayudarlo. Esto era más delictivo que la idea original de la Depresión. Cualquiera que vivió en esos años en este país recuerda el desempleo extendido, la miseria y el hambre de nuestro pueblo. En cualquier momento de esos años la Mesa de la Reserva Federal podría actuar para relevar esta situación. El problema era devolver algún dinero a la circulación. Tanto del dinero normalmente pagado se había chupado para renta y vales de comida en Wall Street que no había dinero para continuar el negocio de vivir. En muchas áreas, la gente imprimió su propio dinero en madera y papel para uso en sus comunidades, y este dinero era bueno, desde que representaba obligaciones para cumplir hacia otros.

El Sistema de la Reserva Federal era un banco central de emisión. Tenía el poder para, y lo hizo cuando satisfizo a sus dueños, emitir millones de dólares. ¿Por qué no hizo así en 1931 y 1932? Los banqueros de Wall Street habían terminado con Mr. Herbert Hoover y querían que Franklin D. Roosevelt entrara en una ola de gloria como salvador de la nación. Por tanto, el pueblo americano tenía que pasar hambre y sufrir hasta marzo de 1933, cuando el Caballero Blanco vino cabalgando con sus sobornadores de Wall Street y pusieron algún dinero en la circulación. Eso fue todo lo que hubo. En cuanto Mr. Roosevelt tomó la oficina, la Reserva Federal empezó a comprar diez millones de dólares de bonos del Gobierno por semana durante diez semanas, y creó cien millones de dólares en nuevo dinero que alivió el hambre crítica de dinero y las fábricas empezaron a contratar gente de nuevo. Durante la Administración Roosevelt, la Mesa de la Reserva Federal en la medida en el público estaba interesado, era Marriner Eccles, un émulo y admirador del "Jefe".

Eccles era un banquero de Utah, Presidente de la First Securities Corp., Trust de inversión familiar consistente en varios bancos que Eccles había reunido barato durante la Depresión Agrícola de 1920-21. Eccles también era director de corporaciones como Pet Milk Co., Mountain States Implement Co. y Amalgamated Sugar. Como banquero grande, Eccles se ajustó bien con el grupo de hombres poderosos que estaban operando a Roosevelt. Hubo alguna discusión en Congreso acerca de si Eccles había de estar al mismo tiempo en la Mesa de la Reserva Federal cuando tenía todos estos bancos en Utah, pero él testificó que tenía muy poco que ver con First Securities Corp. además de ser Presidente de esta, y así él fue confirmado como Presidente de la Mesa.

Eugenio Meyer, Jr. ahora renunció a la Mesa para pasar más de su tiempo prestando dos mil millones de dólares desde Reconstruction Finance Corp. y determinando el valor de garantía subsidiaria por sus propios métodos. El Acto Bancario de 1935, qué aumentó grandemente el poder de Roosevelt sobre las finanzas de la nación, era parte integral de la legislación por la que se propuso extender su reinado sobre los Estados Unidos. No fue opuesto por el pueblo como lo era el Acta de Recuperación Nacional, porque no era una tan desnuda infracción de sus libertades. Era, sin embargo, una medida importante.

En primer lugar, extendió los términos de oficina de la Mesa de la Reserva Federal de Gobernadores a catorce años, tres y media veces la longitud de un término Presidencial. Esto significó que un Presidente asumía una oficina que podría ser hostil a la Mesa y no podría nombrar una mayoría que sería favorable a él. Así, una política monetaria inaugurada ante un Presidente entrado en la Casa Blanca seguiría sin tener en cuenta sus deseos. El Acto Bancario de 1935 también derogó la cláusula del Acto Bancario Glass-Steagall de 1933, que proveía que una casa bancaria no podría estar en la Bolsa de Valores y también involucrarse en banca de inversión. Esta cláusula era buena, desde que impedía a una casa bancaria prestar dinero a una corporación que poseía.

Aún será recordado que esta cláusula cubrió a algunas otras provisiones en ese Acto, como la creación de la Federal Deposit Insurance Corp., dando el dinero del seguro en cantidad de 150 millones de dólares, en garantía de quince mil millones de dólares de depósitos. Esto aumentó el poder de los banqueros grandes sobre los bancos pequeños y les dio otra excusa para investigarlos. El Acta Bancaria de 1933 también legisló que todas las ganancias de los Bancos de la Reserva Federal deben por ley ir a los bancos de ellos. Por fin la provisión en el Acto del que la parte Gubernamental en las ganancias se libró. Nunca había sido observado, y el aumento en los recursos de los Bancos de la Reserva Federal de 143 millones de dólares en 1913 a 45 mil millones dólares en 1949 fue completamente a los accionistas privados de los bancos.

Así, una provisión constructiva del Acto Bancario de 1933 se derogó en 1935, y también a los Bancos de la Reserva Federal les fue permitido ahora prestar directamente a la industria y compitiendo con bancos miembros que no podrían esperar emparejar su capacidad colocando préstamos grandes. Cuando la provisión que los bancos no podrían estar involucrados en banca de inversión y operar en la Bolsa de Valores se derogó en 1935, Carter Glass, creador de esa provisión, fue interrogado por los reporteros: "*¿Significa que J.P. Morgan puede volver a ser banca de inversión?*" "*¿Bien, por qué no?*" contestó el Senador Glass. "*Hubo un grito por el país que los bancos no harán préstamos. Ahora los Morgan pueden volver a suscribir*". Porque esa provisión les era desfavorable, los banqueros simplemente se habían sujetado en hacer préstamos hasta que fuera derogada.

Newsweek del 14 de marzo de 1936, notó que: "*La Mesa de la Reserva Federal despidió nueve presidentes de Bancos de la Reserva y explica que pensaba hacer en mucho un trabajo de jornada incompleta para las presidencias de los Bancos de la Reserva sobre una base honoraria*". Éste era otro caso de centralización de control en el Sistema de la Reserva Federal. El sistema de distrito regional nunca había sido factor importante en la administración de la política monetaria, y la Mesa no estaba recortando sus funcionarios de Washington.

El Presidente del Comité del Senado en Banca y Dinero había preguntado, durante los Audiencias de la Reserva de Oro de 1934: "*¿Es verdad, Gobernador Young, que la Secretaria de la Tesorería durante los últimos doce años ha dominado la política de los Bancos de la Reserva Federal y la Mesa de la Reserva Federal con respecto a la compra de bonos de Estados Unidos?*" El Gobernador Young había negado esto, pero ya se había sacado que para dictar la política de la Reserva Federal, el Gobernador Montagu Norman del Banco de Inglaterra había ido directamente a Andrew Mellon, Secretario de la Tesorería, en sus dos viajes a prisa a este país en 1927 y 1929 para hacerle comprar seguridades del Gobierno en mercado abierto y empezar a sacar oro de este país para volver a Europa.

Los Audiencias de la Reserva de Oro también habían traído otra gente que tenían más que un interés de paso en las operaciones del Sistema de la Reserva Federal. James Paul Warburg, estaba justo de vuelta de la Conferencia Económica de Londres con el Profesor O.M.W. Sprague y Henry L. Stimson, entró para declarar lo que él pensaba que debíamos modernizar del Patrón Oro.

Frank Vanderlip sugirió anular la Mesa de la Reserva Federal y asentar una Autoridad Monetaria Federal. Esto habría dado lo mismo a los banqueros de New York que habrían seleccionado sin embargo al personal. Y el Senador Robert L. Owen, crítico de largo tiempo del sistema, hizo la siguiente declaración: "*El pueblo no sabe que los Bancos de la Reserva Federal están organizados para hacer ganancias. Se pensaba que estabilizaban el crédito y suministro del dinero del país. Ese fin no ha sido cumplido. De hecho, ha habido la variación más notable en el poder adquisitivo de dinero desde que el Sistema entró en efecto. Los hombres de la Reserva Federal son* escogidos por los bancos grandes, a través una discreta campaña, y siguen naturalmente los ideales en que se retratan como los más legítimos desde un punto de vista financiero".

Benjamín Anderson, economista por el Chase National Bank of New York, dijo: "*Al momento, 1934, tenemos 900 millones de exceso de reservas de dólares. En 1924, con reservas aumentadas de 300 millones, usted conseguía tres o cuatro mil millones muy rápidamente en la expansión bancaria del crédito. Ese dinero extra fue puesto por los Bancos de la Reserva Federal en 1924 a comprar bonos del Gobierno y fue la causa de la expansión rápida de crédito de los bancos. Los bancos continuaron consiguiendo excesos de reservas porque entraba más oro y siempre había un moderador, la gente de la Reserva Federal poniendo un poco más. Ellos se detuvieron un poco en 1926. Firmaron un poco de cosas en el año. Y luego en 1927 pusieron menos de 300 millones de las reservas adicionales, volvieron salvaje al mercado accionario, y eso nos llevó el derecho a la ruptura de 1929*".

El Dr. Anderson también declaró: "*El dinero de los Bancos de la Reserva Federal es dinero que crean. Cuando compran bonos del Gobierno crean reservas. Pagan por los bonos del Gobierno dando cheques sobre ellos, y esos cheques vienen a los bancos comerciales y son por ellos depositados en los Bancos de la Reserva Federal, y entonces existe dinero y el cual no existía antes*".

SENADOR BULKLEY: *¿No aumenta en absoluto la moneda corriente?*

ANDERSON: *No. Ésta es una forma en que los Bancos de la Reserva Federal aumentaron sus recursos de 143 millones de dólares a 45 mil millones dólares en treinta y cinco años. Ellos no produjeron nada, eran empresas improductivas y aún tenían esta ganancia enorme, meramente creando dinero, 95% de él en forma de crédito que no se agregaba al medio circulante. No era distribuido entre la gente en forma de sueldos, ni aumentaba el poder de compra de los granjeros y obreros. Era crédito-dinero creado por banqueros para uso y ganancia de banqueros que aumentaron su riqueza por más de cuarenta mil millones dólares por unos años porque habían obtenido control del crédito del Gobierno en 1913 pasando el Acto de la Reserva Federal.*

Marriner Eccles también tenía mucho que decir sobre creación de dinero. Él se consideraba economista, y había sido llevado al servicio Gubernamental por Stuart Chase y Rexford Guy Tugwell, del temprano Trust de cerebros de Roosevelt.

Eccles era el único de la gente de Roosevelt que se quedó en la oficina a lo largo de su administración. Ante el Comité de la Cámara en Banca y Dinero el 24 de junio de 1941, el Gobernador Eccles dijo: *"El dinero se crea del derecho a emitir dinero de crédito".* Volviendo sobre el crédito del Gobierno a los banqueros privados en 1913, les dio oportunidades ilimitadas de crear dinero. El Sistema de la Reserva Federal también podría destruir dinero en cantidades grandes a través de operaciones de mercado abierto. Eccles dijo, a las Audiencias Silver de 1939: *"Cuando usted vende bonos en el mercado abierto, usted extingue reservas".*

Extinguir reservas significa que cortan o estrechan la base para la emisión del dinero y el crédito, o bajar el circulante, una condición que es normalmente aún más favorable a los banqueros que la emisión de dinero. Retirar circulante o destruir dinero le da control inmediato e ilimitado de la situación financiera al banquero, desde que él es el único con dinero y con poder para emitir dinero en un tiempo de escasez de dinero. Los pánicos de dinero de 1873, 1893, 1920-21, y 1929-31, fueron retiro de la moneda circulante.

En términos económicos, esto no parece cosa terrible, pero cuando significa que la gente no tiene dinero para pagar su renta o comprar comida, y cuando significa que un patrón despida tres-cuartos de su personal porque él no puede pedir prestado dinero para pagarles, la culpa enorme de los banqueros y el registro largo de sufrimiento y miseria de los que son responsables sugeriría que ningún castigo pudiera ser demasiado severo por sus crímenes contra los que de ellos dependen.

El 30 de septiembre de 1940, Gobernador Eccles dijo: "*Si no hubiera ninguna deuda en nuestro sistema de dinero, no habría dinero*". Ésta es una declaración exacta sobre nuestro sistema de dinero. En lugar de dinero creado por producción del pueblo, el aumento anual en bienes y servicios, es creado por los banqueros desde las deudas del pueblo.

Porque es inadecuado, está sujeto a grandes fluctuaciones y es básicamente inestable. Estas fluctuaciones también son una fuente de grandes ganancia. Por esa razón, la Mesa de la Reserva Federal se ha opuesto a cualquier legislación que intente estabilizar el sistema monetario de forma consistente. Su posición ha sido definitivamente establecida por el Presidente Eccles en carta al Senador Wagner el 9 de marzo de 1939, y Memorando emitido por la Mesa el 13 de marzo de 1939. El Presidente Eccles escribió que: "*… le aconsejan que la Mesa de Gobernadores del Sistema de la Reserva Federal no favorece la promulgación de Senado Proyecto No. 31, un proyecto para enmendar el Acto de la Reserva Federal, o cualquier otra legislación de este carácter general*".

La Mesa declaró, en su "Memorando sobre Propuestas para mantener precios a nivel fijo": "*La Mesa de Gobernadores se opone a cualquier proyecto que proponga un nivel de precios estables, sobre la base que los precios no dependen principalmente del precio o costo de dinero; que el control de la Mesa sobre de dinero no puede hacerse completo; y que medios de precios firmes, aun cuando asequibles por acción oficial, no asegurarían la prosperidad duradera*".

Todavía William McChesney Martin, el Presidente de la Mesa de Gobernadores en 1952, dijo ante el Subcomité sobre control de la Deuda, el Comité Patman, el 10 de marzo de 1952 que *"Uno de los propósitos fundamentales del Acto de la Reserva Federal es proteger el valor del dólar"*.

El Senador Flanders lo cuestionó: *"¿Está específicamente declarado en la legislación original que instaló el Sistema de la Reserva Federal?"* *"No"*, contestó Mr. Martin, *"pero es inherente en toda la historia legislativa entera y en las circunstancias circundantes"*. El Senador Robert L. Owen nos ha dicho cómo se sacó de la legislación original contra su voluntad y que la Mesa de Gobernadores se ha opuesto tal legislación. Al parecer Mr. Martin no sabe esto.

De hecho, los precios firmes son imposibles tanto como tenemos especuladores de arriba a abajo en la bolsa de valores, manejando tendencias de precios para segar ganancias para ellos. A pesar de la insistencia del Gobernador Eccles que los precios firmes no asegurarían una prosperidad duradera, ellos podrían hacer mucho para provocar esta condición. Un hombre de un sueldo anual de $2,500 no es más próspero si el precio de aumentos de pan es de cinco centavos la barra durante el año. En 1935, Eccles dijo antes del Comité de la Cámara en Banca y Dinero: *"El Gobierno controla la reserva del oro, es decir, el poder de emitir dinero y crédito y regula así mucho la estructura de precios"*. Es una contradicción casi directa la declaración de Eccles de en 1939 que los precios no dependen, en lo principal, del precio o costo de dinero.

En 1935, el Gobernador Eccles declaró ante el Comité de la Cámara: *"La Mesa de la Reserva Federal tiene el poder de las operaciones de mercado abierto. Las operaciones de mercado abierto son el instrumento más importante de control sobre el volumen y costo de crédito en este país. Cuando yo digo "crédito" en esta conexión, quiero decir dinero, porque por lejos la parte más grande de dinero en uso por el pueblo de este país es en forma de crédito de banco o depósitos de banco. Cuando los Bancos de la Reserva Federal compran bonos o seguridades en mercado abierto, aumentan el volumen de dinero del pueblo y bajan su costo; y cuando venden en mercado abierto disminuyen el volumen de dinero y aumentan su costo. La autoridad sobre estas operaciones que afectan el bienestar del pueblo entero debe invertirse en un cuerpo que representa el interés nacional".*

El testimonio del Gobernador Eccles expone el corazón de la máquina de dinero que Paul Warburg reveló a sus incrédulos banqueros socios en Isla Jekyll en 1910. La mayoría de los americanos comenta que ellos no pueden entender cómo opera el Sistema de la Reserva Federal. Permanece más allá de su entender, no porque es complejo, sino porque es tan simple. Si un hombre de confianza llega a usted y ofrece demostrar su maravillosa máquina de dinero, usted mira mientras él pone en un pedazo pálido de papel y saca afuera un billete de $100. Ése es el Sistema de la Reserva Federal. Usted ofrece comprar esta máquina de dinero maravillosa entonces, pero usted no puede. Es poseído por los accionistas privados de los Bancos de la Reserva Federal cuyas identidades pueden remontarse en lo parcial, pero no completamente, a la "conexión Londres".

En las Audiencias del Comité de la Cámara en Banca y Dinero el 6 de junio de 1960, el Diputado Wright Patman, Presidente, cuestionó a Carl E. Allen, Presidente del Banco de la Reserva Federal de Chicago: (p. 4).

PATMAN: *"Ahora Mr. Allen, cuándo la Reserva Federal compras en Comité de Mercado Abierto (Open Market Committee) un millón de bonos en dólares, usted crea el dinero sobre el crédito de la Nación para pagar por ese bono, ¿no es así?*

ALLEN: *Eso es correcto.*

PATMAN: *Y el crédito de la Nación está representado por Notas de la Reserva Federal en ese caso, ¿no es así? Si los bancos quieren el dinero real, usted da notas de la Reserva Federal en pago, ¿no es eso?*

ALLEN: *Eso podría hacerse, pero nadie quiere notas de la Reserva Federal.*

PATMAN: *Nadie los quiere, porque los bancos tendrían el crédito más bien como reservas".*

Ésta es la parte más increíble del funcionamiento de la Reserva Federal y una que es difícil de entender para cualquiera. ¿Cómo puede entender cualquier ciudadano americano el concepto que hay gente en este país que tiene el poder para hacer una entrada en un libro mayor, que el gobierno de los Estados Unidos les debe ahora mil millones dólares, y recolectar el capital e interés en este "préstamo?"

El Diputado Wright Patman nos dice en "Primer Libro de Dinero",[131] pág. 38 de ida en un Banco de la Reserva Federal y pidiendo ver sus bonos sobre las que el pueblo americano está pagando un interés. Después de mostrar los bonos, él pidió ver su dinero en efectivo, pero ellos sólo tenían algunos libros mayores y cheques en blanco. Patman dice: *"El dinero en efectivo, en verdad, no existe y nunca ha existido. Qué nosotros llamamos 'reservas en caja' simplemente son créditos de asientos contables en libros mayores de los Bancos de la Reserva Federal. Los créditos son creados por los Bancos de la Reserva Federal y luego pasan a lo largo del sistema bancario".*

Peter L. Bernstein, en Un Primer sobre Dinero, Banca y Oro dice: *"El truco en las notas de la Reserva Federal es que los bancos de la reserva Federal no pierden ningún dinero en efectivo cuando pagan*

---

[131] "The Primer of Money". La palabra inglesa "Primer", referida a un libro, define un libro muy elemental para chicos del primer grado de la escuela primaria.

este dinero a los bancos miembros. Las notas de la Reserva Federal no son amortizables en nada excepto eso que el Gobierno llama 'dinero de curso legal' (legal tender), dinero que un acreedor debe estar deseoso aceptar de un deudor en pago de sumas debidas. Pero desde que todas las notas de la Reserva Federal son declaradas por ley por ser dinero legal, ellos sólo son muy amortizables sobre ellas... ellas son una obligación irredimible emitida por los Bancos de la Reserva Federal".[132]

Como el Diputado Patman lo pone: *"El dólar representa una deuda de un dólar al Sistema de la Reserva Federal. Los Bancos de la Reserva Federal crean dinero de la nada para comprar bonos del Gobierno, de la Tesorería de Estados Unidos, prestando dinero en circulación a interés, por asientos contables de libros del talonario de cheques en la Tesorería de Estados Unidos. La Tesorería suscribe a interés productivo en bonos por mil millones dólares. La Reserva Federal da un mil millones en crédito de dólar a la Tesorería por bono, y ha creado de la nada mil millones de dólares en deuda que el pueblo americano se obliga a pagar con interés"* (Money Facts, House Banking and Currency Committee, 1964, p. 9). Continúa Patman: *"¿Dónde consigue el sistema de la Reserva Federal el dinero con que crea Reservas del Banco?*

Respuesta: No consigue el dinero, lo crea. Cuando la Reserva Federal escribe un cheque, está creando dinero. La Reserva Federal es una máquina total de hacer dinero. Puede emitir dinero o cheques".

En 1951, el Banco de la Reserva Federal de New York publicó un folleto, *"Trabajo de un día en el Banco de la Reserva Federal de New York"*. En página 22, nosotros encontramos que: *"Hay todavía otro y más importante elemento de interés público en la operación de los bancos además de salvaguardar dinero; los bancos*

---

[132] Peter L. Bernstein, *A Primer On Money, Banking and Gold*, Vintage Books, New York, 1965, p. 104.

pueden 'crear dinero . Uno de los factores más importantes para recordar en esta conexión es que el suministro de dinero afecta el nivel general de precios — el costo de vida. El Índice Costo de Vida y suministro de dinero es paralelo".

Las decisiones de la Mesa de la Reserva Federal, o más bien, las decisiones que les dicen que hagan por "partes desconocidas", afectan la vida diaria de cada americano por el efecto de estas decisiones sobre los precios. Levantar la tasa de interés, o crear dinero se volvieron actos "más estimados" para limitar la cantidad de dinero disponible en el mercado, como hace la suba de requisitos de reserva por el Sistema de la Reserva Federal. Vender bonos por el Comité de Mercado Abierto también extingue y baja el suministro de dinero. Comprar Bonos del gobierno en el mercado abierto "crea" más dinero, como se hace bajando la tasa de interés y haciendo dinero "más barato". Es axiomático que un aumento en el suministro de dinero trae prosperidad, y que una disminución en el suministro de dinero crea depresión. Aumentos dramáticos en el dinero de la franja de suministro de bienes crea inflación: *"demasiado dinero que compra demasiado pocos bienes".*

Un aspecto más esotérico del sistema monetario es *"velocidad de circulación"* que parece mucho más técnico de lo que es. Es la velocidad en que el dinero cambia manos; si es el oro enterrado en el jardín del campesino tiene velocidad lenta de circulación causada por falta de confianza en la economía o la nación. La velocidad muy rápida de circulación, como el estampido del mercado accionario de fines de 1920s, significa producción rápida, gasto e inversión de dinero con raíces de confianza, o sobre confianza, en la economía.

Con alta velocidad de circulación, un suministro de dinero más pequeño circula entre tanta gente y bienes como un suministro de dinero más grande circularía con una velocidad más lenta. Nosotros mencionamos esto porque la velocidad de circulación, o confianza en la economía, también está muy afectado por las acciones de la Reserva Federal. Milton Friedman comenta en Newsweek, 2 de mayo de 1983: *"La función mayor de la Reserva Federal es determinar el suministro de dinero. Tiene poder para aumentar o disminuir el suministro de dinero de todos los modos que él escoge"*.

Es un poder enorme, porque aumentando el suministro de dinero pueden causar la re-elección de una administración, mientras disminuyéndolo pueden causar que una administración sea derrotada. Sigue Friedman para criticar la Reserva Federal: *"¿Cómo una institución que tiene no obstante tan pobre registro de actuación tiene tan alta reputación pública e incluso control en una medida considerable de credibilidad por sus previsiones?"*

Se dirigen todas las transacciones del mercado abiertas que afectan el suministro de dinero para una sola cuenta del Sistema del Banco de la Reserva Federal de New York en nombre de todos los Bancos de la Reserva Federal, y dirigido por funcionario del Banco de la Reserva Federal de New York. Las conferencias en las que se hacen decisiones comprar o vender seguridades por el Comité del Mercado Abierto permanecen cerradas al público y las deliberaciones también siguen siendo un misterio.

El 8 de mayo de 1928, The New York Times informó que Adolph C. Miller, el Gobernador de la Mesa de la Reserva Federal, testificando ante el Comité de la Cámara de Banca y Dinero, declaró que se establecieron compras de mercado abierto y tasas de redescuento a través de "conversaciones". En ese momento, las compras de mercado abierto sumaron setenta o ochenta millones de dólares al día, y sería diez veces lo que hoy. Éstas son inmensas sumas para ser manipuladas en base a "conversaciones" no más, pero ésa es tanta información como podemos obtener.

Debido a estas transacciones misteriosas que afectan la vida, libertad y felicidad de cada ciudadano americano, ha habido numerosas propuestas como el Documento del Senado No. 23, presentado por Mr. Logan el 24 de enero de 1939, que *"El Gobierno debe crear, emitir y circular todo el dinero y crédito necesario para satisfacer el gasto del Gobierno y el poder de compra de los consumidores. El privilegio de crear y emitir dinero no sólo es la prerrogativa suprema del Gobierno sino es la más grande oportunidad creativa del Gobierno"*.

El 21 de marzo de 1960, el Diputado Wright Patman usó una ilustración simple en el Registro del Congreso de cómo la Banca *"crea dinero"*. *"Si yo deposito $100 en mi banco y los requisitos de reserva impuestos por el Banco de la Reserva Federal es entonces 20%, el banco puede hacer un préstamo a John Doe de $80. ¿Dónde vienen los $80? No sale de mi depósito de $100; al contrario, el banco simplemente lo acredita a la cuenta de John Doe con $80. El banco puede adquirir obligaciones del gobierno por el mismo procedimiento, simplemente creando depósitos a crédito del gobierno. El dinero creado es un poder de los bancos comerciales... Desde 1917 la Reserva Federal ha dado cuarenta y seis mil millones dólares de reservas a los bancos privados"*.

Cómo esto se hace es revelado mejor por el Gobernador Eccles en Audiencias ante el Comité de la Cámara en Banca y Dinero el 24 de junio de 1941:

ECCLES: *"El sistema bancario como un todo crea y extingue los depósitos cuando hacen préstamos e inversiones, si compran Bonos del Gobierno o si compran bonos de utilidad o si hacen préstamos de Granjero.*

MR. PATMAN: *Estoy completamente en acuerdo con lo que usted dice Gobernador, excepto el hecho que ellos crearon el dinero, ¿no lo hicieron?*

ECCLES: *Bien, los bancos crean dinero cuando hacen préstamos e inversiones"*

Ante el mismo Comité, al Gobernador Eccles le preguntó el Representante Patman el 30 de septiembre de 1941: "*¿Cómo consiguió usted el dinero para comprar esos dos mil millones de dólares de seguridades Del Gobierno en 1933?*

ECCLES: *Nosotros lo creamos.*

MR. PATMAN: *¿Salió de que?*

ECCLES: *Salió del derecho para emitir dinero del crédito.*

MR. PATMAN: *¿Y no hay nada tras él, excepto el crédito de nuestro Gobierno?*

ECCLES: *Es lo que nuestro sistema de dinero es. Si no hay ninguna deuda en nuestro sistema de dinero, no habría dinero".*

El 17 de junio de 1942, Gobernador Eccles fue interrogado por Mr. Dewey.

ECCLES: "*Yo quiero decir la Reserva Federal, cuando hace una operación de mercado abierto, eso es, si compra seguridades del Gobierno al mercado abierto, pone nuevo dinero en manos de los bancos que crean depósitos ociosos.*

DEWEY: *¿No hay ningún plus de reserva para usar este propósito?*

ECCLES: *Siempre que el Sistema de la Reserva Federal compra en mercado abierto los bonos del Gobierno, o los compra directo de la Tesorería, cualquiera de los dos, eso es lo que hace.*

DEWEY: *¿Qué va usted usar para comprarlos? ¿Va usted a crear crédito?*

ECCLES: *Eso es todo lo que nosotros hemos hecho alguna vez. Ésa es la manera en que el Sistema de la Reserva Federal opera. El Sistema de la Reserva Federal crea dinero. Es un banco de emisión".*

En la Audiencia de Cámara de 1947, Mr. Kolburn le preguntó a Mr. Eccles:

KOLBURN: *"¿Qué quiere decir usted por amonedación de la deuda pública?*

ECCLES: *Yo quiero decir el banco que crea dinero por la compra de bonos del Gobierno. Todo es creado por deuda - la deuda privada o pública.*

FLETCHER: *Presidente Eccles, ¿cuándo piensa usted que hay una posibilidad de volver a un mercado libre y abierto, en lugar de este mercado financiero clavado y controlado artificialmente que tenemos ahora?*

ECCLES: *Nunca. No en su vida o mía".*

El diputado Jerry Voorhis es citado en U.S. News, 31 de agosto de 1959, como preguntando al Secretario del Tesoro Anderson: *"¿quiere decir usted que los Bancos, comprando bonos del Gobierno no prestan los depósitos de sus clientes? ¿Que crean el dinero que usan para comprar bonos?*

ANDERSON: *Eso es correcto. Los bancos son diferentes de otras instituciones de préstamo. Cuando una asociación del ahorro, compañía de seguro o unión del crédito hace un préstamo, presta el mismo dólar que sus clientes han pagado previamente. Pero cuando un banco hace un préstamo, simplemente agrega a la cuenta de depósito del prestatario en el banco por la cantidad del préstamo. El dinero no se toma de nadie. Es nuevo dinero, creado por el banco, para uso del prestatario."*

Extraño y mucho, no hubo nunca un juicio en la corte sobre la legalidad o Constitucionalidad del Acto de la Reserva Federal. Aunque es mucho sobre las bases inseguras como el National Recovery Act, o NRA que se desafió en Schechter Poultry v. Estados Unidos de América, 29 US 495, 55 US. 837.842 (1935), el NRA fue declarado inconstitucional por la Corte Suprema sobre la base que *"el Congreso no puede abdicar o transferir a otros sus funciones legítimas. El congreso no puede delegar su autoridad legislativo constitucional a grupos para comerciar o asociaciones industriales para autorizarlos a hacer leyes"*. El Artículo 1, Sec. 8 de la Constitución provee que *"El Congreso tendrá poder para pedir prestado dinero sobre el crédito de los Estados Unidos... y para acuñar Dinero, regular su valor y de la moneda extranjera, y fijar la Norma de Pesos y Medidas"*. Según la decisión de NRA, el Congreso no puede delegar este poder al Sistema de la Reserva Federal, ni delegar su autoridad legislativa al Sistema de la Reserva Federal ni permitir al Sistema fijar la tasa de reservas, tasa de redescuento o volumen de dinero. Todo esto es "legislado" por la Mesa de la Reserva Federal, reuniéndose las legislaturas para determinar estas materias y emitir "leyes" o regulaciones que las fijan.

La Segunda Guerra Mundial dio a los grandes banqueros que poseían el Sistema de la Reserva Federal, oportunidad para descargar billones de dólares impresos ya en 1930, en la operación de falsificación más grande de la historia, todo legalizado por el gobierno de Roosevelt, por supuesto. Henry Hazlitt escribe el 4 de enero, 1943, edición de Newsweek: *"El dinero que empezó a aparecer hace una semana en circulación, 21 de diciembre de 1942, realmente fue impreso en la prensa en el sentido más pleno del término, es decir, dinero que no tiene ninguna garantía subsidiaria detrás de él. La declaración de la Reserva Federal que 'La Mesa de Gobernadores, después de consultar con el Departamento del Tesoro, ha autorizado a los Bancos de la Reserva Federal a utilizar en este momento stocks existentes de dinero impreso en los tempranos 1930, conocido como 'Notas de Banco de la Reserva Federal'. Nosotros repetimos, estas notas no tienen en absoluto ninguna garantía subsidiaria de ninguna clase detrás de ellos".*

Gobernador Eccles también testificó para algunas otras materias interesantes de la Reserva Federal y finanzas de guerra en los Audiencias del Senado en la Oficina de Administración del Precio en 1944: *"El dinero en circulación se aumentó de siete mil millones dólares en cuatro años a veintiún mil millones y medio. Nosotros estamos perdiendo algunas cantidades considerables de oro durante el periodo de guerra. Como nuestras exportaciones han salido, mucho en base del préstamo-arriendo, es que hemos tomado importaciones sobre las que hemos dado balances en dólares. Estos países están ahora saliendo de estos balances en dólares en la forma de oro.*

MR. SMITH: Gobernador Eccles, *¿Cual es el objetivo de los gobiernos extranjeros después de este proyectado programa con que contribuiríamos en oro a un fondo internacional?*

GOBERNADOR ECCLES: *Me gustaría discutir OPA, y dejar el fondo de estabilización por un tiempo cuando yo me preparo para entrar en él.*

MR. SMITH: *Solo un minuto. Yo siento que este fondo es muy pertinente a lo que estamos hablando hoy.*

MR. FORD: *Yo creo que el fondo de estabilización está completamente fuera del OPA y por tanto hemos de poner mano al negocio."*

Los Diputados nunca consiguieron discutir el Fondo de la Estabilización, otro arreglo con que devolveríamos los países pobres de Europa el oro que se había enviado aquí. En 1945, Henry Hazlitt, comentando en Newsweek del 22 de enero, sobre el mensaje del presupuesto anual de Roosevelt al Congreso, citó a Roosevelt como diciendo: *"Yo recomendaré después la legislación que reduzca los requisitos de los actuales altos requisitos de reserva de oro de los Bancos de la Reserva de la Federal"*. Hazlitt señaló que el requisito de la reserva no era alto, era justo lo que había sido durante los últimos treinta años.

El propósito de Roosevelt era para liberar más oro del Sistema de la Reserva Federal y hacerlo disponible para el Fondo de la Estabilización, después llamado Fondo Monetario Internacional, parte del Banco Mundial para Reconstrucción y Desarrollo, el equivalente del Comité de Finanzas de Liga de las Naciones que habría tragado la soberanía financiera de los Estados Unidos si el Senado nos hubiera permitido incorporarnos.

CAPÍTULO CATORCE

EXPOSÉ DEL CONGRESO

"La política de Mr. Volcker es un enigma'. - New York Times

Desde 1933 cuando Eugene Meyer renunció a la Mesa de Gobernadores de la Reserva Federal, ningún miembro de las familias bancarias internacionales ha servido personalmente en la Mesa de Gobernadores. Ellos han escogido trabajar detrás de la escena a través de presidentes cuidadosamente seleccionados del Banco de la Reserva Federal de New York y otros empleados. El presidente actual de la Mesa de la Reserva Federal de Gobernadores es Paul Volcker.

Su designación fue saludada por un economista muy conocido con la predicción siguiente: *"la selección de Volcker ha sido por lejos la peor. Carter ha puesto a Drácula a cargo del banco de sangre. Para nosotros, significa que una caída y depresión en los años ochenta es más cierto que nunca".*

El Informe de Investigación del Coronel E.C. Harwood, 6 de agosto de 1979, dio mucho del mismo punto de vista. *"Paul Volcker es del mismo molde que los malos hombres de dinero que han desencaminado las acciones monetarias de esta nación durante las últimas cinco décadas. El resultado quizás será igualmente desastroso para el dólar y la economía americana".*

A pesar de estos puntos de vista oscuros, el informe de The New York Times sobre la selección de Volcker estaba positivamente en éxtasis. El 26 de julio de 1979, The Times comentó que Volcker aprendió "el negocio" con Robert Roosa, ahora socio de Brown Brothers Harriman, y que Volcker había sido parte del Roosa Brain Trust en el Banco de la Reserva Federal de New York, y, después, en la Tesorería de la administración Kennedy. *"David Rockefeller, presidente de Chase, y Mr. Roosa fueron fuertes influencias en la decisión de Mr. Carter para nombrar a Mr. Volcker en la presidencia de la Mesa de la Reserva".*

El New York Times no señaló que David Rockefeller y Robert Roosa habían escogido previamente a Mr. Carter, un miembro de la Comisión Trilateral, como candidato presidencial del Partido Demócrata, o que Mr. Carter apenas se negaría a nominar su opción de Paul Volcker como nuevo Presidente de la Mesa de la Reserva Federal. Ni es fatigar el punto a ser recordado que esta forma de selección del Presidente de la Mesa de Gobernadores está directamente en la línea de Real Privilegio que se remonta al acuerdo inicial de George Peabody con N.M. Rothschild, en la reunión de Isla Jekyll, y la promulgación del Acto de la Reserva Federal. Times notó que *la opción de Volcker fue aceptado por los bancos europeos en Bonn, Frankfurt y Zurich".* William Simon, ex Secretario de la Tesorería, fue citado diciendo *"una opción maravillosa".* Times va más allá y nota que el índice Dow de Mercado subió por la nominación de Volcker y registró las ganancias más buenas en tres semanas con un ascenso de 9.73 puntos, y que el dólar subió mucho en intercambio extranjero interno y externo. ¿Quién era Volcker para que su designación pudiera tener tal efecto en el mercado accionario y en el valor del dólar en el intercambio extranjero?

Él representa la casa más poderosa de la "Conexión Londres": Brown Brothers Harriman, y las Casas de Londres que dirigían el imperio Rockefeller. El 29 de julio de 1979, The Times habían dicho de Volcker: *"El Nuevo Hombre trazará su Propio Curso".* Los antecedentes de Volcker muestran que ésta era una cosa sin sentido. Su curso siempre ha sido trazado por sus amos en

Londres. Él asistió a Princeton, obtuvo un MA en Harvard, y fue a London School of Economics 1951-52, la escuela de banqueros graduados. Él fue luego al Banco de la Reserva Federal de New York como economista desde 1952-57, economista en Chase Manhattan Bank, 1957-61, con el Departamento del Tesoro 1961-65, como sub-secretario diputado para asuntos monetarios, 1963-65, y sub-secretario para asuntos monetarios, 1969-74. Él fue hecho luego Presidente del Banco de la Reserva Federal de New York desde 1975-79, cuando Carter, Robert Roosa y David Rockefeller, lo nombraron Presidente de la Mesa de Gobernadores de la Reserva Federal.

Él fue sucedido como Presidente del Banco de la Reserva Federal de New York por Anthony Solomon, un Harvard PhD quién estaba en OPA 1941-42 y con la misión financiera gubernamental a Irán 1942-46. Él operó una compañía de comida en conserva en México desde 1951-61, fue presidente de International Investment Corp. para Yugoslavia 1969-72 (país comunista), sub-secretario para asuntos monetarios de la Tesorería 1977-80. Para abreviar, el antecedente de Solomon era muy igual al de Paul Volcker.

The New York Times declaró el 2 de diciembre de 1981: "*Por años la Reserva Federal era la segunda o tercera institución más secreta en la ciudad. El Sunshine Act de 1976 penetró un poco la cortina. La mesa ahora tiene una reunión pública una vez a la semana, miércoles a las 10 de la mañana, no para discutir política Monetaria que todavía se considera como Top Secret y no para discutir en público*".

The Times mencionó que cuando se celebran reuniones del Comité de Mercado Abierto, Solomon y Volcker se sientan juntos a la cabeza de la mesa y revelan las instrucciones que han recibido del extranjero. Detrás de Volcker y Solomon está Robert Roosa, Secretario de la Tesorería en el gabinete de las sombras de Carter y representa a Brown Brothers Harriman, la Comisión Trilateral,

Council on Foreign Relations, los Bilderberg y el Royal Economic Institute. Él es fideicomisario de Fundación Rockefeller,[133] y director de las compañías Texaco y American Express.

El Dr. Martin Larson señala que *"El consorcio internacional de financieros conocido como Bilderberg que se encuentra anualmente en profundo secreto para determinar el destino del mundo occidental, es una criatura de la alianza Rockefeller-Rothschild, y celebró su tercera reunión en la Isla de St. Simons, sólo a corta distancia de Isla Jekyll"*. Larson también dice que *"Los intereses Rockefeller trabajan en estrecha alianza con los Rothschild y otros bancos centrales"*.[134]

El 18 de junio de 1983, el Presidente Ronald Reagan acabó con meses de especulación anunciando que estaba nominando de nuevo a Paul Volcker como Presidente de la Mesa de Gobernadores de la Reserva Federal para otro término de cuatro años, aunque el término de Volcker no era hasta el 6 de agosto de 1983. La re-designación de Reagan de una persona designada por Carter confundió a algunos observadores políticos, pero al parecer había sucumbido a una considerable presión, como indicó una primicia editorial en The Washington Post, 10 de junio de 1983: *"No hay quien empareje a Mr. Volcker en lugar político y toma de las intrincadas redes que constituyen el sistema financiero del mundo"*.

El escritor anónimo no dio ninguna documentación para su elevación de Volcker al lugar del más grande financiero del mundo, y en cuanto a su lugar político, The New York Times hizo un comentario el 19 de junio de 1983: *"La política de Mr. Volcker es un enigma"*. Su posición *"no-política conforme con la tradición de Washington de independencia política de los Fed" qué se ha mantenido durante muchos años"*. Sin embargo, su dependencia de la "conexión Londres" nunca se ha discutido en Washington.

---

[133] Vea Carta V.

[134] Vea Carta V.

En realidad, Volcker es más un político que un economista. Luego de asistir a London School of Economics, y encontrando a quienes emitían las órdenes de la comunidad financiera internacional, Volcker ha jugado el juego desde entonces. Él solo ha llevado a cabo las órdenes de la "Conexión Londres."

¿Es posible que la "conexión Londres" exista y que hombres como Volcker y Solomon reciban sus instrucciones, sea sin embargo de forma desviada o de manera indirecta, de los banqueros extranjeros?

Permítanos ver la evidencia, circunstancial, por ser evidencia segura pero circunstancial, de la calidad que ha enviado a menudo a hombres a la penitenciaría o la silla eléctrica. John Moody señaló en 1911 que siete hombres del Grupo Morgan, aliados con el Grupo Standard Oil-Kuhn, Loeb, gobernaban a los Estados Unidos. ¿Dónde están parados estos grupos en el cuadro financiero de hoy? U.S. News publicó el 11 de abril de 1983, una lista por recursos de los bancos más grandes que tienen compañías en los Estados Unidos a partir del 31.Dic.1982.

Número 1 es Citicorp, New York, con recursos de $130 mil millones. Éste es el First National Bank of New York de Baker y Morgan de New York, unido con National City Bank en 1955, dos de los compradores más grandes de acciones del Banco de la Reserva Federal de New York en 1914.

Número 3, es Chase Manhattan, New York, con recursos de $80.9 mil millones. Esto es Chase y Bank of Manhattan unidos, los Rockefeller y Kuhn Loeb, también compradores de acciones de Banco de la Reserva Federal de New York en 1914.

Número 4 es Manufacturers Hannover of New York $64 mil millones, también comprador de acciones del Banco de la Reserva Federal de New York en 1914.

Número 5 es J.P. Morgan Company of New York, $58.6 mil millones en recursos y poseedor de considerables acciones del Banco de la Reserva Federal.

Número 6 es Chemical Bank of New York, $48.3 mil millones también comprador de acciones de la Reserva Federal en 1914.

Y Numero 11, First Chicago Corp., el First National Bank of Chicago que era corresponsal principal del banco de Morgan-Baker en New York, y qué proveyó a los primeros dos presidentes del Federal Advisory Council. La línea directa que lleva a los participantes en la Conferencia Isla Jekyll de 1910 al presente es ilustrada por un pasaje de "A Primer on Money", Comité en Banca y Dinero, la Cámara de Representantes, 88 Congreso, 2d sesión, 5 de agosto de 1964, pág. 75: *El efecto práctico de tomar todas las compras a través del mercado abierto es tomar dinero de los contribuyentes y dárselo a los traficantes. Esto obliga al Gobierno a que pague un peaje por pedir prestado dinero. Hay que seis 'Bancos' distribuidores: First National City Bank of New York; Chemical Corp. Exchange Bank, New York, Morgan Guaranty Trust Co., New York, Bankers Trust of New York, First National Bank of Chicago y Continental Illinois Bank of Chicago".*

Así los bancos que cobran "peaje" sobre todo el dinero pedido prestado por el Gobierno de los Estados Unidos son los mismos bancos que planearon el Acto de la Reserva Federal de 1913. Hay amplia evidencia que demuestra la superioridad presente de los mismos bancos que prepararon el Sistema de la Reserva Federal en 1914. Por ejemplo, Warren Brookes escribe en la página editorial de The Washington Post, 6 de junio de 1983: "*Citicorp (National City Bank y First National Bank of New York, unidos en 1955) registraron una tasa de retorno (ganancia líquida), de 18.6% por equidad, J.P. Morgan, 17%, Chemical Bank and Bankers Trust, cerca de 16%, una tasa excepcional de retorno*"

Éstos son los bancos que compraron la primer emisión de acciones del Banco de Reserva Federal en 1914, y qué poseyeron el interés controlante en el Banco de la Reserva Federal de New York, que fija la tasa de interés y es el banco para todas los operaciones de mercado abierto. Estos bancos también ganan firmemente por otra parte desde fluctuaciones inexplicables en crecimiento monetario y tasas de interés. Brookes hace comentarios extensos sobre *"crecimiento monetario real de tasas girando alternadamente de 0 a 17% en periodos de seis meses sucesivos durante tres años de recesión explorados. Las dos medidas de crecimiento de dinero más admiradas por Milton Friedman, M2 y M3, han mostrado poco cambio real de año a año en base del período 1972-82"*.

Así tenemos la tasa de crecimiento de dinero girando desde 0 a 17% pero ningún cambio real de año a año en que aumenta la cuestión de por qué no podemos tener estabilidad de crecimiento monetario a lo largo del año. ¿Es la cuestión que las grandes ganancias son hechas por estos giros, y la próxima pregunta es, quién pone en movimiento estos giros?

La respuesta es la "Conexión Londres". Para desviar la atención del control continuo de los banqueros y sus herederos, que obtuvieron del gobierno el monopolio del dinero y crédito de la nación en 1913, los propagandistas pagos del monopolio de medios de comunicación y las academias controladas, están trotando constantemente sobre nuevas y más exóticas teorías en economía. Así James Burnham, un propagandista de National Review, ganó fama con una ridícula teoría de *"los gerentes"*.

Él postuló que los viejos árbitros de la riqueza, J.P. Morgan, Warburg y Rothschild habían, para 1950, desaparecido de la escena, siendo reemplazados por una nueva clase de "gerentes". Esta teoría que no tenía ningún fundamento de hecho sirvió para disimular el hecho que las mismas personas todavía controlan el sistema monetario del mundo. Los "gerentes" eran justo eso, ejecutivos como Volcker, hombres pantalla, empleados pagos que continuarían sólo recibiendo sus cheques de pago con tal que llevaran a cabo las instrucciones de sus patrones.

Burnham sigue siendo un propagandista bien-pago en National Review en lo que muchos líderes prominentes, incluso el Presidente Reagan, creen ser una publicación "conservadora". De 1914 a 1982, un periodo en el que muchos miles de bancos americanos quebraron, los compradores originales de acciones del Banco de la Reserva Federal no sólo han sobrevivido sino consolidado su poder. ¿Qué de la "Conexión Londres"? ¿Existe todavía, y está dictando todavía el destino económico de los Estados Unidos? The Washington Post, 19 de mayo de 1983, llevó una historia desde Nairobi, Kenya, notando la reunión del Banco de Desarrollo Africano (African Development Bank). *"El banco mercantil británico, Morgan Grenfell y un sindicato de los Estados Unidos, Kuhn Loeb, Lehman Brothers International, el francés Lazard Freres y Warburg de Gran Bretaña están actuando discretamente como consejeros financieros de casi diez estados africanos plagados por la deuda"*.

Son los mismos nombres que encontramos en 1914 y aún manejan las finanzas del mundo, con ganancias para ellos pero con resultados desastrosos para todos los demás. Quizás podemos buscar alivio para la Administración presente del Presidente Reagan. Desgraciadamente, antes de localizarlo tenemos que recorrer la gama de la larga lista de su personal principal, compuesto de hombres de J. Henry Schroder, Brown Brothers Harriman, y otros componentes principales de la "conexión Londres".

López Portillo, Presidente de México, dirigiéndose el Congreso Nacional de México en septiembre, 1982, llamó el crecimiento del crédito mundial de la última década una pestilencia financiera tal como la Muerte Negra que barrió a Europa en el siglo decimocuarto. *"Como en tiempos medievales, esto barre país tras país. Es transmitido por ratas y rinde desempleo y miseria, quiebra industrial y enriquecimiento por especulación. El remedio prescrito por los sanadores de fe es la inactividad forzosa y privar a los pacientes de comida"*.

Forbes Magazine declaró el 11 de octubre de 1982: *"Las boqueadas mundiales por liquidez, no porque el suministro de dinero se ha cortado sino porque mucho de él ahora va a pagar viejas deudas en lugar de financiar nuevas inversiones productivas"*.

La política de altas tasas de interés y dinero firme ha sido desastrosa para los Estados Unidos. A principio de 1983, un alivio ligero del dinero y crédito promete algún alivio, pero con tal que el sistema de la Reserva Federal y sus manipuladores continúen inadvertidos en su control del suministro de dinero, podemos esperar más problemas. The Nation, el 11 de diciembre de 1982, haciendo un comentario sobre problemas económicos, declaró: *"El reproche para todos esto queda en la puerta del Sistema de la Reserva Federal que trabaja como de costumbre en nombre del sistema bancario internacional"*.

La evidencia de cómo funciona el Sistema de Reserva Federal en nombre del sistema bancario internacional es ilustrada gráficamente por una serie de cartas incorporadas por el personal del Comité de Representantes de la Cámara en Banca, Dinero y Vivienda, 94 Congreso, 2d sesión, agosto, 1976: "Directores de la Reserva: Un Estudio de Influencia Corporativa y Bancaria".[135] Presentamos como nuestro Mapa V página 49 de este estudio, mostrando los consejos de administración enclavados de David Rockefeller. Como nuestra el Mapa VI reproducimos página 55 de

---

[135] Debido a las limitaciones del espacio, se han seleccionado sólo cinco de los setenta y cinco mapas en el estudio todos los cuales muestra las conexiones entre individuos prominentes, poderosos con control en el Sistema de la Reserva Federal, para ilustrar las conexiones entre funcionarios y directores de los doce Bancos de la Reserva Federal en 1976 y las empresas listadas en este libro.

este estudio y mostramos los consejos de administración entrecruzados de Frank R. Mulliquen, uno de los Directores Clase C[136] del Banco de la Reserva Federal de New York. En este mapa todos los personajes principales están en nuestra historia de la conferencia de Isla Jekyll: Citibank, J.P. Morgan & Co., Kuhn Loeb Co. y muchas empresas relacionadas.

Como Carta VII reproducimos y mostramos al Director Clase C del Banco de la Reserva Federal de New York de los consejos de administración enclavados en otra, Alan Pifer. Como Presidente de Carnegie Corp. of New York, él enclava con J. Henry Schroder Trust Corp., J. Henry Schroder Banking Corp., Rockefeller Center, Inc., Banco de la Reserva Federal de Boston, Equitable Life Assurance Society (J.P. Morgan), y otros.

Así un estudio del Comité de la Cámara en Banca, Dinero y Vivienda, agosto, 1976, pág. 34, Estudio Del congreso, 1976, trae ante nuestro elenco de personajes principales y funciona hoy como lo hacía en 1914. Estas 120 páginas del Congreso detallan el estudio de como funciona la política pública de los Bancos de Distrito de Reserva Federal, cómo se seleccionan directores, a quién se selecciona, el factor de relaciones públicas que cabildean, el dominio y examen del banco, y los enclaves corporativos con bancos de la Reserva.

Se usaron mapas para ilustrar las dirigencias Clase A, Clase B y Clase C de cada banco de distrito. Por cada sucursal de banco hay un mapa que dio información con respecto al banco que designó directores y los nombrados por la Mesa de Gobernadores del Sistema de la Reserva Federal. En su Prólogo al estudio, el Presidente Henry S. Reuss, (D-Wis) escribió: *"Este Comité ha observado durante muchos años la influencia de intereses privados*

---

[136] *"Los tres Directores Clases C son designados en conjunto por la Mesa de Gobernadores como representantes del interés público"*.

sobre las responsabilidades esencialmente públicas del Sistema de la Reserva Federal. Como el estudio hace claro, es difícil imaginar una mesa de directores basada más estrechamente para una agencia pública que se ha reunido por los doce bancos del Sistema de la Reserva Federal. Sólo dos segmentos de la sociedad americana – Banca y Grandes Negocios - tienen representación sustancial en las mesas, y a menudo incluso éstos se unen en consejos de administración inter-enclavados...

Los granjeros pequeños están ausentes. El negocio pequeño es escasamente visible. Ninguna mujer aparece en las mesas de distrito y sólo seis entre las sucursales. Todo el Sistema - incluso mesas de distrito y sucursales - sólo aparecen trece miembros de grupos minoritarios. El estudio plantea una pregunta sustancial sobre la demanda repetida de "independencia" de la Reserva Federal.

Podría preguntarse, ¿independiente de que? No de la banca ciertamente o los grandes negocios, si juzgamos de los enclaves masivos revelados por este análisis de las mesas de distrito. Puede remontarse la dominación bancaria y de los grandes negocios del Sistema de la Reserva Federal designados en este informe, en parte, al Acto de la Reserva Federal original que le dio a los bancos comerciales miembros el derecho para seleccionar dos-tercios de los directores de cada distrito del banco.

Pero la Mesa de Gobernadores en Washington debe compartir la responsabilidad por este desequilibrio. Ellos designan los llamados miembros "públicos" de las mesas de cada distrito del banco, nombramientos que han reflejado en grande los mismos intereses estrechos de los miembros elegidos por los bancos... Hasta que tengamos reformas básicas, el Sistema de la Reserva Federal nos estorbará llevando a cabo sus responsabilidades públicas como una estabilización económica y agencia reguladora de bancos. El mandato del Sistema es demasiado esencial al bienestar de la nación para dejar tanto de la maquinaria bajo control de estrechos intereses privados. La concentración de poder económico y financiero en los Estados Unidos ha ido demasiado lejos".

En una sección del texto "Sistema de Club", el Comité notaba: *"Este enfoque de 'club' se acerca a la Reserva Federal para consistentemente zambullirse en las mismas piletas — las mismas compañías, las mismas universidades, el mismo banco que tiene compañías - para completar directorios".* Este estudio Del Congreso concluye como sigue: *"Muchas compañías en estas mesas, como mencionado antes, tienen enclaves múltiples al Sistema de la Reserva Federal. First Bank Systems; Southeast Banking Corp.; Federated Department Stores; Westinghouse Electric Corp.; Procter & Gamble; Alcoa; Honeywell, Inc.; Kennecott Copper; Owens-Corning Fiberglass; todos tienen dos o más directores ligados a bancos de distrito o sucursales. En Resumen, los directores de la Reserva Federal son al parecer representantes de un pequeño grupo élite que domina mucho de la vida económica de esta nación".*

Fin del Informe del Congreso.

ADITAMENTO

A partir de 11:05 del martes 26 de julio de 1983, la lista de bancos miembros que tienen acciones del Banco de la Reserva Federal de New York incluye veintisiete bancos de la Ciudad de New York. Lo listado debajo es el número de acciones sostenido por diez de estos bancos y suma a 66% del número total de acciones, a saber 7.005.700:

Por ciento de Acciones

Bankers Trust Company	438,831 (6%)
Bank of New York	141,482 (2%)
Chase Manhattan Bank	1,011,862 (14%)
Chemical Bank	544,962 (8%)
Citibank	1,090,813 (15%)
European American Bank & Trust	127,800 (2%)
J. Henry Schroder Bank & Trust	37,493 (.5%)
Manufacturers Hanover	509,852 (7%)
Morgan Guaranty Trust	655,443 (9%)
National Bank of North America	105,600 (2%)

El tremendo número de acciones sostenido hoy como contra las compras originales en 1914 es provocado por Sección 5 del

Acto original de la Reserva Federal que requirió un banco miembro para comprar y tener acciones en el distrito del Banco de la Reserva Federal igual a 6% de su capital y sobrante. Actualmente, las acciones tenidas por cinco de los bancos nombrados anteriores comprenden 53% del total de acciones del Banco de la Reserva Federal de New York. Un examen mayor de los accionistas de Bancos de la Ciudad de New York muestra claramente que unas familias, relacionadas por matrimonio de sangre, o intereses comerciales, aún controla la Ciudad de New York Banca que, a su vez, tiene acciones controlantes del Banco de la Reserva Federal de New York. Es notable que tres de los bancos que tienen acciones del Banco de la Reserva Federal de New York, en cantidad de 270.893 acciones, sean subsidiarios de bancos extranjeros.

J. Henry Schroder Bank and Trust es listado por Standard & Poors como una subsidiaria de Schroders Ltd. de Londres.

El National Bank of North America es subsidiario del National Westminster Bank, uno de los "Cinco Grandes" de Londres.

European American Bank es subsidiario del European American Bank, Bahamas, Ltd. Es interesante a notar que los directores del European American Bank & Trust incluyen a Milton F. Rosenthal, presidente y CEO de la compañía internacional del oro, Engelhard Minerals and Chemical; Hamilton F. Tuck, socio en Sullivan & Cromwell (abogados de J. Henry Schroder Bank & Trust); Edward H. Tuck, socio de Sherman & Sterling (abogados de Citibank); F.H. Ulrich y Hans Liebkutsch, directores gerente del gigante Midland Bank de Londres, uno de los "Cinco Grandes"; y Roger Alloo, Paul-Emmanuel Janssen y Maurice Laure del Societe Generale de Banque (Bruselas, Bélgica). [Vea Mapa III]

Esta información, derivada de la último edición de tabulación disponible de la Mesa de Gobernadores del Sistema de la Reserva Federal, se nombra como evidencia actual que indica que las acciones controlantes en el Banco de la Reserva Federal de New York que instala la tasa y escala de operaciones para todo el Sistema de la Reserva Federal es influenciada pesada y directamente por bancos controlados por la "conexión Londres", esto es, el Bank of England controlado por Rothschild. [Vea Mapa I]

APÉNDICE I

E.C. Knuth, en The Empire of the City, privadamente impreso, impreso, 1946, pág. 27, se refiere al *"Banco de Inglaterra, socio pleno de la Administración americana en la conducción de los asuntos financieros de todo el mundo"* y nombra la Enciclopedia Americana, edición 1943.

Barron nombra a Lord Swaythling, (8 de abril de 1923): *"Lord Swaythling dijo; el Intercambio (comercial-financiero) sólo puede dirigirse desde Londres. Está en el centro en el 'Exchange"*. (They Told Barron, por Clarence W. Barron, el fundador de Baron's Weekly, Harper's Weeklys, New York, 1930, pág. 27). Exchange (Intercambio), en el mundo financiero internacional, significa las transacciones en dinero o bienes, o simplemente, el "intercambio" de valores de estas seguridades. Es necesario que este "intercambio" tenga lugar donde los valores pueden establecerse, y este lugar es la "City" en Londres.

Londres se estableció como el centro primario de intercambio debido al "Consols" del Banco de Inglaterra, bonos que nunca podrían reembolsarse, sino que pagaban una tasa estable de retorno.

Henry Clews escribe, en La Vista de Wall Street, Silver Burdett Co. 1900, pág. 255: *"El Acto de 1757 consolidó las deudas de la nación de Inglaterra en 3%, qué fueron guardadas en una cuenta del Banco de Inglaterra y es el gran baluarte de sus depósitos"*. Por un aparatoso "dumping" de "Consols" en el London Exchange después de la Batalla de Waterloo, en un pretendido pánico, Nathan Meyer Rothschild compró entonces en secreto Consols vendidos en pánico por otros poseedores a una tasa baja, y se volvió el poseedor más grande de Consols, y así ganó control del Banco de Inglaterra en 1815. 12% Dividendos

Aunque un gobierno laborista nacionalizó el Banco de Inglaterra en 1946, La Gran Enciclopedia soviética señala (Vol. I, pág. 490c) que el Banco de Inglaterra continúa pagando 12% de dividendos por año, así como lo había hecho prior a la nacionalización. El "Gobernador" es nombrado por el gobierno, en una situación similar a esa en los Estados Unidos, donde los Gobernadores del Sistema de la Reserva Federal son designados por el Presidente.

Sin embargo, como es puntualizado en la Enciclopedia Americana v. 13, pág. 272: *"En la práctica, los gobernadores del Banco de Inglaterra no han dudado en criticar y presionar al gobierno en público"*.

La Tasa de Banco, la tasa de interés puesta por el Banco de Inglaterra es conocida como "Bank Rate", y es un factor controlador en tasas de interés a lo largo del mundo, aunque las tasas en otros países pueden ser más altas o más bajas que esta "Bank Rate".

El Banco de Inglaterra maneja la deuda gubernamental y es llamado para arbitrar en asuntos políticos. Sirvió como intermediario negociando con los revolucionarios de Irán para el retorno de los rehenes americanos - un reciente ejemplo. Nosotros no debemos sorprendernos que el Gobernador presente del Banco de Inglaterra, Sir Gordon Richardson sea una figura financiera internacional prominente que aparece en otra parte en estas páginas debido a su conexión con el J. Henry Schroder Wagg en Londres de 1962 a 1972, cuando él se hizo Gobernador del Banco de Inglaterra.

Él también fue director de J. Henry Schroder Co., New York, y Schroder Banking Corp., New York. Él también sirve como director de Rolls Royce y Lloyd's Bank. Aunque él reside en Londres, mantiene una casa en New York, y simplemente se lista en el directorio actual de Manhattan como "G. Richardson, 45 Sutton Place S.", aunque una inscripción anterior lo mostró en Sutton Place. Sutton Place se desarrolló como una dirección de moda para el equipo internacional de Bessie Marbury quien nosotros más temprano citamos por su conexión con las familias de Morgan y Roosevelt.

Los directores actuales del Banco de Inglaterra (1982) incluyen a Leopold de Rothschild de N.M. Rothschild & Sons, Sir Robert Clark, presidente de Hill Samuel Bank, el banco más influyente después de Rothschild, John Clay, de Hambros Bank, y David Scholey, de Warburg Bank, y presidente de la junta de S.C. Warburg Co.

Anthony Sampson escribe, en "La Anatomía Cambiante de Bretaña", Random House, New York, 1982, pág. 279: *"Los bancos más cosmopolitas con expertos y directores extranjeros, como Warburg, Montagu, Rothschild y Kleinwort, también habían descubierto una nueva gran fuente de ganancias en el mercado de Euro-dólares que empezó a fines de los '50 y se multiplicó a través de los años '60... Los banqueros británicos controlaron fondos relativamente pequeños, pero ellos supieron ganar dinero del dinero de otra gente".* El mercado de Euro-dólar, un nuevo desarrollo en "crear dinero" es monopolizado por las empresas anteriores.

El Imperio de Euro-dólar: *"Hoy, junto con los aliados en la isla de Manhattan (la parte más importante de Gran Bretaña en bienes raíces), el Imperio británico controla el $1.5 billón Euro-dólares de todo el mercado financiero, otros $300-$500 mil millones en las Islas Caimán, Bahamas, y $50-$100 mil millones en el 'mercado del Asia-dólar' Hong-Kong Singapur".* Considere los $1.5 billones del mercado de Euro-dólar un mercado "fuera de la ley" en dólares americanos sobre los que esta nación no tiene ningún control. Aquí el control y las ganancias están abrumadoramente en manos de bancos de Londres que pusieron los términos de prestar y el interés respecto a esta masa de dólares americanos al London Interbank Borrowing Rate (LIBOR).

Los Bancos americanos como Citibank (New York City) en cuyo directorio se sienta el poderoso financiero británico, Lord Aldington, colabora abiertamente en este mercado. Al mismo tiempo, bancos británicos incluso el conocido banco central para comercio de droga del mundo, el Hongkong y Shanghai Bank, entran a raudales en América para devorar bancos americanos. En 1978 el Hongshang (Ed.--Hongkong and Shanghai Bank) tomó el Midland Marine Bank de New York, el 11vo banco comercial más grande del estado.

Los británicos también controlan la creación de dólares americanos. Mientras el Presidente Paul Volcker de la Mesa de la Reserva Federal corta el crédito contra la economía doméstica, los bancos controlados por británicos en las Islas Caimán (como el European American Bank --Ed.) una posesión británica a 200 millas fuera de Florida, y en Bermudas y una docena de terminales de computadora de otros "bancos libres" crean centenares de billones de dólares americanos.

¿Cómo se hace esto? No hay ninguna tasa de reserva u otras restricciones en la creación de los denominados créditos de dólar en el Imperio de "libre empresa" Bancaria. Un $1 millones de créditos bona fide viniendo de los Estados Unidos puede convertirse en $20 a $100 millones en denominados créditos dólar cuando atraviesan el sistema británico sin tasas de reserva.[137]

No sólo el poder financiero, sino también el poder legal, ha permanecido asentado en Gran Bretaña. The Washington Post

---

[137] Harper's Weeklys Magazine, Feb. 1980.

hizo un comentario el 18 de junio de 1983, que después de la Revolución americana, todas las viejas leyes permanecían en efecto en los nuevos Estados Unidos:

Algunas de estas leyes de "derecho común inglés" se fecharon desde 1278, mucho antes de que América fuera descubierta. Este enorme poder financiero de la "City" se revela en muchas áreas. Dean Acheson declara en "Presente en la Creación", 1969, W.W. Norton, New York, pág. 779: *"Nosotros nos quedamos en la residencia de la embajada, la vieja mansión de J.P. Morgan, 14 Prince's Gate, frente a Hyde Park"*. Cuántos americanos son conscientes que la residencia de la Embajada americana en Londres es la Casa de J.P. Morgan, o que Dean Acheson, un ex empleado de Morgan, se describió como Secretario de Estado en pág. 505, *"Mi propia actitud había sido mucho tiempo, y fue conocida por haber sido pro-británico"*. Nadie hizo comentario sobre el abierto prejuicio del Secretario de Estado americano a favor de Inglaterra.

El dinero "creado" de la Reserva Federal no sólo se usa para materias financieras; este dinero también se usa para mantener el control de los banqueros de cada aspecto de la vida política, económica y social. Se usa el dinero para pagar los enormes gastos de los candidatos políticos, los presupuestos inflados de las universidades, los grandes desembolsos exigidos para empezar periódicos o revistas, y una inmensa serie de fundaciones, "tanques de pensar" y otros instrumentos de control de la mente.

Guerra psicológica

Pocos americanos saben que casi todo desarrollo en psicología en los Estados Unidos, en los últimos sesenta y cinco años, ha sido dirigido por el Bureau of Psychological Warfare (Guerra Psicológica), del Ejército británico. Hace poco tiempo, el actual escritor conoció un nuevo nombre, The Tavistock Institute de

Londres, también conocido como Tavistock Institute of Human Relations. "Relaciones humanas" encubre cada aspecto de la conducta humana, y es la modesta meta del Instituto Tavistock tener y ejercer control sobre cada aspecto de la conducta humana de los ciudadanos americanos.

Debido a las intensas barreras de artillería de la Primera Guerra Mundial, muchos soldados fueron dañados permanentemente por shock de bombardeo. En 1921, el Marqués de Tavistock, 11vo. Duque de Bedford, dio un edificio a un grupo que planeaba dirigir el programa de rehabilitación para soldados británicos con shock de bombardeo. El grupo tomó el nombre de "Tavistock Institute" por su benefactor.

El Estado Mayor General del Ejército británico decidió que era crucial determinar el punto de quiebra del soldado en condiciones de combate. El Instituto Tavistock fue tomado por Sir John Rawlings Reese, cabeza del British Army Psychological Warfare Bureau. Un cuadro de especialistas muy especializados en guerra psicológica se formó en secreto total. En cincuenta años, el nombre Instituto Tavistock sólo aparece dos veces en el Índice del New York Times, aún este grupo, según LaRouche y otras autoridades, organizó y especializó todos los Estados Mayores de Office of Strategic Services (OSS), el Strategic Bombing Survey, Supreme Headquarters of the Allied Expeditionary Forces y otros importantes grupos militares americanos durante la Segunda Guerra Mundial.

Durante la Segunda Guerra Mundial, el Instituto Tavistock se combinó con la división de ciencias médicas de Fundación Rockefeller para experimentos esotéricos con drogas para alterar la mente. La presente cultura de droga en Estados Unidos se remonta en su integridad a este Instituto que dirigió programas de entrenamiento de la Agencia Central de Inteligencia.

La "Contra Cultura LSD" se originó cuando Sandoz A.G., una casa farmacéutica suiza poseída por S.G. Warburg & la Cía., desarrolló una nueva droga de ácido lisérgico, llamada LSD. James Paul Warburg (hijo de Paul Warburg que había escrito el Acta de la Reserva Federal en 1910), financió una subsidiaria del Instituto Tavistock en los Estados Unidos llamada Institute for Policy Studies cuyo director Marcus Raskin, se nombró en el Concejo de Seguridad Nacional. James Paul Warburg preparó un programa de CIA para experimentar con LSD sobre agentes de CIA, algunos de quienes después cometieron suicidio. Este programa, MK-Ultra, dirigido por el Dr. Gottlieb, produjo grandes pleitos contra el Gobierno de Estados Unidos por las familias de las víctimas.

El Institute for Policy Studies puso una subsidiaria de campus, Students for Democratic Society (SDS), consagrado a las drogas y revolución. En lugar de las finanzas del propio SDS, Warburg usó fondos de CIA, unos veinte millones de dólares, para promover los tumultos de campus de los años sesenta.

El Instituto Tavistock inglés no ha restringido sus actividades a grupos izquierdistas, sino también ha dirigido programas de tanques de pensamiento supuestamente "conservadores" americanos como el Herbert Hoover Institute en Stanford University, Heritage Foundation, Wharton, Hudson, Massachussets Institute of Technology y Rand. Los programas de "entrenamiento en sensibilidad" y "encuentro sexual" de los grupos más radicales de California como Esalen Institute y sus muchos imitadores fueron todos desarrollados y llevados a cabo por psicólogos de Tavistock Institute.

Uno de los artículos raros acerca del Instituto Tavistock aparece en Business Week, Oct. 26, 1963, con una fotografía de su edificio en el área de las oficinas médicas más caras de Londres. La historia menciona "el prejuicio freudiano" del Instituto, y comenta que es financiado ampliamente por corporaciones blue-chip británicas, incluso Unilever, British Petroleum y Baldwin

Steel. Según Business Week, los programas de Test psicológicos y entrenamiento en relaciones de grupo del Instituto se llevan a cabo en los Estados Unidos por la Universidad de Michigan y la Universidad de California que son almajaras encubiertas de una red de radicalismo y droga.

Fue al Marqués de Tavistock, 12 Duque de Bedford, por quien Rudolf Hess voló a Inglaterra para avisar sobre el fin de la Segunda Guerra Mundial. Se decía que Tavistock valía $40 millones en 1942. En 1945, su esposa cometió suicidio tomando una dosis excesiva de píldoras.

BIOGRAFÍAS

NELSON ALDRICH (1841-1915)Senador de Rhode Island; cabeza de la Comisión Monetaria Nacional; su hija Abby Aldrich se casó con John D. Rockefeller Jr.; él se volvió abuelo de su homónimo Nelson Aldrich Rockefeller, así como los actuales David Rockefeller y Laurence Rockefeller.

WILLIAM JENNINGS BRYAN (1860-1925) Secretario de Estado de Woodrow Wilson, tres veces derrotado candidato presidencial del Partido Demócrata, en 1896, 1900, y 1908, y cabeza del Partido Demócrata.

ALFRED OWEN CROZIER (1863-1939) abogado prominente en Grand Rapids, Cincinnati, y New York, Crozier escribió ocho libros sobre problemas legales y monetarios, enfocando su oposición al suplantar el dinero constitucional por dinero de la corporación impresos por empresas privadas para su ganancia.

CLARENCE DILLON (1882-1979) Nació en San Antonio, Texas, hijo de Samuel Dillon y Bertha Lapowitz. Harvard, 1905. Se casó con Ana Douglass de Milwaukee. Su hijo, C. Douglas Dillon (Secretario más tarde de la Tesorería, 1961-65) nació en Ginebra, Suiza en 1909 mientras ellos estaban en el extranjero. Dillon se encontró con William A. Read, fundador de empresa corredora de bonos de Wall Street William A. Read and Co., a través de la introducción por compañero de clase de Harvard, William A. Phillips en 1912 y Dillon se unió a la oficina de Read en Chicago en ese año. Él se mudó a New York en 1914.

Read murió en 1916, y Dillon compró un interés mayoritario en la empresa. Durante la Primera Guerra Mundial, Bernard

Baruch, presidente de la Mesa de Industrias de Guerra, (conocido como el Zar de la industria americana) le pidió a Dillon que fuera presidente auxiliar de la Mesa de Industrias de Guerra. En 1920, el nombre de William A. Read & la Company se cambió a Dillon, Read & Company. Dillon era director de American Foreign Securities Corp. que él había preparado en 1915 para financiar las compras de municiones del Gobierno francés en los Estados Unidos. Su hombre mano derecha en Dillon Read, James Forrestal, se hizo Secretario de la Armada, más tarde Secretario de Defensa, y murió bajo circunstancias misteriosas en un hospital Federal. En 1957, Fortune Magazine listó a Dillon como uno de los hombres más ricos en los Estados Unidos, con una fortuna entonces estimada por ser de $150 a $200 millones.

ALAN GREENSPAN (1926 -) Nombrado por el Presidente Reagan para suceder a Paul Volcker como Presidente de la Mesa de Gobernadores del Sistema de la Reserva Federal en 1987. Greenspan había sucedido a Herbert Stein como presidente del Concilio de Consejeros Económicos del Presidente en 1974. Él era el protégé del ex presidente de la Mesa de Gobernadores, Arthur Burns de Austria (Bernstein). Burns era un monetarista representando la Escuela de Vienesa de Rothschild de Economía que manifestó su influencia en Inglaterra a través de la Royal Colonial Society, un frente para Rothschild y otros banqueros ingleses que escondieron sus ganancias del comercio mundial de droga en el Hong Kong Shanghai Bank.

El personal economista de la Royal Colonial Society era Alfred Marshall, inventor de la teoría del monetarista que, como cabeza del Grupo Oxford, se volvió el patrocinador de Wesley Clair Mitchell, quien fundó el National Bureau of Economic Research para los Rockefeller en los Estados Unidos. Mitchell, a su vez, se volvió patrocinador de Arthur Burns y Milton Friedman cuyas teorías son ahora las técnicas de poder de Greenspan en la Mesa de la Reserva Federal. Greenspan también es el protégé de Ayn Rand, una estrafalaria que interpuso sus asuntos sexuales con órdenes guturales para ser egoísta. Rand también era la patrocinadora del propagandista de CIA William Buckeley y National Review.

Greenspan era director de las mayores empresas de Wall Street J.P. Morgan Co., Morgan Guaranty Trust (el banco americano para los soviéticos después de la Revolución bolchevique de 1917), Brookings Institution, Bowery Savings Bank, Dreyfus Fund, General Foods y Time Inc.

El logro más impresionante de Greenspan fue como presidente de la National Commission on Social Security en seguro social de 1981-1983. Él hizo cifras malabares para convencer al público que el seguro social estaba en quiebra, cuando de hecho tenía un sobrante enorme. Estas cifras fueron usadas entonces contra los obreros americanos, para un aumento grande del seguro social sin pago de impuesto, que invocaba el dictum económico de David Ricardo de la ley de hierro de los sueldos, que pudiera pagarse a los obreros sólo un sueldo de subsistencia y que debía arrancarse con energía cualquier fondo más allá de la subsistencia a través de aumentos de impuestos.

Como socio de J.P. Morgan Co. desde 1977, Greenspan representó la línea irrompible de control del Sistema de la Reserva Federal por las empresas representadas en la reunión secreta en Isla Jekyll en 1910, donde Henry P. Davison, el hombre mano derecha de J.P. Morgan, fue una figura importante bosquejando el Acto de la Reserva Federal.

A días de la toma presidente de la Mesa de la Reserva Federal, Greenspan levantó inmediatamente la tasa de interés en Sept. 4, 1987, el primer tal aumento en tres años de prosperidad general, y precipitó la caída del mercado accionario de Oct., 1987, lunes Negro, cuando el promedio Dow Jones se zambulló 508 puntos.

Bajo la dirección de Greenspan, la Mesa de la Reserva Federal ha golpeado con el a los Estados Unidos, firmemente y más y más profundamente en retroceso, sin una palabra de crítica de los miembros complacientes del Congreso.

CORONEL EDWARD MANDELL HOUSE (1858-1938) Hijo de un agente de Rothschild en Texas. Tenido éxito eligiendo a cinco gobernadores consecutivos de Texas; se hizo consejero de Woodrow Wilson en 1912. Cooperó con Paul Warburg para conseguir pasar por el Congreso en 1913, el Acto de la Reserva Federal.

ROBERT MARION LAFOLLETTE (1855-1925) Sirvió en el Senado de Wisconsin 1905-25. Lideró a los reformadores agrarios oponiéndose a los banqueros del Este y sus planes para el Acto de la Reserva Federal. Se presentó para Presidente en 1924 en la boleta Progresista-Socialista.

CHARLES AUGUSTUS LINDBERGH, MR. (1860-1924) Diputado de Minnesota (1907-1917) quién lideró la lucha contra la promulgación del Acto de la Reserva Federal en 1913. Él sirvió hasta 1917 cuando él renunció para presentarse para gobernador de Minnesota. Él hizo una buena campaña a pesar de los ataques de los periódicos adversos dirigidos por The New York Times.

En su campaña fue adversamente afectado cuando agentes Federales quemaron sus libros, incluyendo ¿Por qué está su País en Guerra?, y los papeles y volúmenes de su oficina hogareña en Little Falls, Minnesota.

LOUIS T. McFADDEN (1876-1936) Congressman and Chairman of the House Banking and Currency Committee, 1927-33; courageously opposed the manipulators of the Federal Reserve System in the 1920's and the 1930's.

LOUIS T. McFADDEN (1876-1936) Diputado y Presidente del Comité de la Cámara en Banca y Dinero, 1927-33; valientemente opuesto a los manipuladores del Sistema de la Reserva Federal en los 1920 y los 1930. Introdujo proyectos para acusar a la Mesa de Gobernadores de la Reserva Federal y los funcionarios aliados. Después de tres intentos contra su vida, murió misteriosamente.

JOHN PIERPONT MORGAN (1837-1913) Considerado al financiero americano dominante al final del siglo. Who's Who en 1912 declaró que él "*controla más de 50,000 millas de ferrocarril en los Estados Unidos*" Organizó United States Steel Corp.. Se hizo representante de la Casa de Rothschild a través de su padre, Junius S. Morgan que se había vuelto socio en Londres de George Peabody & Co., más tarde Junius S. Morgan Co., un agente de Rothschild. John Pierpont Morgan, Jr. sucedió a su padre como cabeza del Imperio Morgan.

DAVID MULLINS (1946 -) Nombrado a Gobernador de la Mesa de la Reserva Federal el 21 de mayo de 1990, el término de David Mullins a Ene. 31, 1996. Él fue nombrado recientemente para servir como Vice Presidente de la Mesa de la Reserva Federal, y sirvió como Secretario Auxiliar de la Tesorería para Finanzas Internas en 1988-90 y recibió el premio más alto del Departamento, el Alexander Hamilton Award, para su servicio en cosas tales como programa de combustibles sintéticos, finanzas federales, Farm Credit Assistance Board y autor del Plan del Presidente por rescatar las instituciones de ahorro y préstamo.

Él es un primo distante del autor, desciende de John Mullins, el primer colono registrado en el área occidental de Virginia, el héroe de la batalla de King's Mountain, y destinatario de una concesión de 200 acres de tierra por su servicio en la Revolución americana.

EUSTACE MULLINS

WRIGHT PATMAN (1893-1976) Congresista y Presidente del Comité de la Cámara en Banca y Dinero 1963-74. Lideró la lucha en el Congreso para detener a los manipuladores del Sistema de la Reserva Federal desde 1937 hasta su muerte en 1976.

DIPUTADO ARSENE PUJO Sirvió en el Congreso 1903-1913. Demócrata de Louisiana. Presidente del Comité de la Cámara en Banca y Dinero. Presidente del Subcomité "Audiencias de Pujo", 1912.

SIR GORDON RICHARDSON (1915 -) Cabeza del Banco de Inglaterra desde 1973. Cabeza del Banco de Inglaterra desde 1973. Presidente J. Henry Schroder Wagg, Londres, 1962-72; director de J. Henry Schroder Banking Corp., New York; Schroder Banking Corp., New York; Lloyd's,Bank de Londres; Rolls Royce.

JACOB SCHIFF (1847-1920) Nacido en la Casa Rothschild en Frankfurt, Alemania. Emigrado a Estados Unidos, se casó con Therese Loeb, hija de Solomon Loeb, el fundador de Kuhn, Loeb & Co., Schiff se volvió socio mayoritario de Kuhn, Loeb & Co., y como representante de intereses de Rothschild ganó el control de la mayoría en millas de vías férrea en Estados Unidos.

BARÓN KURT VON SCHRODER (1889 -) Banquero personal de Adolph Hitler, adelantó fondos para la toma del poder de Hitler en 1933; representante alemán de las sucursales de Londres y New York de J. Henry Schroder Banking Corp.; Coronel Mayor SS; director de todas las subsidiarias alemanas de I.T.T; el Círculo de Amigos de Himmler; consejero para la Mesa de directores del Reichsbank (banco central alemán).

ANTHONY MORTON SOLOMON (1919 -) Educado en Harvard, economista de la Oficina de Administración de Precios, 1941-42; misión financiera en Irán, 1942-46; Agencia para el Desarrollo internacional en América del Sur, 1965-69; presidente internacional de la Investment Corp. for Yugoslavia 1969-72; consejero del Presidente del Ways and Means Committee, Cámara de Representantes, 1972-73; Subsecretario los Asuntos Monetarios, Tesorería americana, 1977-80; presidente del Banco de la Reserva Federal de New York, 1980 -

SAMUEL UNTERMYER (1858-1940) Socio de la empresa de abogados l de Guggenheim and Untermyer de New York, que dirigió las "Audiencias Pujo" del Comité de la Cámara en Banca y Dinero en 1912. Consejero para Rogers y Rockefeller en muchos juicios grandes contra F. Augustus Heinze, Thomas W Lawson y otros.

Ganado en una sola cuota $775,000 por manejar la fusión de Utah Copper Company. Informado en The New York Times el 26 de mayo de 1924 como insistiendo en el reconocimiento inmediato de Rusia soviética en la reunión de Carnegie Hall. El prestigio de Untermyer y el poder es ilustrado por el hecho que su obituario de primera página en The New York Times que cubrió seis columnas. Su inscripción en Who's Who fue la más larga durante trece años.

FRANK VANDERLIP (1864-1937) Secretario Auxiliar de la Tesorería 1897-1901; ganó prestigio por financiar la Guerra hispano-americana emitiendo $200.000.000 en bonos durante su incumbencia por lo que es conocido como la "Guerra del National City Bank", Presidente del National City Bank 1909-19. Uno del grupo original de Isla Jekyll que escribió el Acto de la Reserva Federal en noviembre, 1910. Ninguna mención de este hecho importante se hace en su extenso obituario en The New York Times, 30 de junio de 1937.

GEORGE SYLVESTER VIERECK (1884-1962) Autor del estudio definitivo La Amistad más Extraña en la Historia, Woodrow Wilson y el Coronel House, Liveright, 1932. Poeta principal de los tempranos 1900, revivido en la primera página de

The New York Times Book Review y conocido como el principal ciudadano alemán-americano de los Estados Unidos.

PAUL VOLCKER (1927 -) Presidente de la Mesa de Gobernadores de la Reserva Federal desde 1979, designado por el Presidente Carter, nombrado de nuevo por el Presidente Reagan para otro término de cuatro años que empieza el 6 de agosto de 1983. Educado en Princeton, Harvard y Londres School of Economics; empleado por Banco de la Reserva Federal de New York, 1952-57; Chase Manhattan Bank, 1957-61; Departamento del Tesoro, 1961-74; presidente del Banco de la Reserva Federal de New York, 1975-79.

PAUL WARBURG (1868-1932) Concedió ser el autor real de nuestro plan de banco central, el Sistema de la Reserva Federal, a través de reconocibles autoridades. Emigró a los Estados Unidos desde Alemania en 1904; socio de Kuhn, Loeb and Co., New York; naturalizado en 1911. Miembro de la Mesa original de Gobernadores de la Reserva Federal, 1914-1918; presidente del Federal Advisory Council, 1918-1928.

Hermano de Max Warburg que era cabeza del Servicio Secreto alemán durante la Primera Guerra Mundial y quién representó a Alemania en la Conferencia de Paz, 1918-1919, mientras Paul era presidente del Sistema de la Reserva Federal.

SIR WILLIAM WISEMAN (1885-1962) Socio de Kuhn, Loeb & Co.; cabeza del Servicio Secreto británico en la Primera Guerra Mundial. Trabajó estrechamente con el Coronel House dominando los Estados Unidos e Inglaterra.

BIBLIOGRAFÍA

Periódicos:

New York Times 1858-1983
Washington Post 1933-1983

Revistas:

Barron's Weekly 1921-1983
Business Week 1929-1983
Forbes Magazine 1917-1983
Harper's Weekly's 1850-1983
National Review 1955-1983
Newsweek 1933-1983
The Nation 1865-1983
The New Republic 1914-1983
Time 1923-1983

Libros:

Current Biography 1940-1983 H.W. Wilson Co., N.Y.
Dictionary of National Biography, Scribners, N.Y. 1934-1965
Directory of Directors, London 1896-1983
Directory of Directors In The City of New York 1898-1918
The Concise Dictionary of National Biography, 1903-1979,
Oxford University Press
Congressional Record 1910-1983
International Index to Periodicals 1920-1965, H.W. Wilson Co.,
N.Y.
Poole's Index to Periodical Literature 1802-1906, Wm. T Poole,
Chicago

Readers Guide to Periodicals 1900-1983
Rand McNally's Bankers Guide 1904-1928
Moody's Banking and Finance 1928-1968
Who's Who in America 1890-1983, A.N. Marquis Co.
Who's Who, Great Britain 1921-1983
Who Was Who In America 1607-1906, A.N. Marquis Co.
Who's Who in the World 1972-1983, A.N. Marquis Co.
Who's Who in Finance and Industry 1936-1969, A.N. Marquis
Co.
Standard and Poor's Register of Directors 1928-1983
Senate Committee Hearings on Federal Reserve Act, 1913
House Committee Hearings on Federal Reserve Act, 1913
House Committee Hearings on the Money Trust (Pujo
Committee) 1913
House Investigation of Federal Reserve System, 1928
Senate Investigation of Fitness of Eugene Meyer to be a Governor
of the Federal Reserve Board, 1930
Senate Hearings on Thomas B. McCabe to be a Governor of the
Federal Reserve System, 1948
House Committee Hearings on Extension of Public Debt, 1945
Federal Reserve Directors: A Study of Corporate and Banking
Influence. Staff Report, Committee on Banking, Currency and
Housing, House of Representatives, 94th Congress, 2d Session,
August, 1976.
The Federal Reserve System, Purposes and Functions, Board of
Governors, 1963
A History of Monetary Crimes, Alexander Del Mar, the Del Mar
Society, 1899
Fiat Money Inflation in France, Andrew Dickson White,
Foundation for
Economic Education, N.Y. 1959
The War on Gold, Antony C. Sutton, 76 Press, California, 1977
Wall Street and the Rise of Hitler, Antony C. Sutton, 76 Press,
California, 1976
Collected Speeches of Louis T McFadden, Congressional Record

The Truth About Rockefeller, E.M. Josephson, Chedney Press, N.Y. 1964
The Strange Death of Franklin D. Roosevelt, E.M. Josephson, Chedney Press, N.Y. 1948
Behind the Throne, Paul Emden, Hoddard Stoughton, London, 1934
The Money Power of Europe, Paul Emden, Hoddard Stoughton, London
The Robber Barons, Mathew Josephson, Harcourt Brace, N.Y. 1934
The Rothschild, Frederic Morton, Curtis Publishing Co., 1961
The Magnificent Rothschild, Cecil Roth, Robert Hale Co., 1939
Pawns In The Game, William Guy Carr, (privately printed), 1956
Tearing Away the Veils, Francois Coty, Paris, 1940
Writers on English Monetary History, 1626-1730, London, 1896
The Federal Reserve System After Fifty Years, Committee on Banking and Currency, Jan., Feb. 1964
The Bankers' Conspiracy, Arthur Kitson, 1933
Laws Of The United States Relating to Currency, Finance and Banking From 1789 to 1891, Charles F. Dunbar, Ginn & Co., Boston, 1893
Monetary Policy of Plenty Instead of Scarcity, Committee on Banking and Currency, 1937-1938
The Strangest Friendship In History, Woodrow Wilson and Col. House, George Sylvester Viereck, Liveright, N.Y. 1932Federal Reserve Policy Making, G.L. Bach, Knapf, N.Y. 1950
Rulers of America, A Study of Finance Capital, Anna Rockester, International Publishers, N.Y. 1936 Banking in the United States Before the Civil War, National Monetary Commission, 1911
National Banking System, National Monetary Commission, 1911
The Federal Reserve System, Paul Warburg, Macmillan, N.Y. 1930
Roosevelt, Wilson and the Federal Reserve Law, Col. Elisha Garrison, Christopher Publishing House, Boston, 1931
Men Who Run America, Arthur D. Howden Smith, Bobbs Merrill, N.Y., 1935

Financial Giants of America, George E Redmond, Stratford, Boston, 1922

The Great Soviet Encyclopaedia, Macmillan, London, 1973

Encyclopaedia Britannica, 1979

Encyclopaedia Americana, 1982

Dope, Inc., Goldman, Steinberg et at, New Benjamin Franklin House Publishing ompany, N.Y. 1978

Banking and Currency and the Money Trust, Charles A. Lindbergh, Mr. 1913

The Strange Career of Mr. Hoover Under Two Flags, John Hamill, William Faro, N.Y. 1931

The Federal Reserve System, H. Parker Willis, Ronald Co., 1923

A.B.C. of the Federal Reserve System, E.W. Kemmerer, Princeton Univ., 1919

Adventures in Constructive Finance, Carter Glass, Doubleday, N.Y. 1927

Banking Reform in the United States, Paul Warburg, Columbia Univ., 1914

U.S. Money vs. Corp. Currency, Alfred Crozier, Cleveland, 1912

Philip Dru, Administrator, E.M. House, B.W. Huebsch, N.Y. 1912

The Intimate Papers of Col. House, edited by Charles Seymour, 4 v. 1926-1928, Houghton Mifflin Co.

The Great Conspiracy of the House of Morgan, H.W. Loucks, 1916

Capital City, McRae and Cairncross, Eyre Methuen, London, 1963

Aggression, Otto Lehmann-Russbeldt, Hutchinson, London, 1934

The Empire of High Finance, Victor Perlo, International Pub., 1957

Memoirs of Max Warburg, Berlin, 1936

Letters and Friendships of Sir Cecil Spring-Rice

Tragedy and Hope, Carroll Quigley, Macmillan, N.Y.

The Politics of Money, Brian Johnson, McGraw Hill, N.Y. 1970

A Primer on Money, House Banking and Currency Committee, 1964

Pierpont Morgan and Friends, The Anatomy of A Myth, George Wheeler, Prentice Hall, N.J., 1973

Pierpont Morgan, Herbert Satterleee, Macmillan, N.Y., 1940

Morgan the Magnificent, John K. Winkler, Vanguard, N.Y., 1930

Wilson, Arthur Link (5 vol.) Princeton University Press, Princeton, N.J.

Historical Beginning... The Federal Reserve, Roger T Johnson, Federal Reserve Bank of Boston, 1977 (7 printings, 1977-1982, totaling 92,000 copies.) [It is noteworthy that this 64 page booklet makes no mention of Jekyll Island, Paul Warburg's authorship, or source of promotion funds which resulted in enactment of the Federal Reserve Act on December 23, 1913.]

The Federal Reserve and Our Manipulated Dollar, Martin A. Larson, Devin Adair Co., Old Greenwich, Conn., 1975

Chain Banking, Stockholder and Loan Links of 200 Largest Member Banks, House Banking and Currency Committee, Jan. 3, 1963

International Banking, Staff Report, Committee on Banking Currency and Housing, May 1976.

Audit of the Federal Reserve System, Hearings Before the House Banking and Currency Committee, 1975.

PREGUNTAS Y RESPUESTAS

Mientras disertaba en muchos países, y apareciendo en radio y la televisión programa como un invitado, el autor frecuentemente se pregunta preguntas por el Sistema de la Reserva Federal. Las preguntas frecuentemente preguntadas y las respuestas son como sigue:

P. ¿Cuál es el Sistema de la Reserva Federal?

R: El Sistema de la Reserva Federal no es Federal; no tiene ninguna reserva; y no es un sistema, sino, un sindicato delictivo. Es el producto de actividad sindical delictiva de un consorcio internacional de familias dinásticas que comprenden esas que el autor llama "El Orden Mundial" (vea "EL ORDEN MUNDIAL" y "LA MALDICIÓN DE CANAAN", ambos por Eustace Mullins). El sistema de la Reserva Federal es un banco central que opera en los Estados Unidos. Aunque el estudiante encontrará ninguna tal definición de un banco central en los libros de texto de cualquier universidad, el autor ha definido un banco central como sigue: Es el poder financiero dominante del país que lo alberga. Es completamente poseído por interés privado, aunque busca dar la apariencia de una institución gubernamental.

Tiene el derecho para imprimir y emitir dinero, la prerrogativa tradicional de los monarcas. Es establecido para proporcionar finanzas para las guerras. Funciona como monopolio de dinero que tiene poder total sobre todo el dinero y crédito del pueblo.

P: ¿Cuándo el Congreso pasó el Acto de la Reserva Federal el 23 de diciembre de 1913, supieron los Diputados que ellos estaban creando un banco central?

R: Los miembros del 63 Congreso no tenían conocimiento de un banco central o de sus operaciones monopolizadoras. Muchos de los que votaron por el proyecto fueron engañados; otros fueron sobornados; otros fueron intimidados. El prólogo al Acto de la Reserva Federal lee *"Un Acto para mantener el establecimiento de bancos de la Reserva Federal, proveer dinero elástico, permitir medios de re-descontar papeles comerciales, establecer una vigilancia más eficaz de la Banca en los Estados Unidos, y para otros propósitos."*

Los "otros propósitos" no especificados eran dar un monopolio de todo el dinero y crédito del pueblo de los Estados Unidos a los conspiradores internacionales; para financiar la Primera Guerra Mundial a través de este nuevo banco central, poner a los obreros americanos a merced de la agencia de recolección del sistema de la Reserva Federal, el Servicio del Rédito Interior, y permitirle a los monopolistas tomar los recursos de sus competidores y sacarlos del negocio.

P: ¿Es el sistema de la Reserva Federal una agencia gubernamental?

R: Incluso el presidente presente del Comité de la Cámara en Banca dice que la Reserva Federal es una agencia gubernamental, y que no poseída privadamente. El hecho es que el gobierno nunca ha poseído una sola acción del Banco de Reserva Federal. Esta charada viene de del hecho que el Presidente de los Estados Unidos nombra a los Gobernadores de la Mesa de la Reserva Federal que son entonces confirmados por el Senado. El autor secreto del Acto, el banquero Paul Warburg, representante del banco de Rothschild, acuñó el nombre "Federal" del aire para el Acto que él escribió para lograr dos de sus queridas aspiraciones, un *"dinero elástico"*, lea (cheque de caucho), y facilidades para comerciando en aceptaciones, créditos de comercio internacional. Warburg era el fundador y presidente de International Acceptance Corp. e hizo billones en ganancias comerciando en este papel. Sec.

7 del Acto de la Reserva Federal dice "*los bancos de la Reserva Federal, incluso capital y sobrantes sobre eso, y el ingreso derivado, estará exento la imposición de contribuciones de Federal, estado y local, excepto impuestos en bienes raíces*". Los edificios del Gobierno no pagan impuesto del bienes raíces.

P: ¿Es nuestro dólar que lleva la etiqueta "notas de la Reserva Federal", dinero gubernamental?

R: Las notas de la Reserva Federal realmente son pagarés, prometen pagar, en lugar de lo que nosotros tradicionalmente consideramos dinero. Ellos son notas productivas de interés, emitidas contra bonos productivos de intereses del gobierno, papel emitió con nada más que papel por respaldo que es conocido como dinero fiduciario porque tiene sólo la fe del emisor para garantizar estas notas.

The Federal Reserve Act authorizes the issuance of these notes "for the purposes of making advances to Federal reserve banks...

El Acto de la Reserva Federal autoriza la emisión de estas notas "para los propósitos de hacer adelantos a los bancos de la Reserva Federal... Las notas serán obligaciones de los Estados Unidos. Ellos se reembolsarán en oro a la demanda en el Departamento del Tesoro de los Estados Unidos en el Distrito de Columbia".

Los turistas que visita el Escritorio de Impresión y Grabado en el Centro comercial en Washington D.C., ven la impresión de notas de la Reserva Federal en esta agencia gubernamental en contrato del Sistema de la Reserva Federal por la suma nominal de .00260 por cada unidad de 1,000, al mismo precio sin tener en cuenta la denominación. Estas notas, impresas para un banco privado, luego se vuelven obligaciones y del gobierno de Estados Unidos y se agregan a nuestra presente deuda de $4 billones. El gobierno no tenía ninguna deuda cuando el Acto de la Reserva Federal se pasó en 1913.

P: ¿Quién posee las acciones de los Bancos de la Reserva Federal?

R: Las familias dinásticas del gobernante Orden Mundial, internacionalistas que no son fieles a ninguna raza, religión, o nación. Ellos son familias como los Rothschild, Warburg, Schiff, Rockefeller, Harriman, Morgan y otros conocidos como la élite, o "grandes ricos".

P: ¿Puedo comprar yo esta acción?

R: No. El Acto de la Reserva Federal estipula que la acción de los Bancos de la Reserva Federal no puede comprarse o venderse en ninguna bolsa de valores. Se pasa a través de herencia como la fortuna de los "grandes ricos". Casi la mitad de los dueños de acción de Banco de Reserva Federal no son americanos.

P: ¿Es el Servicio del Rédito Interior una agencia gubernamental?

R: Aunque listado como parte del Departamento del Tesoro, el IRS realmente es una agencia privada de la recaudación para el Sistema de la Reserva Federal. Originado como la Mano Negra en Italia medieval, recolectores de deuda por la fuerza y extorsión para las familias gobernantes de la mafia italiana. Todos los impuestos de ingresos personales recolectados por el IRS son requeridos por ley para ser depositados en el Banco de la Reserva Federal más cercano, bajo Sec. 15 del Acto de la Reserva Federal: *"Las monedas contenidas el fondo general de la Tesorería pueden ser... depositados en bancos de la Reserva Federal que los bancos, cuando requeridos por la Secretaria de la Tesorería, actuará como agentes fiscales de los Estados Unidos".*

P: ¿Controla la Mesa de la Reserva Federal el precio diario y cantidad de dinero?

R: La Mesa de Gobernadores de la Reserva Federal se encuentra en privado como el Federal Open Market Committee con presidentes de los Bancos de la Reserva Federal y controla toda la actividad económica a lo largo de los Estados Unidos, emitiendo órdenes para comprar bonos del Gobierno en el mercado abierto, crea dinero de la nada y causa presión inflacionaria o, recíprocamente, por vender bonos del gobierno en el mercado abierto y extinguiendo la deuda, crea presión deflacionaria y causa caídas al mercado accionario.

P: ¿Puede abolir el Congreso el Sistema de la Reserva Federal?

R: La última provisión del Acto de la Reserva Federal de 1913, Sec. 30, dice: *"El derecho para enmendar, alterar o revocar este Acto está expresamente reservado"* Este lenguaje significa que el Congreso en ningún momento puede abolir el Sistema de la Reserva Federal, o volver a comprar la acción en parte del Departamento del Tesoro o alterar el Sistema donde lo vea perjudicial. Nunca se ha hecho eso.

P: ¿Hay muchos críticos de la Reserva Federal al lado suyo?

R: Cuando yo empecé mis investigaciones en 1948, los Fed tenían sólo treinta y cuatro años. Nunca se mencionó en la prensa. Hoy los Fed. se discuten abiertamente en la sección de noticias y páginas financieras. Hay proyectos en congreso para tener a los Fed intervenido por la Oficina de Contabilidad Gubernamental. Debido a mi exposición, no es más una sagrada vaca, aunque los Tres Grandes candidatos para Presidente en 1992, Bush, Clinton y Perot, se unieron en coro unánime durante los debates que ellos estaban empeñados en no tocar a los Fed.

P: ¿Ha sufrido usted alguna consecuencia personal debido a su exposición de los Fed?

R: Fui despedido del personal de la Biblioteca de Congreso después de que yo publiqué esta exposición en 1952, la única persona alguna vez se echó del personal por razones políticas. Cuando yo demandé, la corte se negó a oír el caso. La edición alemana entera de este libro se quemó en 1955, el único libro quemado en Europa desde la Segunda Guerra Mundial. Yo he acoso continuo por las agencias del Gobierno, como detallo en mis libros "UN ESCRITO PARA MÁRTIRES" y "MI VIDA EN CRISTO". Mi familia también sufrió acoso. Cuando yo hablé recientemente en Wembley Arena en Londres, la prensa me denunció como *"un loco siniestro"*.

P: ¿Siempre hace la prensa el apoyo a los Fed?

R: Ha habido algunas defecciones alentadoras en recientes meses. Una historia de primera página en Wall Street Journal, Feb. 8 1993, declaró: *"La estructura actual de la Fed es difícil de justificar en una democracia. Es una institución extrañamente antidemocrática. Su organización es tan fechada que hay sólo un oeste de banco de Reserva de las Rocky (Montañas Rocallosas), y dos en Missouri... ", "Tener un banco central con un monopolio sobre la emisión del dinero en una sociedad democrática es un acto en escala muy difícil".* Diputado McFadden sobre la Corporación de la Reserva Federal, Comentarios en Congreso, 1934.

OTROS LIBROS PUBLICADO POR OMNIA VERITAS

OMNIAVERITAS — Omnia Veritas Ltd presenta:

HISTORIA PROSCRITA
I
LOS BANQUEROS Y LAS REVOLUCIONES

POR

VICTORIA FORNER

Los procesos revolucionarios necesitan agentes, organización y, sobre todo, financiación, dinero.

LAS COSAS NO SON A VECES LO QUE APARENTAN...

OMNIAVERITAS — Omnia Veritas Ltd presenta:

HISTORIA PROSCRITA
II
LA HISTORIA SILENCIADA DE ENTREGUERRAS

POR

VICTORIA FORNER

"El verdadero crimen es acabar una guerra con el fin de hacer inevitable la próxima."

EL TRATADO DE VERSALLES FUE "UN DICTADO DE ODIO Y DE LATROCINIO"

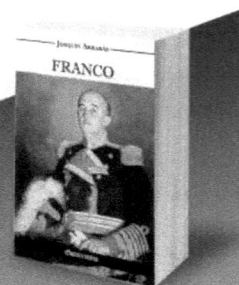

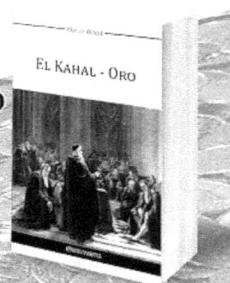

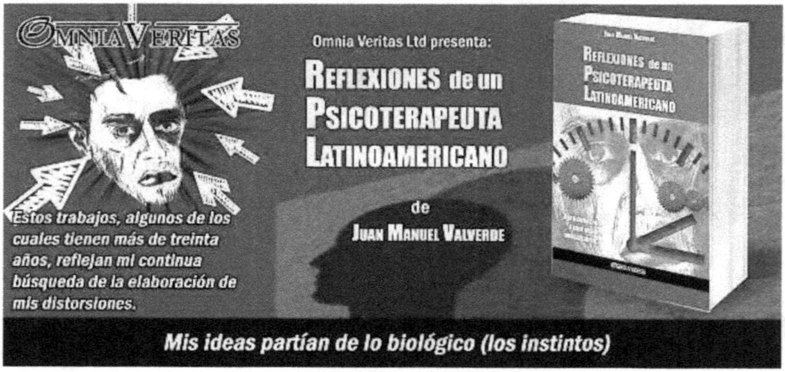

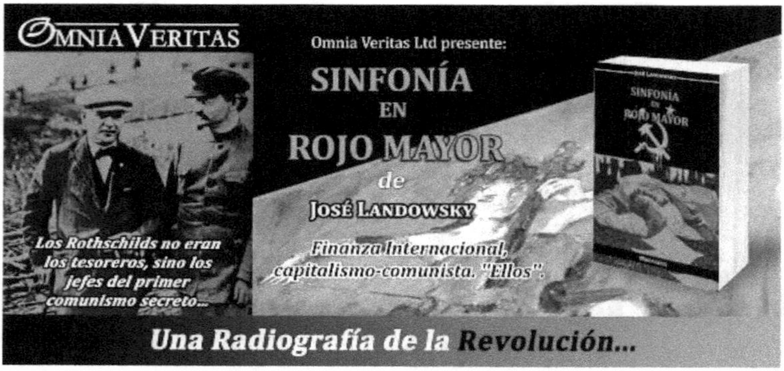

OMNIA VERITAS

www.omnia-veritas.com